하나님의 마지막 편지

하나님의 마지막 련지

김용철 대역

하얀마음

머리말

　세상을 잘못 살아온 저는 50이 넘은 어느 날 경제적으로 도저히 헤어날 수 없는 처지에 놓이게 되었습니다. 그 당시에 건강도 악화되어서 눈도 잘 안 보이고 걸을 수도 없었으며 신경 쇠약에 사리를 판단하기도 어려운 상태가 되었습니다. 그리하여 도저히 사람 구실을 할 수 없었기에 죽음을 선택할 수밖에 없다는 극단적인 생각에 이르렀습니다.

　무신론자인 저는 죽음 직전에 잘못 살아온 과거를 뉘우치며, 저로 하여금 피해를 보고 고통받았던 분들께 용서를 빌고 이 세상을 하직해야겠다는 것이 저의 마지막 생각이었습니다. 그날부터 식구들이 잠든 시간에 저 혼자 죽음을 준비하며, 제가 잘못한 사람들에게 한 사람 한 사람 마음으로 용서를 빌기 시작하였습니다.

매일 한 시간씩 용서를 빌던 3일째, 저 자신이 화장실의 구더기만도 못한 더러운 존재라는 생각이 들었습니다. '화장실의 구더기는 죄를 짓지 않고 순리대로 살아가니 얼마나 위대한 삶인가!' 하는 것을 깨닫게 되니, 오직 재물과 명성을 위해 물불 안 가리고 험악하게 살아온 저 자신이 견딜 수 없어서 참회의 눈물을 거두고 죽으려고 하는 순간, 음성이 들렸습니다.

"나는 여호와 하나님이니라. 내 말을 들어라."

그 음성을 듣고 깜짝 놀라 "앗! 하나님!" 하고 소리를 지르며 벌떡 일어나서 저 자신도 모르게 하나님을 찾았습니다. 하나님께서는 저 스스로 아픈 눈과 아픈 다리와 아픈 머리를 계속 주무르고 문지르게 하셨습니다. 그리고 말씀하였습니다.

"십계명을 암송하고, 내 뜻을 받아 기록하라."

하나님도 모르고 성서 한 줄도 읽은 적이 없었던 저에게 하나님께서 매일 십계명을 암송하고 묵상하게 하시고, 음성을 들려주시며, 말씀을 책으로 만들어서 만백성을 구하라 하신 뜻에 따라 이 책을 내게 되었습니다. 이 모두는 여호와 하나님께서 들려주시는 대로, 보여 주시는 대로 녹음하여 기록한 것입니다.

끝으로, 하나님이 계심을 믿는 것만으로도 축복을 받으며, 스스로 화장실의 벌레보다 못하다는, 가장 낮은 자가 되는 깨달음을 얻으면 누구나 하나님의 음성을 들을 수 있다는 것을 말씀드립니다.

1999년 12월 15일 06시

김 용 철

차 례

[제1부] 모든 종교는 하나

1~1,332번째 편지 중에서

1권 (1999. 7.~) 18
모든 종교는 하나
나로 하여금 종말은 없을 것이나
암수의 균형이 무너지고

2권 (2000. 1. 18.~) 20
인성 교육은 태아 때부터
섭취하는 가짓수를 줄이는 것이 환경 보호
환경 파괴로 곤충이 죽어 가니

3권 (2000. 4. 21.~) 22
이제는 유한 자가 다스릴 때
삶이 영화처럼 촬영되고 있느니라
죽고 사는 것이 하늘의 뜻
수신제가 치국평천하

4권 (2000. 6. 16.~) 24
인간의 한계란 끝이 없다
사탄과 견줄 수 있는 능력
각자 한 가지의 기술과 그릇을 가지고 태어났으니

5권 (2000. 8. 1.~) 26
더불어 사는 것
하나님! 살려주옵소서
베푼 대로 거둔다
가는 정이 있어야 오는 정이 있다

6권 (2000. 9. 7.~) 28
전지전능한 나 여호와는 다 알고 있거늘
남의 밥그릇은 커 보인다
길들이기에 달렸다

7권 (2000. 10. 15.~) 30
천사는 모든 것의 아름다움만 본다
8할을 주었으며, 2할은 인간의 노력
예수가 재림하면 믿을 자 있는가

8권 (2000. 11. 12.~) 32
정신 통일
원수를 사랑하라
선한 자가 누구던가

9권 (2000. 11. 30.~) 34
이웃을 네 몸처럼 사랑하라
거짓 하지 말라

10권 (2000. 12. 13.~) 36
물의 전쟁, 공기의 전쟁
나는 만백성의 어버이니라
예수가 직접 기록한 두루마리

11권 (2000. 12. 27.~) 38
그것들을 섬기지 말라
네 이웃의 집을 탐내지 말라

12권 (2001. 1. 12.~) 40
육의 종말과 영의 종말

13권 (2001. 1. 22.~) 42
기계 문명의 노예
십계명은 그저 정도로 사는 것

14권 (2001. 2. 1.~) 44
네 부모를 공경하라
나 외에 다른 신을 네게 있게 하지 말라

15권 (2001. 2. 13.~) 46
구약과 신약을 팔아먹는 자들 때문에
도적질하지 말라
인간이기 때문에 죄를 짓지 않고 살 수 없다?

16권 (2001. 3. 1.~ 5. 2.) 48
두드리면 열릴 것이다
예수는 얼마나 가난한 곳에서 태어났는가

[제2부] 예수가 태어난 날, 9월 7일

1,333~2,467번째 편지 중에서

17권 (2001. 5. 3.~) 52
부모 형제를 네 몸처럼 사랑하는 것부터
하나의 잘못을 했을 때 열의 선행을 베풀어
머리를 삭발해도
오른손이 하는 것을 왼손이 모르게

18권 (2001. 7. 31.~) 54
가는 세월은 누구도 막을 수 없다
인간뿐 아니라 사탄들까지 감화시켜 구원받도록
농담의 거짓말도 하지 말라

19권 (2001. 9. 16.~) 56
그 모두를 다 철폐하라
에덴동산을 만드는 기초
여호와의 이름을 망령되이 일컫지 말라

20권 (2001. 11. 22.~) 58
예수가 태어난 날, 9월 7일
광란의 소리, 찬송

21권 (2002. 1. 5.~) 60
예수의 33년 세월
선지자의 33년의 삶
2천 년 전과 똑같은 형국

22권 (2002. 2. 13.~) 62
성서는 길을 안내하는 것일 뿐
십일조를 도적질한 자들

23권 (2002. 2. 23.~) 64
십계명, 십일조, 둘 다 구약시대의 것이거늘
사악한 시대를 만든 원흉

24권 (2002. 2. 28.~) 66
늙은 부모를 버리는 것보다 더 사악한 시대
십계명은 억압이 아니라 자유로움
기복 신앙의 대표자

25권 (2002. 3. 6.~) 68
기도보다, 인간성 회복이 우선
성경은 육이 아닌 영에 초점을 맞춰야
오병이어

26권 (2002. 3. 11.~) 70
육신의 인격체와 영의 인격체를 더불어 갖추도록

27권 (2002. 3. 18.~) 72
잠시도 쉬어서는 아니 됨이니라
창공의 나는 새에게도 먹을 것을 주었다
삶에 충실함이 최우선

28권 (2002. 3. 27.~) 74
성서를 공부하는 법
가장 작은 사람
1식 3찬, 영혼을 살리는 식탁으로

29권 (2002. 4. 10.~) 76
보물이 있는 곳에 너희 마음이 있다
죽은 자 가운데서 산 자
우상을 섬기지 않는 종파가 있는가

30권 (2002. 4. 23.~) 78
첫 번째 스쳐 가는 아름다운 생각이 나의 명이니
예수가 기록한 원본을 공개하지 못하는 이유
간음하지 말라
이 순간 이후부터 지키라

31권 (2002. 5. 9.~) 80
사랑은 배로 주는 것
이방인은 중언부언하는 자
두 주인을 섬길 수 없다
내 아버지의 뜻대로 하는 자

32권 (2002. 5. 22.~ 6. 19.) 82
사랑하는 나의 아들아
아담과 이브

[제3부] 지구가 성전

2,468~3,541 번째 편지 중에서

33권 (2002. 6. 19.~) 86
종말, 말세는 예수가 숨을 거둔 그 시점
2002년의 붉은 물결

34권 (2002. 7. 5.~) 88
지상의 왕
지구가 성전
바르게 사는 자에게는 아무것도 아닌 것

35권 (2002. 7. 18.~) 90
아버님! 어찌하오리까
제3의 시대, 그 나라의 열매 맺는 백성

36권 (2002. 7. 25.~) 92
불안하고 공허한 마음
다시 한 번 기회를 받아 세상에 나온 것, 부활
신과 같은 삶

37권 (2002. 7. 29.~) 94
화려한 성전
신의 경지에 오르는 마음
만백성의 본보기

38권 (2002. 8. 3.~) 96
구원받았다는 망상에서 깨어나야
부모가 살았을 때 효성을 다하라
자연을 역행해서 살 수 없듯이

39권 (2002. 8. 7.~) 98
십계명을 계승하는 역사
나의 은혜를 역으로 갚으니

40권 (2002. 8. 12.~) 100
만백성을 상대로 깨우쳐 감이니라
어찌하여 그 마음 한자리를 잡지 못하는가
마음먹기에 따라서

41권 (2002. 8. 16.~) 102
육과 영은 하나
독생자
모든 종파의 문을 닫는다

42권 (2002. 8. 21.~) 104
아무것도 모르는 바보, 선지자
백발이 되었을 때 경지에 오름이니

43권 (2002. 8. 25.~) 106
분쟁을 일삼는 종교 집단
종교 지도자는 신도들이 단죄할 수 없다
불의 칼로 심판함이니

44권 (2002. 8. 29.~) 108
천사를 길러내는 자, 종교 지도자
잘못 가르치는 자들에게만 종말이 있으니
세상의 공통어

45권 (2002. 9. 3.~) 110
성서를 집약한 것이 십계명
알면서 속아주는 것
동양의 선택된 민족

46권 (2002. 9. 8.~) 112
가정파탄범
5달란트로 10달란트를 만드는 종

47권 (2002. 9. 17.~) 114
육은 영혼을 구원하기 위한 수행의 장
십자가의 우상

48권 (2002. 9. 21.~ 9. 28.) 116
추수의 시대
민심은 하늘의 뜻
책으로 근거하는 역사

[제4부] 1999년 7월, 새로운 왕이 세상에 내려온다

3,542~4,782번째 편지 중에서

49권 (2002. 9. 28.~) 120
약속이란 지키기 위한 것
망각과 반복
물리적 기적의 한계

50권 (2002. 10. 7.~) 122
새 술은 새 부대에
욕심이 그득한 하나님이 아니니

51권 (2002. 10. 15.~) 124
눈이 실족하게 하거든 뽑아 버리라
성서에 통달하는 지혜
언약의 증표

52권 (2002. 10. 23.~) 126
부자가 천국에 가는 것
그림자와 같은 인생
정녕 지금 불안하거든
누가 오른뺨을 때리거든 왼뺨을 내놓으라

53권 (2002. 11. 2.~) 128
예수는 보냄을 받은 나의 아들이니라.
예수는 다만 악에 빠지지 않도록 이끌어 주는 자
선한 쪽으로 많이 변했다면 참진리
믿음의 중심은 창조주 하나님

54권 (2002.11. 12. ~) 130
생각하기에 달렸느니라
1999년 7월, 새로운 왕이 세상에 내려온다

55권 (2002. 11. 21.~) 132
원죄의 굴레
믿음의 종주국보다 더욱 극성스러운 믿음

56권 (2002. 12. 1.~) 134
지도자로 변하게 됨이니라.
14만의 전사
가장 위대한 설교
협박의 기도

57권 (2002. 12. 11.~) 136
하늘의 의인
불과 같은 염원을 가진 민족

58권 (2002. 12. 22.~) 138
진리의 성령이 오시면

59권 (2002. 12. 28.~) 140
인간 복제의 회오리
어떤 종파든 나 여호와에게 집결됨이니라

60권 (2003. 1. 4.~) 142
석가와 예수의 금식

61권 (2003. 1. 10.~) 144
믿습니다
예수의 보혈로써 구원을 받았다 한다면
사랑하는 사람을 먼저 보내는 고통을 막는 길

62권 (2003. 1. 16.~) 146
예수가 종파 없이 독자적인 길을 갔듯이
모두를 초월한 백성

63권 (2003. 1. 21.~) 148
예수의 가르침, 손이 잘못하면 잘라 버려라
겨자씨, 가장 작은 선행
마음을 다하고 목숨을 다하고 뜻을 다하여

64권 (2003. 1. 28.~ 1. 31.) 150
너의 사진에서 흐르는 눈물을 볼 것이니
모두에게 균등하게 기회를 주고 있음이니라

[제5부] 70퍼센트 이상의 신도가 의구심을 갖고 있으니

4,783~5,940번째 편지 중에서

65권 (2003. 1. 31.~) 154
이제부터 너희는 찬송하리로다
예수의 친구

66권 (2003. 2. 5.~) 156
저희가 하나님의 아들이라 일컬음을 받을 것이요
성서는 한 자도 고쳐서는 안 된다면서

67권 (2003. 2. 10.~) 158
하늘의 언어
내가 항상 그의 기뻐하시는 일을 행하므로

68권 (2003. 2. 14.~) 160
하늘에 오르는 찬란한 빛을 보게 됨이니
먼저 형제와 화목한 후에 나에게 경배하라
하늘에 계신 너희 아버지의 아들이 되리니

69권 (2003. 2. 18.~) 162
모세의 기적, 예수의 기적을 계승하는 백성
죽은 자가 음성을 듣고 묘지에서 살아나는 역사
마지막 천국의 자리를 양보하는 자가 되어야

70권 (2003. 2. 22.~) 164
독신주의
감히 사탄이나 마귀도 근접하지 못하느니라

71권 (2003. 2. 25.~) 166
만백성이 다 여호와와 하나가 되어야
내가 곧 길이요 진리요 생명이니

72권 (2003. 3. 2.~) 168
모든 것의 위에 있는 가르침
참사, 끝없이 인간의 비참한 현상을 보게 될 것

73권 (2003. 3. 6.~) 170
부자는 천국에 들어가기 어렵다?
70퍼센트 이상의 신도가 의구심을 갖고 있으니

74권 (2003. 3. 10.~) 172
모든 일에 긍정적일 때
가장 위대한 최초의 계명, 양심

75권 (2003. 3. 15.~) 174
새 계명을 주노니, 너희는 서로 사랑하라
대자연을 모두 사랑하는 위대한 마음으로

76권 (2003. 3. 18.~) 176
예수의 효성
남편을 명장으로 만든 평강 공주의 지혜

77권 (2003. 3. 23.~) 178
저의 죄를 용서하여 주옵소서
3년 동안 160권의 법전을 역사하라

78권 (2003. 3. 26.~) 180
땀 흘려 의식주를 해결하지 않는 타락한 자
준비된 땅, 가나안

79권 (2003. 4. 2.~) 182
예수가 목사학교를 나왔던가
인생의 패잔병이 가르치는 종교 집단

80권 (2003. 4. 8.~ 4. 12.) 184
환란을 당할 것인가 축복을 받을 것인가
스스로 하고자 하면 아무리 힘들고 어려운 것도

[제6부] 육이 죽는 순간 꿈에서 깨어남이니라

5,941~7,005번째 편지 중에서

81권 (2003. 4. 12.~) 188
아무것도 깨달은 것이 없사옵나이다
모든 동식물, 무생물이 다 스승

82권 (2003. 4. 22.~) 190
신흥 종교 집단은 이단
2천 년 전부터 전해 내려오는 말, 말세, 이단

83권 (2003. 4. 30.~) 192
'사랑'이면 다 실천할 수 있는 것
육의 행함은 중요하지 않다?
성령이 임하는 방법

84권 (2003. 5. 9.~) 194
나의 음성을 직접 기계에 기록하여 전함이니
종교 백화점
마지막 시대, 날짜와 시간을 기록하여 증거

85권 (2003. 5. 20.~) 196
전생
선악과

86권 (2003. 5. 29.~) 198
선한 것을 먹으면 선한 향기가 나오며
실천의 시대
욕심이 있기에 남에게 사기를 당하며 속는 것

87권 (2003. 6. 6.~) 200
지구는 둥글다
소왕국
아무리 선행을 해도

88권 (2003. 6. 12.~) 202
나를 따르라
하늘의 문이 열리니

89권 (2003. 6. 20.~) 204
육이 죽는 순간 꿈에서 깨어남이니라
사랑의 노래
2계명, 하늘, 땅, 땅 아래의 우상
예수의 부활

90권 (2003. 6. 27.~) 206
누구도 지옥에 떨어지는 것을 원치 않음이니라
조명
우주 공간과 마음

91권 (2003. 7. 5.~) 208
감히 사탄을 칭송하는 자
길들지 않은 명마를 길들이고 또 길들이듯이
도덕책

92권 (2003. 7. 10.~) 210
저들을 용서하여 주옵소서
마음을 비워야 성서를 알 수 있음이니
마음이 청결한 자

93권 (2003. 7. 15.~) 212
십계명을 써서 주는 것이 가장 위대한 선물
천 년 왕국과 휴거

94권 (2003. 7. 21.~) 214
한 번의 기회
거짓 선지자를 삼가라
아버지의 뜻대로 행하는 자

95권 (2003. 7. 28.~) 216
예수님께서 전해 주신 말씀입니다.
너희 옆의 불쌍한 자부터 도우라

96권 (2003. 8. 1.~ 8. 5.) 218
지도자가 아닌 신도들을 중심으로
진실은 항상 승리하게 되어 있느니라

[제7부] 재앙, 너희보다 나은 자가 너희를 지배하는 것

7,006~8,216번째 편지 중에서

97권 (2003. 8. 5.~) 222
공동묘지
죄 없는 자

98권 (2003. 8. 8.~) 224
영적인 귀족 병에 걸려 있는 자들
앗! 하나님, 이것이었사옵나이다

99권 (2003. 8. 14.~) 226
나 여호와를 사랑하는 증표
참진리와 비진리가 부딪치니
믿지 않는 자는 구원을 받지 못한다

100권 (2003. 8. 19.~) 228
성령을 기록한 두루마리의 주인
사랑하는 아버님 전상서

101권 (2003. 8. 22.~) 230
내가 변화된 것을 세상에 내린다면 그게 우선
사랑의 편지는 변조하지 못하느니라

102권 (2003. 8. 30.~) 232
말씀이 육신이 되어
재앙, 너희보다 나은 자가 너희를 지배하는 것
아버지께서 내 안에, 내가 아버지 안에

103권 (2003. 9. 4.~) 234
우편에 있는 예수와 무엇이 다르겠느냐
정녕 나 여호와 자체가 될 수 없으니
애완동물

104권 (2003. 9. 8.~) 236
높을수록 겸손한 삶을
일곱 번씩을 일흔 번이라도 용서하는 것

105권 (2003. 9. 17.~) 238
의에 주리고 목마른 자는 복이 있나니
하늘의 법전

106권 (2003. 9. 22.~) 240
하늘나라의 역사는 이미 지상에서
가정 예배

107권 (2003. 9. 28.~) 242
노력하여 얻으라
나 여호와가 역사하는 증거

108권 (2003. 10. 4.~) 244
나 여호와가 과연 존재하는가?
선생과 제자가 구분되지 않는 세상

109권 (2003. 10. 10.~) 246
예수의 영적 상태까지
분신
사랑의 바탕에서

110권 (2003. 10. 15.~) 248
예배의 형식, 기도의 형식
나 여호와의 편지
짐승의 표를 받는 백성

111권 (2003. 10. 20.~) 250
새로운 말씀이 내려옴을 알고 있는 자들
버리라, 모든 것을 다 감싸라

112권 (2003. 10. 24.~10. 31.) ..252
성령의 불 칼
새로운 시대의 대변화

[제8부] 하늘을 두루마리 삼고 바다를 먹물 삼아

8,217~9,580번째 편지 중에서

113권 (2003. 10. 31.~) 256
움직이는 꽃
자연의 소리에 귀 기울이라
남에게 상처를 주는 말로 훈계하는가?

114권 (2003. 11. 7.~) 258
큰 사랑
석가가 누구더냐

115권 (2003. 11. 13.~) 260
교회 경영학의 책자로 전락된 성서
아브라함의 자손 VS 성령으로 잉태한 예수

116권 (2003. 11. 19.~) 262
영원히 죽지 않고 살 수 있는 양식
시작도 끝도 없는 진리
세상의 인간관계가 그냥 이루어짐이 없음이니

117권 (2003. 11. 27.~) 264
극약도, 독충도
성인의 시대
스승

118권 (2003. 12. 6.~) 266
동물의 왕, 인간
각자가 1세대

119권 (2003. 12. 14.~) 268
무덤 속에 있는 자
선한 일을 행한 자는 생명의 부활로
혈통, 하늘의 족보

120권 (2003. 12. 20.~) 270
요한계시록
들림 받음의 두 길
죽기 직전 믿기만 하면 구원받을까?
예수의 태어남을 경축하는 것

121권 (2003. 12. 26.~) 272
오늘에 만족하는 삶, 범사에 감사하라
악은 선을 공격하나, 선은 악을 공격하지 않는다
포용과 사랑

122권 (2003. 12. 30.~) 274
원수를 사랑하는 마음보다 더 소중한 것
하늘을 두루마리 삼고 바다를 먹물 삼아
하늘나라를 장식하는 것

123권 (2004. 1. 3.~) 276
거짓 하는 자, 어찌 세상을 얻겠느냐
변화되는 진리
그리스도의 초보를 버리라
성서를 천 번 만 번을 읽어도

124권 (2004. 1. 14.~) 278
참진리의 변화의 소용돌이
탕자
따뜻한 말 한마디

125권 (2004. 1. 20.~) 280
사탄은 필요악
편애, 모두를 다 파괴한다

126권 (2004. 1. 24.~) 282
세상 모두와 화친하라
다만, 너희에게 갈 수 있는 것을 알려 줌이니

127권 (2004. 1. 31.~) 284
율법을 완성하고자 온 예수
보이는 세상의 한계

128권 (2004. 2. 5.~ 2. 11.) 286
거듭남, 육신의 나이를 따지지 말라
만백성의 왕

[제9부] 예수의 재림은 없다

9,581~10,885번째 편지 중에서

129권 (2004. 2. 11.~) 290
주기도문
검을 주러 온 예수

130권 (2004. 2. 19.~) 292
네 것은 아무것도 없거늘
복을 받는 자, 저주를 받는 자
밀알이 땅에 떨어져 죽어야 열매를 맺는다

131권 (2004. 2. 25.~) 294
자기는 구원받았다는 오만한 자
'나'를 버리라
하늘의 별을 따려 하는 자들

132권 (2004. 3. 3.~) 296
만왕의 왕, 예수의 나라
유전, 잘못된 교리로 성령을 훼방하는 죄

133권 (2004. 3. 10.~) 298
때가 이르면 비사로 이르지 않고 밝힌다
몸이 공중으로 뜨는 경지
휴거
꿈에서 현몽하여 답을 얻을 수 있도록

134권 (2004. 3. 17.~) 300
보혈로 편하게 구원을 받겠다는 욕심
예수의 보혈로 구원받는 조건
죽어서 받는 질문 2개

135권 (2004. 3. 24.~) 302
기적, 이적, 초능력
사랑도 죄도 언제까지든지 떨어지지 않는다

136권 (2004. 3. 27.~) 304
예수의 재림=예수의 윤회설
혼인 잔치

137권 (2004. 3. 31.~) 306
예수의 재림은 없다
모든 인봉된 것을 엶이니라
유리한 것과 불리한 것이 같이 있음이니라
악한 생각으로 피가 혼탁해지니

138권 (2004. 4. 3.~) 308
실패의 원인
모든 것에는 답이 있다
다음 세상을 준비하는 현명함
하늘에 오르는 길은 땅에 있다

139권 (2004. 4. 7.~) 310
내가 세상 끝까지 너희와 함께할 것이니라
사도신경
해탈

140권 (2004. 4. 10.~) 312
변질된 성경

141권 (2004. 4. 15.~) 314
세상 만물이 다 새로운 세상을 바란다
예수의 죽음이 입증하는 것
거짓 선지자가 세상을 덮는다 했으니

142권 (2004. 4. 19.~) 316
옛것만을 숭상하지 말라
예언이 이루어지는 조건

143권 (2004. 4. 23.~) 318
마지막 때에 부분적인 모든 것을 폐한다
많은 사람이 왕래하며 지식이 더하리라
천국의 열쇠

144권 (2004. 4. 27.~ 5. 1.) 320
하느님이 보우하사 우리나라 만세
수혈

[제10부] 천 년의 상과 벌

10,886~12,333번째 편지 중에서

145권 (2004. 5. 4.~) 324
모두를 다 내려보냈으니
샛별처럼 반짝거리는 삶을 살라
160권의 새로운 성경

146권 (2004. 5. 7.~) 326
기름 부음
예수만이 나의 아들이 아니요
정규 교육을 받은 백성

147권 (2004. 5. 13.~) 328
먼저 인간의 도리를 다하라
천 년에 걸쳐 다스리고자 함이니
좁고 협착한 길

148권 (2004. 5. 18.~) 330
십자가에 못 박힌 예수의 고통보다 더한가?
무(無)다, 무다

149권 (2004. 5. 22.~) 332
목사를 비방하지 말라

150권 (2004. 5. 25.~) 334
가정교육
사탄의 유혹

151권 (2004. 5. 30.~) 336
천 년의 두 길
천 년의 상과 벌

152권 (2004. 6. 7.~) 338
관상, 사주팔자, 운명
부모와 형제와 이웃을 구원하려거든

153권 (2004. 6. 17.~) 340
사랑이 없으면
아버님! 감사합니다
정성을 들이면 떡이 잘 익으니
좁은 문

154권 (2004. 6. 15.~) 342
개혁의 역사
죽은 자의 아버지가 아니요, 산 자의 아버지

155권 (2004. 6. 24.~) 344
하늘의 뜻의 증거
나는 너희를 사랑하는 아버지라

156권 (2004. 6. 29.~) 346
보상
선한 싸움에서 승자가 되어라
승자답게 무너지지 않고 관리하는 길

157권 (2004. 7. 3.~) 348
한 사람을 통해서 역사한다
운명을 탓하지 말라

158권 (2004. 7. 8.~) 350
토굴 속에서 저 혼자 이치를 깨닫는 자
지상과 하늘의 선
기도할 수 있는 기회는 딱 한 번뿐

159권 (2004. 7. 13.~) 352
흔들리면서 가는 길
160권을 다 정독한 백성

160권 (2004. 7. 17.~7. 23.) 354
하늘의 법
새로운 성경

【부록】 한눈에 보는 하나님의 말씀 356
【부록】 간행사 364

십계명

제일은, 너는 나 외에는 다른 신들을 네게 있게 말지니라.
제이는, 너를 위하여 새긴 우상을 만들지 말고, 또 위로 하늘에 있는 것이나, 아래로 땅에 있는 것이나, 땅 아래 물 속에 있는 것의 아무 형상이든지 만들지 말며, 그것들에게 절하지 말며, 그것들을 섬기지 말라.
제삼은, 너는 너의 하나님 여호와의 이름을 망령되이 일컫지 말라.
제사는, 안식일을 기억하여 거룩히 지키라.
제오는, 네 부모를 공경하라.
제육은, 살인하지 말지니라.
제칠은, 간음하지 말지니라.
제팔은, 도적질하지 말지니라.
제구는, 네 이웃에 대하여 거짓 증거하지 말지니라.
제십은, 네 이웃의 집을 탐내지 말지니라.

나 여호와가 존재함을 믿는 그 자체가 구원의 길에 들어서는 기본이요 근본이며, 나의 새로운 성경을 가슴에 안고 정독하는 자, 반석 위에 서서 하늘에 오르는 찬란한 빛을 보게 되는 영광을 얻게 됨이니라. 진정 나를 따르고 믿는 자는 감히 사탄이나 마귀도 근접하지 못하느니라.

-하나님 말씀-

1부

모든 종교는 하나

모든 종교는 하나이니라.
각 종교는 인간으로 말하면 어머니와 같은 역할로,
너희의 선함과 악함을 구분하는 역할뿐이며,
최종에는 나 여호와, 너희가 말하는 하나님이 있으며,
모든 것은 나의 주관에 의하여 행해짐을 알라.

1번째 편지 중에서
(1999년 7월)

1권 하나님 말씀

(1999/7~2000/1/18 05:00)

모든 종교는 하나
1번째 편지 중에서 (1999년 7월)

　모든 종교는 하나이니라.

　각 종교는 인간으로 말하면 어머니와 같은 역할로, 너희의 선함과 악함을 구분하는 역할뿐이며, 최종에는 나 여호와, 너희가 말하는 하나님이 있으며, 모든 것은 나의 주관에 의하여 행해짐을 알라.

　약속을 지키지 않음은 살인과 같으니, 네가 지킬 수 있는 약속만 하며, 네가 줄 수 있는 한도 내에서만 약속하며, 거짓말하는 것도 살인과 같으니라. 작은 농담도, 선의의 거짓말도 죄가 되니, 해서는 아니 되느니라.

　그러기 위하여 누구에게나 하루의 삶을 설명할 수 있도록 당당하게 살아야 하며, 흰 종이 위에 네가 섰을 때 그 종이와 네 마음이 하나가 되는 것과 같이 하얀 마음으로 살아야 하느니라.

　수정과 같은 맑은 마음, 물과 같은 마음으로 살라. 너에게 축복이 있을 것이니라. 흰 눈이 덮인 세상처럼 하얗게 살려고 노력하라.

　말을 삼가며, 말을 쉽게 하지 말며, 제삼자의 허물이나 잘못됨을 흉보지 말며, 사람들이 남을 욕하면 그 자리를 피하라. 같이 욕하면 같은 죄를 짓는 것이니라. 어느 여인이 간통한 것을 같이 흉을 보는 자는 그와 똑같은 죄를 짓는 것과 같으니라.

　아름다운 생각, 성스러운 생각을 하며, 너를 욕하는 자, 미워하는 자를 너의 스승이라 생각하며 존경하는 마음을 가지고 살아가라.

나로 하여금 종말은 없을 것이나
118번째 편지 중에서 (2000년 1월 12일 21시)

너희가 만든 과학의 힘으로 온 지구가 달군 쇳덩이처럼 과열된 이 시대에 젊은 세대는 모든 것이 제 것인 양 앞만 보고 달려가지만, 오늘의 너희가 있기까지는 너희 어버이들이 있었음을 반드시 깨달아야 할 것이니, 너희는 뒤를 돌아다보지 않고 반성하지 아니함을 후회할 날이 있을 것이니라. 나로 하여금 종말은 없을 것이나, 과학의 열기는 과학의 열기끼리 부딪침이 있을 것이며, 종교는 종교대로 서로 부딪침이 있을 것이니라.

암수의 균형이 무너지고
129번째 편지 중에서 (2000년 1월 17일 0시)

너희는 말하기를 '헌 짚신도 짝이 있다.' 하지 않더냐? 내가 이 세상에 너희를 창조할 때 짝을 만들어 내놓았으니 그 짝으로 하여금 종족을 번식하고 우주 만물이 번창하도록 하였느니라. 너희 인간은 닥치는 대로 모든 것을 해하며 자연의 성스러움을 파괴하나니, 육신의 건강에 좋다 하면 희귀한 생명을 마구잡이로 죽이고 복용함으로 암수의 균형이 깨지고 번식까지도 파괴하니, 이것이 너희 인간의 무지의 소치이니라. 같은 음식을 섭취해도 그게 몸에 좋은 사람이 있는가 하면 독이 되는 사람도 있거늘 그것을 분별하지 못하고 우를 범하니 그 화는 반드시 자기 자신에게 미칠 것이니라.

이 지구상의 모든 생명이 너희 인간으로 인하여 내가 정해 준 짝을 잃고 울부짖는 원성이 너희를 향하여 메아리침을 모르느니라.

2권 하나님 말씀

134
~284
번째 편지

(2000/1/18 10:00~2000/4/20 10:00)

인성 교육은 태아 때부터
134번째 편지 중에서 (2000년 1월 18일 10시)

 너희 인간사에 자식은 소중한 줄을 아나 저를 낳아 주고 길러 준 부모의 공은 생각지 않으니, 너희는 부모에게 한 만큼 너희가 다시 받거늘, 아래로는 자식을 사랑하고 위로는 부모에게 효도하는 것이나 여호와의 하늘나라에 오르는 근본이니라.

 너희를 낳아 준 육신의 부모를 사랑하지 않으면서 어찌 보이지 않는 나 여호와를 진심으로 믿고 따르겠는가? 그 인성은 여인들에게 달렸으니, 여인이 아이를 잉태하는 순간부터 인성 교육을 하여 다스려야 하며, 태어나 젖을 먹으며 걸음마를 배워 세상에 나갈 때까지 너희 여인의 책임이 막중하니라.

섭취하는 가짓수를 줄이는 것이 가장 큰 환경 보호
139번째 편지 중에서 (2000년 1월 20일 05시 30분)

 너희에게 지구를 파괴하지 않는 한도 내에서 먹고살 수 있는 동식물 즉, 너희가 관리하는 가축과 씨를 뿌려서 거두어들이는 식물을 주었거늘, 그를 영광으로 생각하지 않고 먹어서는 안 될 동식물을 갖은 방법으로 섭취하는 것을 중단해야만 할 것이니라. 이것이 가장 큰 환경 보호이니라.

 너희가 걸치고 다니는 사치스런 옷들도 내가 너희에게 명하여 준 것에서 얻지 아니하고 온갖 동물의 가죽을 쓰고 입고 다니니, 그 가죽을 걸친 사람은 그 가죽을 제공한 짐승과 똑같으니라. 짐승의 모양으로 어찌 나의 옆에 오리라 생각하는가? 아무리 높은 자요 많이 가진 자도 동물의 가죽을 쓰고 있으면 그가 곧 그 동물이니라.

환경 파괴로 정충이 죽어 가니
147번째 편지 중에서 (2000년 1월 23일 14시)

 환경 파괴로 너희의 정충이 죽어 가 종족을 번식시킬 수 없게 되니, 너희 스스로 자연을 파괴하여 너희 씨앗을 죽게 하며 결국에는 생산 기능이 마비되어 종족이 지구상에서 없어지느니라. 내가 너희에게 종말을 고하는 것이 아니라 너희 스스로 종말의 무덤을 파고 있느니라. 너희가 육신을 위하여 죽여서 짝을 잃은 짐승들의 원성이 너희를 공격한다 하였으니, 너희의 2세, 3세들이 생산되지 않아 너희를 보호하는 후손이 없게 되며, 너희가 고령이 되었을 때는 지금 잡아죽인 그 짐승들의 먹이가 된다는 것을 깨달아라.

 너희에게 내가 먹으라 명해 준 것들을 기르고 가꾸어서 그 동식물만 먹는다면 종말이 없을 것이니라. 그러니 물 전쟁이요, 공기 전쟁이요, 과학 전쟁이요, 너희 생산 기능에 마비와 혼란이 오는 것을 막는 것은 너희에게 달렸느니라.

 너희 인간이 지구상에 영원히 존속하는 길은 모든 생물이 제자리에서 번식하고 생육할 수 있도록 보호하는 것이 가장 급선무이니, 이제는 개인의 영달을 버리고 온 인류가 더불어 너희가 발을 딛고 사는 이 지구를 살리는 운동에 힘을 모아야 할 것이니라.

3권 하나님 말씀

(2000/4/21 05:00~2000/6/16 06:10)

이제는 유한 자가 다스릴 때
374번째 편지 중에서 (2000년 6월 1일 10시)

많은 세월 속에 남자와 여자가 구분되어 지금까지의 세월은 우악스럽고 힘이 좋은 남성들의 보호와 권능 아래 이끌어 왔느니라.

6천 년의 세월이 지난 지금은 인성이 험악하여져 악이 하늘을 찌르고 착한 자는 땅에 묻히니, 더는 힘쓰고 우악스러운 자가 세상을 이끌어 갈 수 없느니라. 이제는 부드러움만이 이 세상을 지배할 수 있느니라. 남성 상위, 여성 상위, 남성·여성이 아니고, 유한 자가 세상을 정화하고 다스려 가는 근본이 되느니라.

삶이 영화처럼 촬영되고 있느니라
386번째 편지 중에서 (2000년 6월 7일 20시)

이 세상에는 각계각층의 사람이 있으니, 한 개인이 세상에 나와 성장하며 지금까지 살아온 기록을 영화의 필름처럼 만인에게 방영한다고 할 때, 자신의 행동에 부끄럽지 않으며 당당히 고개를 들 수 있는 자 얼마나 될 것이라 생각하느냐?

너희는 죽어 내 앞에 왔을 때, 많은 천사와 사탄이 주시하는 앞에서 너희가 살아온 삶의 행동과 마음의 생각까지도 영화의 필름처럼 보일 것이니라. 그러한 심판의 시간이 있으니, 너희가 스스로 지은 죄에 대해 갈 길을 찾아가는 것이지, 내가 너희를 심판하여 가라 오라 함이 아니니라.

죽고 사는 것이 하늘의 뜻
387번째 편지 중에서 (2000년 6월 8일 05시)

너희는 '죽고 사는 것이 하늘의 뜻이며, 잘 살고 못 사는 것 또한 하늘의 뜻'이라는 말을 하지 않더냐? 이는 곧 나의 주관하에 너희의 모든 운명이 결정지어지며 그와 같이 실행된다고 너희는 생각하는 것이니라. 그러나 너희가 인간으로 태어나기 전에 각자가 짓고 온 죄가 있나니, 그 죄에 따라 너희 운명이 결정된다는 것을 알아야 할 것이니라. 이는 곧 너희의 전생과 이승의 삶이 무관하지 않다는 것이니라.

너희가 지은 죄의 대가를 치르듯이 오늘의 삶이 어떠냐에 따라서 수천수만의 벌의 종류에 따라 영의 세계가 분류된다는 것을 깊이 명심해야 할 것이며, 오늘에 너희가 잘 살아오고 잘못 살아옴에 따라서 각종 형벌이 임하게 되는 것을 잊고 살아서는 아니 되느니라.

수신제가 치국평천하
403번째 편지 중에서 (2000년 6월 15일 05시)

사람은 자기 자신의 소중함을 깨달으며, 가족의 소중함을 깨달으며, 가족의 위치에서 자기 자리를 지키는 자만이 이웃을 사랑할 수 있느니라. 너희 말에 '수신제가 치국평천하'란 말이 있듯이 이를 지키는 것이 나에게 오르는 근본이니, 자신을 소중히 여기고, 가족을 위한 자신의 자리를 지키고, 이웃을 위한 예의범절을 지키는 속에서 나에게 오르는 기도를 드릴 때만이 구원을 받을 수 있음이니라.

4권 하나님 말씀

(2000/6/16 21:00~2000/7/31 16:10)

인간의 한계란 끝이 없다
426번째 편지 중에서 (2000년 6월 26일 05시 40분)

　내가 너희 인간에게 천사에 가까울 정도의 훌륭한 지혜라는 것을 있게 하였으니, 너희는 말하지 않더냐, 인간의 한계란 끝이 없다고. 위험에 처해 있는 자식을 위해서 힘을 발휘하는 엄마의 능력은 상상을 초월하며, 죽음 직전에 위급할 때 스스로 놀랄 정도로 괴력을 발휘하는 것이 너희 인간이니, 너희가 착하고 아름다운 마음을 가슴에서 발산한다고 하면 그 또한 끝이 없느니라.

사탄과 견줄 수 있는 능력
474번째 편지 중에서 (2000년 7월 18일 05시)

　내가 너희 인간들에게 무한한 지혜와 능력을 발휘할 수 있도록 한 것은 너희가 지배를 받는다 일컫는 사탄과의 일대일의 싸움에서 견디고 이길 수 있도록 그 능력을 생각하여 부여했기 때문이니라. 그러나 사랑하는 피조물 너희는 정신을 집중하여 그 집중된 힘에서 일어나는 위대한 능력을 발휘하기는커녕, 욕심이라는 것 때문에 정신이 혼탁해지고 마음이 혼탁해지며, 너희 지혜를 개발하고 발휘할 수 있는, 마음에서 집중되는 파괴력을 스스로 상실하여 사탄의 지배를 받고자 너희 자신이 그와 같은 형국을 만들었느니라.

　내가 나의 새로운 성경을 만들어 너희를 구원하고자 함은 첫째, 너희의 정신과 마음을 맑게 하여 정신을 통일하여 위대한 힘을 발휘할 수 있는 너희의 원초적인 모습으로 돌리고자 함이며, 둘째, 나 여호와의 창조함에 감사하며, 셋째, 각자 사탄으로부터 이길 수 있는 능력과 힘을 발휘하여 내가 어느 날 소왕국을 만들 때 누구나 다 임할 수 있는 능력이 있음을 깨우쳐 주고자 함이니라. 이 모두는 너희가 선량하고 착하게 살고자 하는 아름다운 마음을 가슴속에서 우러나게 함으로써 그와 같은 방대한 능력을 발휘할 수 있느니라.

> 이후 편지부터 **녹음테이프**가 있습니다. 하나님께서 저에게 들려주시는 음성을 들리는 그대로 제가 불러주면 아내가 받아 적었습니다. 내려주시는 말씀이 점점 많아져서 녹음하기 시작했고, 처음에는 녹음을 보관한다는 생각을 못 하고, 테이프 하나에 재녹음하여 녹취했습니다.
> **2000년 7월 20일 19시 말씀부터** 녹음테이프를 보관하기 시작했습니다.

각자 한 가지의 기술과 그릇을 가지고 태어났으니
493번째 편지 중에서 (2000년 7월 25일 05시 15분)

이 세상에 내가 처음 너희를 만들 때 착하고 아름답게 살라 하여 각자 살아가는 방법과 한 가지씩 기술과 그릇을 가지고 태어나게 하였으니, 스스로 자신의 능력을 계발하며 자기의 위치와 분수를 지키고 살아가며 욕심을 갖지 아니하고 세상을 바라보는 자는 세상이 아름답게 보이며 더 취하고자 하는 마음이 없으니, 이처럼 너희가 자기의 그릇을 알고 분수에 맞춰 살아가고자 하면 이 세상이 아비규환 같은 오늘의 세태가 이루어지지 아니하였을 것이니라.

내가 너희에게 음식을 취하면서 끼니때마다 70퍼센트라는 선을 넘지 말고 수저를 놓으라 함은, 제 그릇을 다 채우지 않고 조금의 공간을 비워 두어야 너희 몸이 편안하고 기능이 원활해지기에 그리 가르침이니, 제가 가질 수 있는 그릇의 100 중에서 항상 30을 양보하는 마음으로 70 정도만 채운다면 그는 세상에서 가장 편안한 사람이 될 것이니라.

5권 하나님 말씀

514~607번째 편지

(2000/8/1 06:00~2000/9/7 06:10)

더불어 사는 것
539번째 편지 중에서 (2000년 8월 11일 22시)

내가 너희 인간을 창조하여 내려보낼 때 더불어 살아가도록 하였으니, 너희는 한 사람보다는 두 사람의 지혜를 모음으로써 힘을 배로 발휘하며, 협력하고 단합하며 살아가도록 하였느니라. 그러나 너희는 욕심이라는 마음이 생김으로 인하여 사랑하고 협조하는 마음이 아니라 상대방을 시기하고 미워하며 남이 잘되는 것을 질투하는 마음이 불과 같으니, 그와 같이 너희 인성이 변함으로 인하여, 힘을 합쳐 큰 힘을 발휘할 수 있는 너희가 각자 자신만 소중하고 위대하게 여기고 자신을 관리하는 데에만 온 힘을 다하며, 남을 이해하고 용서하는 데에는 인색하기 그지없는 인생으로 변하였느니라.

하나님! 살려주옵소서
549번째 편지 중에서 (2000년 8월 15일 19시 45분)

너희 인간들은 유사시에 생명과 직결되는 화가 닥칠 때, '하나님! 살려주옵소서.' 하느니라. 그리고 큰 재앙이나 감내할 수 없는 큰 변화의 고통에 직면할 때, 하늘을 향하여 '하나님 아버지! 저를 살려주옵소서.' 하면서 믿음을 가진 자나 믿음을 갖지 아니한 자나 다 나를 부르며 구원을 원하니, 너희 인간의 심리가 그러하니라.

너희가 위험한 상황이나 인간의 힘으로는 도저히 감내할 수 없는 재앙이 닥쳤을 때 과연 누구를 찾는가? 그 찾는 자가 존재하며, 그가 진정 너희를 심판하며 너희를 구원한다는 것을 알라.

베푼 대로 거둔다
565번째 편지 중에서 (2000년 8월 20일 16시 05분)

너희는 살아가면서 다양한 재능과 능력을 가지고 있으며 각종 업종을 가지고 있으니, 남에게 베푸는 것은 권력의 베풂이요, 재물의 베풂이요, 마음의 베풂이요, 재능을 베풂이요, 자기가 가진 모든 것을 베푸는 것이니라. 너희는 베푼 대로 거두게 되니, 너희가 인간에게 베푸는 것은 당대에 받지 못하고 나의 나라에 올라와 심판을 받을 때 그 공덕에 대한 상을 받을 수도 있으나, 너희가 나를 믿고 경배하여 나의 율법에 따라 지키는 것은 너희가 살아 있는 당대에 축복을 받음이니, 이는 나 여호와가 너희를 직접 관리함을 알라.

가는 정이 있어야 오는 정이 있다
573번째 편지 중에서 (2000년 8월 23일 10시 50분)

'가는 정이 있어야 오는 정이 있다.'는 말이 있나니, 베푸는 정이 있어야 받을 수 있다는 말과 같음이니라. 세상사 살아가는 진리는 간단한 것이니라. 베풀며 살면 되는 것을, 너희는 베풀며 사는 것이 손해를 보는 것이라 생각할 것이나, 베풀면 즐거움을 얻을 수 있으며 사랑을 얻을 수 있음이니라. 베푸는 즐거움과 주위로부터 사랑과 믿음을 받고 덕을 쌓으며, 또한 너희가 열을 베풀었으면 열이라는 숫자보다 더 많은 것이 너희에게 돌아옴이니라. 이 진리 하나만 가지고 산다면 이 세상에서 지금 너희처럼 구원을 받고자 기도를 드리면서 불안한 마음을 갖지 않을 것이며, 너희가 영원히 사는 나의 곁으로 오는 것 또한 모든 진리가 거기에 들어 있느니라.

6권 하나님 말씀

608~691번째 편지

(2000/9/7 18:40~2000/10/15 06:40)

전지전능한 나 여호와는 다 알고 있거늘
642번째 편지 중에서 (2000년 9월 24일 10시 45분)

전지전능한 나 여호와는 너희가 무엇을 필요로 하며 무엇을 하여야 할 것인가를 다 알고 있음이니, 그 자격에 도달하여 우등생이 되면 그 상을 내가 내리느니라.

너희는 기도하는 문구에 무엇을 주십사, 누구를 위해 베풀어 주십사, 말로써 세상 온갖 것의 사랑과 정성과 봉사를 다 하는 듯하며 너희의 뜻이 하늘에 닿아 모든 것이 이루어지며 모든 평화와 부귀가 만인 앞에 내려지는 것처럼 구구절절이 말하나, 그 기도문은 너희 입에서 나오는 순간에 물거품이 되어 사라짐을 알아야 할 것이니라. 내가 너희보다 백배 천배 더 잘 알고 있음이며 그 모두는 나의 주관하에 다 이루어지거늘, 내가 주관하여 이루는 그 속에서 너희가 무엇을 달라 함은 오만이요 교만이며, 감히 저 자신의 분수를 모르고 하는 행동임을 알아야 할 것이니라.

나의 계획에 의하여 이 세상의 만물이요 피조물을 운영하며, 그들이 살아가는 것은 나의 뜻에 의해서 살아가거늘, 너희 뜻대로 누구를 구원해 주며 무엇을 달라 울부짖는 것은 나 여호와에게 계획을 수정하라 함과 마찬가지이니라. 이는 감히 너희가 나에게 도전하는 행위와 같음이니, 그와 같은 죄를 범하는 것으로 너희가 나에게 와 어찌 그 벌을 다 받으려 하는가?

남의 밥그릇은 커 보인다
660번째 편지 중에서 (2000년 10월 1일 07시)

너희 말에 이르기를 '제 밥그릇은 작으며 남의 밥그릇은 커 보인다.' 하는 이것은 너희의 심리가 잘 표현된 말이니라.

자기 것은 많든 적든 제 마음대로 취하고 활용할 수 있으니 그것이 얼마나 값진가를 너희는 깨달아야 할 것이니라. 아무리 남의 것이 화려하고 좋다 하여도 그것은 제 것만 못하거늘, 그럼에도 너희는 자기의 것은 소중한 줄을 모르고 남의 것을 탐하고자 하는 심리가 있으니, 그것이 바로 욕심이고 이기심이며 너희의 자존심과 영웅심에서 그와 같은 행위를 함이니라.

우선 스스로 정도로 가는 것을 터득하며, 거짓이 없고 바른길을 가며, 남의 것을 탐내지 아니하며, 남의 것이 커 보이는 그러한 마음을 버리는 것이 마음을 다스리는 기초이니라.

길들이기에 달렸다
671번째 편지 중에서 (2000년 10월 7일 06시 45분)

'버릇과 습성은 길들이기에 달렸다.' 하는 말이 있느니라. 사람이 스스로 자신을 어떻게 다스려 나가며 어떻게 노력하며 어떻게 길들여 가느냐에 따라서 모든 것은 쉽거나 어렵게 되니, 어려운 길을 쉽게 갈 수 있는 것은 길들이는 것이니라. 잠자고 일어나는 것, 식사하는 것, 행동하는 것, 앉고 일어서는 모든 것은 다 스스로 길들이기에 달렸으니, 너희 마음을 곧고 옳은 길로 길들여 다스려 나가는 데 지금부터 목표를 세우고 그와 같이 실행해 나가라.

7권 하나님 말씀

(2000/10/15 16:05~2000/11/11 23:28)

천사는 모든 것의 아름다움만 본다
701번째 편지 중에서 (2000년 10월 18일 19시 10분)

 천사란 세상의 모든 것을 다 아름다운 점만 보는 것이니라.

 내가 나의 피조물 만백성을 창조할 때, 각자 살아갈 수 있는 기술을 다 주었듯이, 각자 아름다운 점을 하나씩 주어 저마다 아름다운 특성을 가지고 세상에 태어났느니라. 천사가 되고자 한다면 그들의 아름다운 부분과 그들만이 가진 장점을 볼 수 있는 마음이어야 하느니라. 그와 같은 마음으로 모든 나의 피조물 인간들을 볼 때, 그들은 갓 태어난 아기와 같이 보이느니라.

 움직이는 동물이나 사물도 그 나름대로 타고난 장점과 아름다움이 있으니, 너희는 그 아름다움과 장점을 바라보면서 거기에서 나의 전지전능함을 느껴야 할 것이니라. 독버섯이라는 것에도 아름다운 특성이 있으니, 너희가 천사가 되고자 한다면 그 속에서 아름다운 특성을 볼 줄 알아야 하며, 너희 마음이 그리 열려야 하느니라.

8할을 주었으며, 2할은 인간의 노력
728번째 편지 중에서 (2000년 10월 28일 07시)

 너희는 나로부터 똑같이 평등한 자격을 가지고 세상에 나감이니, 살아가면서 어찌 노력하며 사느냐에 따라서 천태만상의 차등이 생기는 것이니라. 모두는 다 너희 스스로 만드는 것이며, 자신의 가치 자체 또한 스스로 만듦이니라.

 내가 너희에게 8할을 주었으며, 2할은 자신의 노력에 의하여 변화가 이루어지니, 너희가 그 2할의 한계에서 어찌 살아가느냐에 따라 그와 같이 변화가 이루어지느니라.

예수가 재림하면 믿을 자 있는가
764번째 편지 중에서 (2000년 11월 10일 03시 30분)

성령으로써 예수가 너희 마음에 재림하면 될 것을, 너희는 정녕 예수가 육신으로 다시 와서 너희에게 기적을 보일 때만 믿는다 하느냐, 그리고 그리 생각하느냐? 그리 생각했던 너희도 예수가 재림하여 육신의 형태를 가지고 와서 기적을 이루고 무엇인가를 이룬다 할 때, 그가 예수라는 것을 무엇으로 증명한단 말이더냐?

너희는 마지막 시대에는 사탄의 앞잡이인 가짜 선지자가 오며 가짜 예언자가 온다고 말하지 않더냐? 그러니 진정 예수라 하여 기적을 이루는 자가 나타나면 '이는 진정한 여호와 하나님의 아들로서 우리를 구원하고자 왔다.' 하며 믿을 자 누가 있겠느냐? 너희는 그가 왔을 때, 그를 사탄이라 하여 돌팔매질할 것이며 그를 길거리에 피 흘려 죽게 할 것이니라. 그리하여 또다시 그가 피 흘려 죽은 다음에 '그는 진정한 여호와 하나님의 아들이며 우리 만백성을 구하러 온 예수였다.' 할 것이며 너희 후손 대대손손은 오늘의 형국이 또 이루어질 것이니, 그리하여 너희 앞에 육신으로 나오는 예수의 재림은 없느니라.

예수가 행하고자 했던 그 뜻을 너희 가슴으로 행하고 실천한다 하면 그게 바로 너희 마음속에 예수가 재림하여 성령으로 와 있음이니라.

8권 하나님 말씀

771~842 번째 편지

(2000/11/12 07:40~2000/11/30 07:15)

정신 통일
776번째 편지 중에서 (2000년 11월 13일 17시 30분)

마음에 만 가지 생각이 있으면 만 가지 생각대로 행동하게 되며, 그 만 가지를 다 참견하여 행하고자 하니, 이는 즉 수양이 안 되어 있으며 정신 통일이 안 되어 있음이니라. 그리하여 무엇인가를 깨우치고 얻고자 나름대로 믿음을 갖고 기도의 생활을 하며, 또한 승려라 하는 사람들이 무엇인가를 깨우치고 마음에 있는 무엇인가를 얻고자 속세의 인연을 끊고 깊은 산 속에 또는 토굴에 들어가니, 이는 다 한 가지이니라. 마음을 한 점으로 모아야 함이니, 연필로 찍은 점보다도 작게 마음을 모았을 때 이것이 정신 통일이니라.

그리 정신 통일한 한 점의 마음에서 사랑하고 용서하는 아름다운 마음만 나와야 할 것이니, 그와 같은 마음을 가지고 세상을 보면 세상을 보는 눈이 뜨일 것이며, 너희가 어찌 살아야 할 것이며, 어찌 살아왔으며, 어떻게 살아가는 것이 진정한 구원의 길인지 깨우치게 되느니라.

원수를 사랑하라
786번째 편지 중에서 (2000년 11월 16일 06시 25분)

성서를 통하여 말하기를, 원수까지도 사랑하는 것이 사랑이라 하였거늘 너희는 어찌하느냐? 한 성전에 모여 같이 예배하며 기도하는 자에게 사랑하는 체하나 그 사랑도 진실한 사랑이 없고 육신의 이해관계에 서로 돕고 협조하는 자들에게만 사랑한다 하며 나눔을 실천하고자 하는 마음으로 그득 차 있는 것이 오늘의 현실이니라.

'원수를 사랑하라.' 한 그것이 기본의 자세라 하였거늘, 너희는 믿음의 길을 같이 가지 아니한다 하여 그들을 경원시하며, 인간으로 생각하지 아니하며, 이단이라 생각하며, 그들을 사랑하는 마음으로 감싸고자 하는 마음의 싹도 없으니, 그런 자들이 어찌 나에게 오를 수 있다 말하느냐?

선한 자가 누구던가
836번째 편지 중에서 (2000년 11월 29일 05시 30분)

너희는 '여호와 하나님께서 악한 자와 선한 자를 구분하여 악한 자는 버리고 선한 자만 세상에 존재하게 하면 되지 않을까?' 하는 생각을 하니, 과연 선한 자가 누구던가? 죄짓지 아니한 자 있으면 기도해 보라, '나는 죄를 짓지 아니하였으니, 이 세상에 나와 같은 자만 존재하도록 하여 주옵소서.' 하고 기도할 수 있는 자 있으면 기도하라. 그가 진정 그와 같은 자라면 내가 그 자리에서 그의 정신과 육신을 그대로 다 하늘에 불러 거두어들일 것이며 육신 자체도 흔적 없이 거두어들일 것이니라. 그러나 그가 단 한 번이라도 죄를 지었다면 용서할 수 없으니, 그러고도 제가 착한 자라 할 자 있으며, 이 세상에 저희만 살아남을 자격이 있다고 말할 수 있는 집단이 있는가? 정녕 그런 집단이 있다면 그 집단을 그대로 나의 천국에 육신과 정신을 같이 거두어 올릴 것이니, 그런 자 있다면 기도하라. 자신 있는 자 기도하라. 깨끗한 자 기도하라. 나에게 와서 한 점의 부끄러움이 없는 자 있다면 그리 기도해 보라.

9권 하나님 말씀

843~901 번째 편지
(2000/11/30 07:30~2000/12/13 14:40)

이웃을 네 몸처럼 사랑하라
880번째 편지 중에서 (2000년 12월 8일 22시)

내가 너희에게 가르쳐 이르기를, '이웃을 네 몸처럼 사랑하라.' 하였느니라. 그러나 너희가 살아가면서 과연 어디까지 실천할 수 있느냐? 아무리 계획이 아름답고 생각이 아름다우며 너희가 하는 말 자체가 아름답고 황홀해도, 몸소 실천함에 있어서 어찌 행하느냐에 따라서 그 사랑의 강도를 알게 됨이니, 나에게 오르고자 하는 만백성이 살아가는 것은 몸소 실천함이니라. 실천하지 아니하고 입발림으로만 하는 사랑이요 베풂이요 용서함은, 말과 행동이 일치하지 아니할 때, 너희 스스로 죄를 지음이니라.

사랑의 실천함이 무엇인지 알겠는가? 베풂이 무엇인지 알겠는가? 남에게 마음을 비우고 사랑을 실천하고 베풀며 선행을 하며 한 점의 부끄럼 없는 삶을 영위하며 살아간다는 말을 함부로 입 밖에 내어서는 아니 됨이니라. 사랑과 선행은 한도 끝도 없느니라.

이와 같은 이치를 깨우친다면, 너희가 나에게 올라올 수 있는 베푸는 사랑이 만 개라 할 때, 열 개, 백 개를 베풀면서 온통 사랑과 자비와 덕을 베푼 양 함부로 말하지 말라. 그리고 너희를 내세우지 말라. 너희를 자랑하지 말라. 그와 같이 자랑하지 아니하고 내세우지 아니하며 묵묵히 베풀고 선행을 하는 것만이 너희가 받을 복이 있으며, 행한 만큼 받음이니, 말로써 모든 것을 날려보내는 우를 범하지 말라.

거짓 하지 말라
896번째 편지 중에서 (2000년 12월 12일 10시 30분)

　십계명에 '네 이웃에게 거짓 증거하지 말라.' 하였으니, 거짓으로 사람을 기만하는 것은 살인과 같으며, 거짓을 행할 수 있는 그 마음 속에는 사악한 마음이 도사리고 있음이니라.

　남에게 거짓을 하는 것은 단순히 너희가 무엇 하나를 속이려고 하는 것이 아니라, 그를 속이기 전에 사악한 마음에서 남을 미워하고 질투하며 제 앞에 큰 것을 놓고자 하는 욕심이 있으며 남을 기만하고자 하는 마음이 거기에 있음이니, 거짓 하는 그 자체가 사악한 마음으로써 남을 살인하는 것보다도 더 혹독한 마음이 있음이니라. 그 거짓 속에는 온갖 세상의 잘못 가는 것들이 다 포함되어 있으며, 너희가 잘못 살고 선행을 할 수 없는 모든 기초가 거짓을 할 수 있음으로써 거기에서 이루어지니, 거짓말이 악의 근원이라 할 수 있음이니라.

　너희 종교 지도자가 말하지 않더냐? 인간이기에 죄를 지을 수 있으며, 죄를 지은 자는 성전에 와서 나에게 빌면 그 죄를 용서받는다 하니, 그와 같은 엄청나게 잘못 가르치는 근원이 무엇이더냐? 이는 바로 너희가 거짓말을 할 수 있고 거짓을 행할 수 있다는 데에서 이루어지는 뜻과 똑같으니라.

　거짓말을 할 수 없는 자, 거짓말을 하지 아니하는 자는 죄를 지을 수가 없으니, 그 죄를 인간이기 때문에 짓고 나에게 용서를 비는 일조차도 있을 수 없으며, 감히 그와 같이 생각할 수도 없으며 그와 같은 행동을 할 수도 없음이니라.

10권 하나님 말씀

(2000/12/13 22:40~2000/12/27 05:30)

물의 전쟁, 공기의 전쟁
922번째 편지 중에서 (2000년 12월 19일 0시 05분)

너희는 오늘과 같이 물의 전쟁이 생기고 물의 쓰임이 있을 것이라 아무도 생각을 못 했을 것이니, 이제는 공기의 전쟁이 이처럼 생길 것이며, 너희 생활은 문을 열고 바깥을 나돌아다닐 수 없는 형태로 변할 날이 머지않았음이니라.

이제는 모두가 주인이 없으며, 내 것 네 것이 없으며, 강자가 약탈하고 약자는 강자 앞에 굴복하는, 이와 같이 질서가 파괴되는 시대가 열릴 것이니, 지금 너희가 사악하게 변해 가는 것을 막고 통제할 길이 없느니라. 지금의 너희 종교의 가르침이요, 믿음으로써는 이처럼 번지는 전염병을 막을 수 없나니, 이를 잡고 되돌려 놓을 수 있는 것이 나의 성령을 기록하여 전하는 나의 새로운 성경이니라.

나는 만백성의 어버이니라
940번째 편지 중에서 (2000년 12월 23일 06시 55분)

인간은 열 자식이면 그 열 자식이 다 소중하다 너희가 말하듯이, 나 여호와가 직접 만든 나의 피조물 만백성이 어떠한 종파를 갖든, 어찌하고 살아가든, 그들은 다 나의 피조물이니라.

나의 피조물들이 착하고 선한 일을 하며 나의 뜻인 사랑을 베풀면 나는 그들을 다 거두어들이며 사랑함이니라. 기독교라는 믿음을 가진 자들은 머리를 깎은 승려라 하는 자들을 적대시하나, 그가 사랑을 베풀 때 그는 곧 나의 종이며 나의 백성이니라. 너희가 말하는 무당이라는 자가 선행을 베풀고 배고픈 자에게 밥을 나누어 주며 사랑을 베푼다 할 때, 그가 사랑을 베풀며 사랑을 이루어 가고자 하면 그는 바로 나의 종이니라. 내가 만든 나의 피조물 백성으로서 나의 뜻을 실행하니 내가 그를 사랑함이니라.

사랑은 무엇이더냐? 나의 근본이고 나의 성심이고 나의 형체이니라. 나는 사랑이니라. 사탄이 사랑을 베풀고 선을 베푼다 하면 나는 그를 받아들일 것이니라. 그는 사탄이 아니기 때문이니, 사랑을 하기 때문이니라. 모두는 나의 안에 있는 것이니라.

전지전능한 나 여호와 하나님을 한쪽에 치우치는 자로 보지 말라. 나는 모두를 다 가슴으로 안아 주는 여호와 하나님이니라. 세상을 만든 전지전능한, 너희 어버이이니라.

예수가 직접 기록한 두루마리
958번째 편지 중에서 (2000년 12월 25일 19시 50분)

너희는 예수가 기록한 그 원본에 의하여 그가 탄생한 날을 다시 찾아야 할 것이니라. 이 추운 엄동설한에, 이 추운 겨울에 나의 아들 예수가 마구간에서 태어났음이 아니니라. 맑은 가을날에 나의 예수가 태어났음을 찾아 밝혀야 할 것이니라.

구약과 신약 성서의 나의 뜻과 모든 것을 세분화하여 완벽하게 만들어져 있는, 나의 아들 예수가 기록한 성서의 핵심의 원본을 찾아야 할 것이니, 그를 가지고 있는 자 세상에 공개하여야 할 것이며, 그를 찾아 나의 피조물 만백성을 가르치는 데 근본으로 삼아야 할 것이니라.

11권 하나님 말씀

(2000/12/27 06:00~2001/1/11 22:55)

그것들을 섬기지 말라
989번째 하나님 말씀 (2001년 1월 2일 11시)

십계명에 '다른 신을 섬기지 말라.' 하였음은 너희가 섬기는 사탄이요, 마귀요, 우상들보다 너희가 못한 점이 하나도 없다는 것을 의미하느니라.

내가 너희를 만들어 세상에 내보낼 때 사탄이나 마귀와 너희가 똑같은 능력을 가지게 하였으며, 너희가 정신을 통일하여 발휘하는 힘은 그들을 능가하고 제압할 수 있다 내가 너희에게 일렀느니라. 그리하여 내가 너희에게 '하늘과 땅과 물속에 있는 것의 아무 형상이든지 만들지 말며, 그것들에게 절하지 말며, 그것들을 섬기지 말라.' 한 것은 그것들과 너희가 동등한 입장에 서 있으니 섬기지 말라 함이었느니라. 너희에게 그것들과 일대일의 대등한 능력을 주었거늘, 그것들을 섬기는 짓을 해서야 되겠는가?

그러나 나의 피조물 만백성 너희는 어찌하느냐? 너희 자신 스스로 나약함을 인정하며, 오래된 나무 앞에 가서 절을 하고 그것에다 복을 빌며, 바위를 봐도 그것에 너희 운명을 맡기고 복을 비나니, 너희는 어찌하여 너희보다 못한 것들에게 그리 고개를 숙여 복을 빌며 소원을 성취하고자 기도를 하는가? 거기에서 무엇을 얻겠는가? 너희는 어찌하여 너희만도 못한 자에게 가 너희를 깨우쳐 주고 인도하며 가르쳐 달라 말하는가?

네 이웃의 집을 탐내지 말라
1,026번째 하나님 말씀 (2001년 1월 11일 10시 20분)

 나의 십계명에 '네 이웃의 집을 탐내지 말라.' 하는 기록이 있느니라. 그 대목이 남의 궁궐 같은 집을 탐내며 남이 가진 집 전체를 빼앗는 것이라 그리 생각하느냐?

 남의 재물의 작은 것이라도 탐하는 것이 남의 집을 탐하게 됨이니라. '바늘 도둑이 소도둑이 된다.' 하였으니, 작은 것도 도둑질하지 말며, 작은 것도 탐내지 말며, 가장 작은 것을 실천하는 마음의 자세를 굳혀야 하늘에 오르는 빛을 볼 수 있느니라. 즉, 바늘 도둑이 소도둑이 되는 것과 마찬가지로, 너희가 이웃집의 작은 것을 탐내기 시작하면 결국에는 그 집의 모든 재산을 다 탐하게 됨이니라.

 지금 너희는 어찌 가르치느냐? 나의 피조물 만백성이 나로부터 받은 은총이요, 노력의 대가로 번 금화와 은화를, 생각할 수도 없는 수백, 수천 가지의 방법으로 그것을 거두어들이고 있음이니, 이는 남의 집을 탐내어 남의 집을 빼앗는 것과 같은 행위를 하고 있음이니라.

 내 십계명에 기록되어 '이웃의 집을 탐내지 말라.' 하였음이니라. 나의 피조물 만백성으로부터 나에게 오르는 길이라 하여 어떠한 명분으로, 또 갖가지 이름을 붙여 헌금이라 하여 금화와 은화를 받아들이는 그러한 행위를 하는 자, 나에게 와 받을 그 무서운 죄의 대가를 생각한다면, 지금의 너희가 거두어들이는 모든 재물을 배로 돌려주어야 할 것이니라.

12 권 하나님 말씀

(2001/1/12 01:20~2001/1/22 07:20)

육의 종말과 영의 종말
1,054번째 편지 중에서 (2001년 1월 17일 09시 30분)

너희는 육신과 영을 나로부터 받아 세상에 나가니, 너희가 지상에서 사는 그 짧은 세월 속에 너희 육신의 삶이 있으며 영이 더불어 너희를 지배하고 통제하며 살아오다가 육은 한 줌의 흙으로 다시 돌아가며, 영은 그때부터 나의 나라에 와 삶이 다시 시작되니, 너희의 삶은 육과 영의 연장선상에 있음을 알아야 할 것이니라.

육의 세계는 너희 눈으로 볼 수 있고 피부로 만질 수 있으며 직접 아픔과 슬픔을 느끼며 눈물이 있음을 알기 때문에 소중한 줄 아느니라. 그러나 너희가 슬플 때 눈물을 흘리고 아플 때 고통을 느끼며, 더 높고자, 더 갖고자 노력하는 생각과 그 육을 통제하는 것은 바로 내가 너희에게 내린 영이니, 영의 통제함이 있음이니라. 너희가 육이 있을 때 그 영과 육을 어찌 통제하고 잘 다스려 나에게 오르느냐 하는 것은 너희의 마음가짐에 달렸느니라.

너희 자신이 너희를 통제하고 나에게 오를 수 있는 영을 믿지 않고 있음이니, 우선 너희를 통제하고 이끄는 영이 있으니, 이는 나로부터 받은 것이라는 것을 먼저 인식하고 깨우치면, 그 영의 세계가 다음 세계의 하늘나라에 있음을 알게 될 것이니라.

짧은 세월을 사는 너희 육을 위하여 이 세상의 고통스러운 종말을 내가 내리지 아니함이니, 너희에게 말세요 종말은 없느니라. 백년도 안 되는 육의 생활을 위하여, 그 육의 종말을 위하여 너희를 깨우쳤다 한들 얻는 것이 무엇이 있으며 너희에게 깨우침이 얼마나 있겠는가? 너희의 영을 깨우치고 영을 바로잡음이 중요하니, 그 영의 세계를 다스리고자 내가 나의 새로운 성경을 세상에 내려보내니, 육과 영을 다스려 살아갈 수 있는 진리가 여기에 다 있음이니라.

지금이 바로 세상에 종말이 왔음이니라. 성서를 믿음으로써 하늘에 오르고자 하는 나의 피조물 만백성들아, 종말이 무엇이더냐? 성령으로써 옴이니라. 너희 마음의 변화가 종말이니라. 너희가 지금 가진 마음이 종말에 와 있느니라. 더 이상 사악해져도 안 되고 더 이상 간교해져도 안 되며, 너희가 더 사악해지고 더 간교해질 수도 없느니라. 아비가 자식을 죽이며 자식이 부모를 죽이는 이와 같은 시대가 왔으며, 향락을 위하여 이웃의 부인을, 나이 먹은 자가 어린 여인을 능욕하며 어린 여자들 또한 저희가 살아가려고 나이 먹은 자를 유혹하는 이와 같은 사악한 시대가 왔음이니, 지금의 이 세태는 너희 육신의 마지막 종말이 왔음이니라. 그러나 너희에게 종말을 고하는 것은 육신의 종말이 아니니라. 너희는 육신의 종말로써는 다스릴 수 없으며, 육신의 종말을 보고 깨우침이 없느니라. 그러니 너희에게 영의 종말이라는 세계가 있음을 알아야 할 것이니라.

지금 내가 너희에게 영의 종말을 내림이니라. 한 점의 부끄러움이 없이 살아오는 자가 한 사람도 없어서 구원할 자 없으며 하늘에 오를 자 없다 하였으니, 이 말 한마디로써 너희에게 종말을 고하는 것이니라. 너희는 다 죽은 자이니라. 지금 너희 영들이 다 죽어 존재하니, 너희가 어찌하여야 할 것인가를 판단해야 할 때이니라.

13권 하나님 말씀

(2001/1/22 09:50~2001/1/31 23:30)

기계 문명의 노예
1,108번째 편지 중에서 (2001년 1월 27일 0시 40분)

지금의 나의 피조물 만백성 너희는 수만 가지 각종 기계 문명의 시설에 의하여 너희가 편하고자 그 모두를 준비하고 생활화하며 살아감이니, 이는 너희가 기계를 다스림이 아니요, 기계의 노예가 되어 가는 형국이니라. 너희는 편하고자 무엇인가를 연구하고 만들며 무엇인가를 너희 주변에 갖다 놓고자 열과 성의를 다하여 준비하고 살아가지만, 그 속에 너희의 시간과 재물과 너희 인생의 모두를 낭비하는 허무한 삶이 거기에 있음이니라.

너희 조상들은 오늘과 같은 기계 문명 속이 아니라 해도 여유 있는 마음으로 이웃과 나누고 같이하며 서로 사랑하는 풍요로운 마음으로 인생을 살아왔음이니, 나의 피조물 만백성 너희는 기계 문명이라는 것에 너무 의탁하여 그것을 너희 주변에 놓고자 취하고 구하는 데 모두를 바치는 그와 같은 어리석은 우를 범하지 말라.

십계명은 그저 정도로 사는 것
1,129번째 편지 중에서 (2001년 1월 30일 18시 10분)

사랑하는 선지자야, 네가 지금 나의 새로운 성경 열세 권을 쓰는 동안에 그 많은 기도를 나에게 드리며 십계명을 단 한 번도 암송하지 아니한 적이 없으니, 네가 지금에 와서 얻음이 무엇이 있더냐?

"네, 여호와 하나님! 십계명은 아무것도 아니옵나이다. 사람이 지키고 말고 할 것이 없나이다. 십계명은 그냥 정도로 살아가면 자동

제13권

으로 지키는 삶이 되는 것이옵나이다. 그를 깨달았사옵나이다."

    그러니라. 내가 불로 바위에다 썼으니 그것은 위대한 것이며 너희가 쳐다보기도 어려운 것이며, 너희가 지킬 수도 없는 것이며, 그것을 지키는 자만이 하늘에 오른다는 위대한 내용의 글도 아니니라. 정도로 가라 함이니라. 그저 반듯이 걸어가면 십계명을 지키고 살아가는 것이니라. 내가 너희에게 따르라, 지키라, 하늘에 오르라 하는 것은 어려운 것이 하나도 없느니라. 가장 기본의 진리이고 쉬우며, 인간이면 누구든지 지키고 살면 되는 것이니라.

    너희는 십계명을 외워 보라. '나 외에 다른 신을 네게 있게 하지 말라.' 하였으니 다른 신을 두지 않으면 되는 것이며, '도적질하지 말라.' 하였으니 정도로 가는 자가 도적질을 하겠느냐? '간음하지 말라.' 하였으니 정도로 가는 자가 간음을 하겠느냐? '살인하지 말라.' 하였으니 반듯이 앞만 보고 진리를 따라가는 자가 살인하겠느냐? '이웃에 거짓 하지 말라.' 하였으니 정도로 살아가는 자가 거짓을 하겠느냐? '이웃의 집을 탐내지 말라.' 하였으니 반듯이 정도를 가는 사람이 이웃의 집을, 재물을 탐내겠느냐?

    나의 십계명은 위대한 것이 아니니라. 그저 너희가 반듯이 걸어오면 그게 바로 십계명을 지키고 사는 것이거늘, 그걸 가지고 너희는 지킨다 못 지킨다, 인간이기 때문에 할 수 있다 없다 하는 것이니라. 반듯하게 정도로 걸어가는 자는 십계명을 지키고 성서를 지키고 나의 새로운 성경을 지키려 고생할 필요가 없으니, 그저 반듯이 가면 그게 모두를 지키는 길이며, 하늘에 오르는 길이니라.

14권 하나님 말씀

1,134~1,182 번째 편지

(2001/2/1 01:55~2001/2/12 09:50)

네 부모를 공경하라
1,161번째 편지 중에서 (2001년 2월 6일 21시 40분)

너희가 바치는 모든 헌금을 너희를 낳아 준 부모나 형제, 이웃에게 그리 한번 갖다 주어 보라. 그러면 진정 하늘에서 내린 천사라며 그를 칭송할 것이며, 그의 자식이 또한 그를 보고 배울 것이며, 그 형제와 이웃이 그를 보고 그리 배우니, 그는 천사로서 천사를 키우는 천사인 것이니라. 그러면 사람들이 천사라면 천사가 아니더냐? 천사면 무엇이더냐, 하늘로 날아서 나에게 올 수 있음이니라. 바로 그것이 하늘에 오르는 길이며, 너희 육신이 천사가 되어 영원히 하늘에 오르는 길이니,

나의 피조물 만백성들아!

이 이치 하나만을 깨우쳐 주기를 나 여호와 하나님이 진심과 모든 열정을 다하여, 내가 바칠 수 있는 모두를 다 바쳐 너희에게 간곡히 부탁하는 바이니, 이를 좀 들어다오, 이것을 좀 깨우쳐다오.

내가 무엇 때문에 너희에게 이 애절하고 간곡한 말을 해야 되더냐? 전지전능한 나 여호와요, 세상에 너희 어버이라 하는 내가 바로 너희 아버지요, 내가 너희를 창조한 창조주이기 때문에 너희가 죄를 짓고 와서 사는 고통스러운 그 삶을 볼 수 없기에 말하나니, 너희가 믿는 성전에 갖다 바치는 그 재물을 너희 부모들에게 1년만 바쳐 보라. 평생을 바치는 것을 1년만 너희 부모에게 한번 해 보라.

이 어리석은 백성들아, 나의 십계명에도 있듯이 '네 부모를 공경

하라.' 하였거늘, 어찌 너희를 낳아 주고 길러 준 부모의 고통과 시련을 바라보지도 아니하며, 이 십계명을 가르치지도 아니하느냐? 너희가 부모를 공경한다면 저희에게 바치는 것이 없고, 너희가 부모를 먼저 공경할까 봐 그들이 두려워서 그를 가르치지 아니함이니, 그들은 정도를 가르치지 않는 것이니라.

10년 동안 그리해 보라. 너희는 10년 안에 천사가 되어 나에게 오를 것이니, 나의 에덴동산에 너희 이름이 걸릴 것이며, 너희가 죽어 하늘나라에 와 심판받을 때, 하늘에 오르는 황금 계단을 밟고 나의 에덴동산에 올 수 있는 그 문을 열어 줄 것이니라.

나 외에 다른 신을 네게 있게 하지 말라
1,162번째 편지 중에서 (2001년 2월 7일 07시)

십계명에 '나 외에 다른 신을 네게 있게 하지 말라.' 하지 않았더냐? 나 여호와 하나만을 경배하며, 나에게 너희가 직접 기도하며, 나 외에 다른 신을 너희에게 있게 하지 말아야 할 것이니라. 이제는 삼위일체라는 이와 같은 말을 하지 말라. 너희는 정녕 그것이 헷갈리는 것이 아니더냐? 배운 자, 지식이 있는 자, 깨우친 자들도 머리는 하나요 몸통은 셋이라는 이 뜻을 이해하지 못할 것이며, 그들은 말은 하지 아니하나 불평과 의구심을 가지고 있는 것이니라.

너희는 십계명을 다시 한 번 외워 보라. '나 외에 다른 신을 너에게 있게 하지 말라.' 하였으니, 나 외에는 다른 누구도, 나의 아들 예수도 아니 되니, 나와 동등하다 하여 예수를 민망하게, 죄스럽게 만들지 말며 너희 마음대로 부르지 말라.

15 권 하나님 말씀

1,183~1,240 번째 편지

(2001/2/13 05:30~2001/2/28 21:00)

구약과 신약을 팔아먹는 자들 때문에
1,186번째 편지 중에서 (2001년 2월 14일 07시 15분)

구약과 신약의 성서가 어려워 너희가 깨우치기 힘들고, 그 내용을 파악하고 이해하기가 힘들며, 너희 것으로 만들어 시행하기가 어려우니, 그와 같은 것을 내가 다 하나하나 조목조목 나의 새로운 성경에 기록하여, 너희가 읽으면 깨우칠 수 있도록 만들었음이니라.

너희가 구약과 신약이라는 것을 놓고 나의 이름을 팔아 지금같이 사악한 세상이 되었음이니, 부모에게 효도하지도 말라, 인간이기 때문에 부모에게 대들어도, 부모에게 불효해도, 부모에게 칼날을 들이대도, 재산이라는 그것 때문에 부모의 목숨을 앗아 가도, 너희와 뜻이 맞지 않는다 하여 부모의 멱살을 잡으며 부모의 뺨을 후려쳐도, 그와 같은 행위를 하고도 용서를 빌면 된다고 말하는 것은, 그보다 더 사악한 행위로써 나의 뜻 모두를 부정하며, 내가 하늘에 있음을 믿지 아니하며, 믿을 필요도 없다 그리 가르치는 것이니라. 그것도 나의 말을 인용하여, 나의 뜻이라는 구약과 신약을 빙자하여 그리 이끌어 온 것이니라.

그리하여 그와 같은 구약과 신약을 놓고 팔아먹는 너희가 존재하는 이상 나의 피조물 만백성을 하늘에 오르는 길로 인도할 수 없기에 구약과 신약을 덮는 나의 가슴아픔을 시행하는 것이니, 나의 아들 예수가 세상에서 죽어 가는 모습을 바라보는 것보다 더 아픈 마음으로 구약과 신약을 덮는 것이니라. 그리하여 제3의 시대에 나의

새로운 성경을 내려보내 너희를 구원하려 하니,
 사랑하는 나의 피조물 만백성들아! 이를 읽고도 너희가 깨우치지 못한다면, 내가 너희 집을 방문하여 내가 여호와 하나님이라고 말해도 너희는 믿지 않을 것이니, 이를 어찌하여야 하겠는가!

도적질하지 말라
1,193번째 편지 중에서 (2001년 2월 15일 08시 15분)

 남의 물건을 도적질한 자가 기도한다 하여 그 죄가 씻어진다면, 도적맞은 자는 어디 가서 보상을 받을 것이며, 도적질한 자의 그 마음은 어디에서 선한 마음으로 다스려서 천사가 되겠느냐? 한 개를 훔쳤을 때 열 개로 갚고 나눠 주는 그와 같은 것이 선을 베푸는 것이며, 회개하는 것이며, 너희가 천사가 되어 가는 길이니라.

인간이기 때문에 죄를 짓지 않고 살 수 없다?
1,194번째 편지 중에서 (2001년 2월 15일 11시 25분)

 너희가 흘러가는 말처럼 하는 '인간이기 때문에 죄를 짓지 않고 살 수 없다.' 하는 그 한 마디가 얼마나 무서운 결과를 낳는가? 나름대로 변명할 수 있는 그 말 한마디로 몇천 년 동안 흘러오면서 나의 피조물 만백성이 하늘에 오를 수 없었음이니라.
 죄를 짓고 빌고 또 죄를 지으면서도 양심의 부끄러움이 없으며, 죄를 지으면서도 '하나님께 빌면 되겠지.' 하는 실낱같은 그 희망 때문에 그들은 죄를 범할 수 있었으며, 도적질하며, 간음하며, 거짓하며 살도록 너희가 만들었음이니라.

16권 하나님 말씀

(2001/3/1 06:50~2001/5/2 06:45)

두드리면 열릴 것이다

1,241번째 편지 중에서 (2001년 3월 1일 06시 50분)

성서에 '두드리면 열릴 것이며 구하면 얻을 것이라.' 하는 것은 오로지 하늘에 오르는 길을 말하는 것이니라. 너희 육신의 소원과 부귀영화를 위해, 너희 삶이 편안하고자 두드리고 나에게 구할 때 열리는 것이 아니니라.

너희가 최종적으로 바라는 것은 하늘나라의 에덴동산 낙원에 오르는 것이니, 그 낙원에 오르는 길을 위하여 기도하고 경배하는 그것이 바로 너희가 두드리는 것이며 열고자 하는 것이니라. 그리고 구하고 얻고자 하는 것이 딱 그거 하나이니, 그 길은 그저 너희가 나에게 기도하며 경배하는 것이니라.

항상 내가 존재함을 머릿속에 잊지 말고 기도하며 묵상과 경배를 하라. 그리고 가족과 더불어 화목한 분위기에서 나에게 기도하라. 가족과 반목하며, 이웃과 반목하며, 이웃을 시기하고 질투하며, 이웃에게 감정을 가지고 있으며, 부부간에 아름다움을 모르며, 자식과 부모 간에 공경함과 사랑함을 모르는 자가 기도하는 것을 나는 듣지 아니하느니라. 그 불쾌하고 화목하지 못한 음성을 나는 듣지도 아니하며 그를 보고자 하지도 아니함이니, 우선 가족이 화목하게 한 자리에서 아름다운 한 폭의 그림과 같은 모습으로 기도하는 것만이 나에게 들림을 너희는 알라.

예수는 얼마나 가난한 곳에서 태어났는가
1,252번째 편지 중에서 (2001년 3월 3일 10시 40분)

나의 아들 예수는 얼마나 가난한 곳에서 태어났으며, 그가 얼마나 가난한 자, 없는 자, 불쌍한 자들을 위하여 기도했으며 그들을 위하여 노력했는가?

그러나 지금의 믿음을 이끄는 종교 지도자들의 자세는 어떠하더냐? 너희는 어찌하여 가난하고 불쌍한 자들의 금화와 은화를 마구잡이로 거두어들여 성전이라는 곳을 아름답게 꾸미며, 금과 은의 장식으로 더 화려하게, 더 아름답게 꾸며야만 나 여호와가 그곳에서 기도하는 너희의 기도 소리를 들으며 너희가 소원하는 것을 들으며, 너희가 '주 예수'라 부르는 나의 아들이 또한 그와 같이 아름답고 호화 찬란한 곳에서 기도하고 예배하는 너희의 소원과 소망만을 들어준다고 그리 매도하며 어찌하여 나의 사랑하는 피조물 만백성을 그리 사악한 마음 쪽으로 끌고 가는가?

나 여호와는 가진 자보다 갖지 아니한 자를 더 사랑하며, 너희가 금화와 은화를 거두어들여 금으로 은으로 장식하는 그 화려한 궁전에서 기도하는 것보다, 물질적인 욕심을 떠나 그저 자연의 아름다움 속에서 마음을 비우고 나를 향하여 기도하는 그 순수한 기도 소리를 더 듣고 사랑함이니라.

2부

2

예수가 태어난 날
9월 7일

예수가 세상에 태어난 것은 9월 7일이니라.
이것을 아는 자만이 나에게 증표를 받음이니라.

1,668번째 편지 중에서
(2002년 11월 23일 06시 05분)

17권 하나님 말씀

1,333~1,451번째 편지
(2001/5/3 05:55~2001/7/30 23:40)

부모 형제를 네 몸처럼 사랑하는 것부터
1,422번째 편지 중에서 (2001년 7월 15일)

너희는 형제와 부모를 네 몸처럼 사랑하는 것부터 실천하라. 그것을 실천한 다음에 이웃을 네 몸과 같이 사랑할 수 있음이니라. 저 자신만을 사랑하며, 제 형제와 부모도 제 몸과 같이 생각하지 못하는 자가 이웃을 제 몸과 같이 생각한다는 것은 생각할 수도 없음이니, 우선 이 간단한 이치부터 깨우쳐 실행하여 너희가 반석 위에 일어서는 그와 같은 아름다운 모습을 만천하에 비추도록 그리하라.

하나의 잘못을 했을 때 열의 선행을 베풀어
1,430번째 편지 중에서 (2001년 7월 20일 0시)

사람들이 말하기를, 인간이기 때문에 죄를 짓지 아니할 수 없으며 십계명을 지키고 살 수 없다 그리 말하나, 그렇지 아니하니라. 너희는 인간이고 생각할 수 있기 때문에 하나의 잘못을 했을 때 열의 선행을 베풀면 그 죄의 사함을 받을 수 있느니라.

그리하여 인간으로서 지키지 못하고 인간이기에 죄를 안 짓고 살 수 없다고 말하는 그들은 노력하지 아니하는 자며, 믿음이 무엇이고 나의 뜻이 무엇인지 모르는 자이니라.

머리를 삭발해도
1,435번째 편지 중에서 (2001년 7월 22일)

믿음을 향하여 선하게 살며 하늘에 오르고자 머리를 삭발하고 기도를 하며 자기 육신의 일부를 절단하는 결단을 내렸다 하여도, 그 순간이 지나고 세월이 지나면서 그 마음이 퇴색하고 흔들린다 하면 그와 같은 행동이 얼마나 우스운 형국이 되느냐?

자기의 머리를 깎지 아니하며 자기의 육신을 잘라 내는 그와 같은 행위를 하지 아니한다 하여도, 오늘보다 내일에 더 깨달음이 있으며, 모레에 실천함이 더 있다 하면 이게 바로 하늘에 오를 수 있는 계단을 오름이니 그리 알라.

오른손이 하는 것을 왼손이 모르게
1,449번째 편지 중에서 (2001년 7월 30일 09시 30분)

교회를 건축하는 데 전 재산을 다 내서 축복을 받은 자와 그냥 평범히 살아가다 축복을 받아 재벌이 된 사람이 있다 하면, 그 비율은 어떠하겠는가? 그 둘을 비교해 볼 때, 믿지 않는 자가 믿는 자보다 더 행복하다는 것을 너희는 깨우쳐야 할 것이니라.

재물을 교회라는 것을 건축하는 곳에 바치고 너희 성전에 바쳤을 때 은혜를 받았더라 하는 그것을 간증이라 하여 나의 백성을 우롱하며 그리 유도하고 유혹하지 말라. '오른손이 하는 것을 왼손이 모르게 하라.' 가르치라 했거늘, 그와 같이 천 번, 만 번에 한 번씩 이루어지는, 그 사람의 선량한 마음에 대해 나의 축복을 받은 것을 가지고 그리 팔아먹지 말라. 성서를 가지고 장사하는 것과 똑같으니라. 그의 마음이 선량하기에 내가 준 것이지, 그가 교회를 짓는다는 곳에 돈을 냈다 해서 그에게 축복을 줌이 아니니라.

18권 하나님 말씀

1,452~1,549번째 편지

(2001/7/31 06:15~2001/9/14 21:20)

가는 세월은 누구도 막을 수 없다
1,455번째 편지 중에서 (2001년 8월 1일 06시 40분)

너희 말에 '가는 세월은 누구도 막을 수 없다.' 하느니라. 그러니라. 쉬지도 않고 흘러가는 그 세월을 누구도 막을 자가 없으며, 수십억 인구가 한몸이 된다 하여도 유유히 흘러가는 그 세월을 막을 수 없음이니라. 그와 같이 흘러가는 세월을 막을 수 없듯이, 흐르는 세월 속에 너희는 쇠퇴하여 육신은 한 줌의 흙으로 돌아가고 영은 영원히 사는 나의 나라에 와 심판을 받음이니, 가는 세월을 막을 수 없듯이 이는 엄연한 사실이며, 그를 피할 수 없는 것이니라. 그러나 너희는 이 엄연한 사실 앞에 육신의 향락과 육신의 안일을 위하여 모두를 다 잃어버리는 우를 범하고 있음이니, 너희가 살아온 인생에 대한 심판을 반드시 받으며, 심판을 받는 자는 하늘과 땅이 있듯이 천국이요 지옥이라는 굴레를 벗어날 수 없음이니, 이를 먼저 깨닫도록 해야 할 것이니라.

사랑하는 선지자야!

"네, 여호와 하나님! 말씀하옵소서."

사람들은 저희가 죽어 와 영혼의 세계를 보고 다시 살아나 무엇을 보았다 말하나니, 그들의 말이 맞느니라. 다만, 너는 그러한 체험을 하지 아니하고 내가 영상으로 너에게 보여 주며 나의 성령으로써 그를 보여 줌이니, 그는 엄연한 사실임을 나의 피조물 만백성에게 일깨워 주어야 할 것이니라.

인간뿐 아니라 사탄들까지 감화시켜 구원받도록
1,481번째 편지 중에서 (2001년 8월 8일 07시)

이 세상을 정화하여 아름다운 에덴동산으로 만드는 것은 사람만을 깨우침이 아니니라. 그 수천, 수억 가지의 생각을 가진 인간의 마음을 하나로 다스림도 중요하나, 그를 비방하고 반대하며 아름답고 선한 것을 이루지 못하도록 하는 모든 마귀와 사탄들까지도 너희의 그 선하고 아름다운 마음속의 진심을 알아 그들이 너희 앞에 와 고개 숙여 인간과 똑같이 변화되는 그와 같은 과정을 겪어야 함이니라. 그리하여 너희가 앞과 뒤가 다른 행위를 해서는 아니 되며, 누가 보든 안 보든 행동이 발라야 하며, 새싹이 무럭무럭 자라듯이 오늘보다 내일에 더 아름다운 삶을 사는 그와 같은 생각을 하며 살아야 함이니라.

너희를 따르는 것은 인간만이 보고 깨우침이 아니요, 사탄이요 마귀도 너희가 살아가는 그 아름다운 마음속에 동화되어 고개를 숙이도록 하여야 할 것이니, 마음을 다 비우며, 보이지 않는 곳과 보이는 곳에서의 행동이 다르면 아니 될 것이니라.

농담의 거짓말도 하지 말라
1,530번째 편지 중에서 (2001년 9월 3일 07시)

내가 너희에게 '농담의 거짓말도 하지 말라.' 함은 작은 농담의 거짓말을 하기 시작하면 거짓말을 하는 습관이 생겨 또 거짓말을 하게 됨이니라. 그러니 살아가면서 진심이 아닌 어떠한 행동과 말을 자제하라는 것은 그로 하여금 습관이 되기 때문이니라.

19 권 하나님 말씀

1,550
~1,666
번째 편지

(2001/9/16 06:50~2001/11/22 06:00)

그 모두를 다 철폐하라
1,552번째 편지 중에서 (2001년 9월 17일 08시 55분)

너희는 모든 기일이라 하는 날에 너희 조상이나 부모가 죽어 간 그 날짜를 기억하고자 음식을 차려 놓고 기도하고 절하니, 믿지 아니하는 자는 우상을 섬기기에 음식을 차려 놓고 절을 한다 하여 그를 비방하면서, 믿음을 가지고 있다는 너희는 어찌하느냐? 그 앞에 앉아서 그저 기도를 하느니라. 음식을 차려 놓고 절하는 것이나 음식을 차려 놓고 기도하는 것이나 똑같은 것이니라. 이제는 그 모두를 다 철폐하며, 너희 부모가 죽어 간 그날, 나 여호와에게 조용히 앉아 기도하는 것으로 임하여야 할 것이니라.

에덴동산을 만드는 기초
1,577번째 편지 중에서 (2001년 10월 3일 20시 07분)

너희를 길러 주고 낳아 준 부모의 뜻과 공을 앎은 나 여호와가 하늘에 있어 너희에게 생명을 내려줌을 앎이니, 이는 그와 같이 연계되어 있음이니라. 너희를 길러 주고 낳아 준 부모의 공을 모르는 자는 나 여호와가 너희에게 생명을 내려보냈다 하나 이를 믿을 수 없으며, 믿는다 하여도 그건 위선이니라. '네 부모를 공경하라.' 함이 곧 에덴동산을 만드는 기초요 근본이니라. 부모를 공경하는 마음이 없이는 나의 에덴동산을 이루는 선하고 착한 마음을 가질 수 없음이니, 부모를 공경하는 그 속에서 사랑하는 마음을 알며 존경하는 마음을 알며 세상의 이치에 눈을 뜨게 됨이니라.

여호와의 이름을 망령되이 일컫지 말라
1,594번째 편지 중에서 (2001년 10월 12일 12시)

십계명에 '너는 너의 하나님 여호와의 이름을 망령되이 일컫지 말라.' 그 한 구절이면 너희가 세상 살아가는 이치에 눈을 뜨게 되느니라. 나 여호와가 존재함을 믿는 자가 나의 이름을 망령되이 일컬으며 행동하겠는가? 내가 존재함을 정녕 믿는 자가 사악한 짓을 할 수 있겠는가? 내가 하늘에 존재한다는 것을 믿는 자가 죄짓고 살 수 있겠는가? 나 여호와가 존재함을 믿는 자라면 그가 어떠한 불만이요 불평이요, 저 자신을 위하여 큰 떡을 제 앞에 감히 놓겠는가? 그는 놓지 아니하며, 놓을 수가 없음이니라.

나 여호와가 존재함을 먼저 가슴에 깊이 심어야 할 것이며, 나의 새로운 성경이 나의 성령으로서, 내가 나의 피조물 만백성을 구하기 위하여 마지막으로 세상에 내보내는 것이며, 이것이 나의 뜻이라는 것을 먼저 또한 가슴에 새겨야 할 것이니라. 이 두 가지를 너희가 지킨다면 나의 계명이 아무것도 아니며, 율법이 아무것도 아니며, 너희가 죄짓지 아니하고 살 수 있는 것이 아무것도 아니니라.

나를 따르는 나의 백성, 나를 진정 따르는 백성에게는 내가 시련을 주지 아니함이니라. 나를 잘못 믿거나 나를 믿지 아니하며 죽음의 길로 가기 때문에 시련을 겪는 것이며, 나의 진정한 백성에게는 내가 시련을 주지 아니함이니라. 너희 인간도 소중한 자식에게 너희 스스로 고통과 괴로움을 주지 아니하면서, 어찌하여 나는 사랑하는 내 백성에게 고통과 시련을 주는 사악한 어버이라 말하는 것이더냐?

20권 하나님 말씀

(2001/11/22 14:05~2002/1/4 21:20)

예수가 태어난 날, 9월 7일
1,668번째 편지 중에서 (2002년 11월 23일 06시 05분)

예수가 세상에 태어난 것은 9월 7일이니라. 이를 너희만 알아야 할 것이니 이게 하늘에 있는 나의 비밀이며, 나의 증표이며, 이를 하나 암기하는 것이 나로부터 선택된 자손들의 명패이니라.

9와 7을 합해 보라, 16이니라. 바로 그게 열여섯 권이니라.

나의 아들 예수의 죽음의 고통과 역경을 벗어나 그를 바로 지탱하고 바로 계승하며 그의 뜻을 바로 세우는 것이 네가 지금 나의 성령을 태워 기록한 열여섯 권의 새로운 성경이니, 그와 네가 하나임을, 내가 오늘 하늘의 나만 알고 있는 이 뜻을 너에게 전함이니라.

9월 7일이니라. 이것을 아는 자만이 나에게 증표를 받음이니라.

이 세상 수많은 나의 피조물 만백성이 호화롭고 찬란한 행사를 이루나 그것이 나와는 관계없는 날이라 하였음이니, 오늘의 그들의 믿음이 바로 그와 같이 잘못 감이니라.

광란의 소리, 찬송
1,733번째 편지 중에서 (2002년 1월 1일 08시)

너희는 성서를 한 글자도 고쳐서는 아니 된다 말하며, 나 또한 나의 새로운 성경을 한 자도 너희 임의로 빼거나 더해서는 안 된다는 가르침을 내렸듯이, 나의 성서요 나의 뜻을 공부하는 자리에서는 다른 객담이나 다른 소리가 필요 없음이니라. 그것은 해서도 아니 되며, 그것을 즐겨서도 아니 됨이니라. 나를 위하여 성서를 공부하며 만백성을 깨우쳐 하늘에 오르게 한다는 자들이, 저희가 만든 찬송이라는 것을 부르며 광란의 소리를 지르며 눈물을 흘리고 있음이니, 이것은 어떠한 형국이더냐? 이러한 행위부터 잘못 감을 깨우쳐야 할 것이며 이를 깨야 할 것이니라.

　나의 아들 예수가 광야에서 많은 나의 피조물 만백성을 구원하기 위하여 설법했을 때, 그가 어디 노래로, 소리로 너희를 인도하였더냐? 나의 성령이요 내 뜻을 전하는 것으로써 조용히 그는 나의 만백성을 이끌어 갔음이니라. 저희가 손재주를 부려 만든 곡을 가지고 소리지르며 나에게 오른다 하며 그를 가르치면서 너희를 흥분시켜 광란의 도가니로 몰아넣어 헌금을 받아 내는 자들은 나의 뜻을 가르치는 자들이 아니니라. 나의 성서를 가르칠 자신이 없으며, 나의 뜻이 무엇인가를 알지 못하며 제대로 나의 뜻을 전하지 못하는 자가 너희를 끌어모으기 위한 수법이니라.

　감히 나 여호와, 전지전능한 하나님이요, 너희의 창조주인 내가 나의 성령을 내리는 그 성전에 와서 고개 숙여 조용히 들으며 가슴을 울리는 소리에 눈물을 흘리며 감사하는 마음에 '감사합니다, 하나님!' 하고 찾는 그것도 부족하거늘, 광란의 소리를 지르며 미친 자 발광하듯이 그러한 속에서 나에게 무슨 축복을 받으며 나의 음성을 들으며 나의 뜻을 진정 깨우칠 수 있다 하느냐? 조용히 다락방에 앉아서 나의 뜻을 기리며 내가 행하고자 하는 것이 무엇인가를 깨닫고자 하여도 나의 뜻을 깨달을 수가 없거늘…….

21 권 하나님 말씀

(2002/1/5 06:15~2002/2/13)

예수의 33년 세월
1,772번째 편지 중에서 (2002년 1월 23일 04시 55분)

사랑하는 선지자야!

"네, 여호와 하나님! 말씀하옵소서."

나의 사랑하는 예수가 33년이라는 세월을 너희 인간들과 더불어 살다 나에게 올라왔음이니, 네가 지금까지 살아온 삶은 준비 단계였으며 네가 예수의 삶인 서른세 살을 시작함으로 네가 정녕 하늘에 오르는 길을 알게 될 것이며, 나의 능력으로 기적을 이루어 나의 성령으로, 나의 새로운 성경으로 만백성을 깨우치기 시작하게 될 것이며, 예수가 행했던 그 모든 행적을 행하게 될 것이니라.

선지자의 33년의 삶
1,773번째 편지 중에서 (2002년 1월 23일 06시 10분)

예수는 세상에 나와 모두를 깨우치며 3년이라는 그 천 날을 위하여 그가 모든 백성을 구하고자 노력한 것이 수천 년 역사가 흐른 오늘에 뿌리를 내리고 있음이니, 너는 33년의 그 세월을, 깨우친 33년을 지금부터 살아가게 됨이니, 네가 이루고 이룰 업적이 얼마나 위대한 것인가? 예수가 3년 동안 이룬 그 역사를 사악한 무리가 지금 잘못 깨우친 벽이 두꺼워 그 벽을 깰 힘이 없다 하였으나, 너는 33년이라는 그 세월 동안 지금부터 나의 성령을 받아 모든 만백성을 깨우침이니, 천 년이 흐른 다음에 그 벽의 두꺼움은 모든 사악한 벽을 다 누를 것이며 그를 대적할 자 없을 것이니라.

유한 백성을 이루어 나의 에덴동산의 낙원을 이루고자 하는 꿈이 결국 이루어질 것이며, 사악한 무리가 뿌리를 내릴 길이 없을 것이니, 나의 피조물 만백성을 깨우치며 그들이 보고 배워 하늘에 오르는 길을 33년 동안 전하는 대명을 받은 자가 너이니라.

2천 년 전과 똑같은 형국
1,786번째 편지 중에서 (2002년 1월 29일 06시 13분)

나의 사랑하는 예수가 성령으로써 세상에 태어나 나의 뜻에 따라 대명을 수행할 때, 사람들은 뭐라 말하였겠느냐? 그 시대의 백성은 '헛소리하지 말라.' 하였으며, '하늘을 향하여 웃을 일이라.' 그리 말하였느니라. 그 시대의 역사와 그 흐름의 배경을 생각해 보면, 너희는 오늘에 나의 선지자를 어찌 보는가?

예수가 종파 없이 만백성을 구하려 사랑이라는 것을 실천하여 하늘에 오르라 그리하였던 그 시대와 마찬가지로, 지금 인생의 희비애락 속에 60년이라는 너희와 똑같은 세월을 산 나의 종이요, 나의 선지자에게 나의 피조물 만백성을 구하는 나의 성령을 내려보내 기록하게 하여 '새로운 성경'이라 하여 세상에 전하여 마지막으로 너희를 구원하는 대명을 수행하는 자라 할 때, 그를 보고 너희는 뭐라 말하느냐? 이단이요, 사탄이요, 사악한 자요, 말세에 오는 거짓 선지자요, 세상에 선지자라 하는 정신 나간 자라 말하는 자들이 수없이 있음이니, 나의 아들 예수를 그리 평했던 그 시대와 지금의 시대에 너희의 생각함이 똑같은 형국이 이루어지고 있음이니라.

22권 하나님 말씀

1,834~1,891번째 편지

(2002/2/13 14:40~2002/2/23 21:30)

성서는 길을 안내하는 것일 뿐
1,845번째 편지 중에서 (2002년 2월 16일 0시 35분)

구약과 신약의 성서도 하늘에 오르도록 하는 것이 아니요, 하늘에 오를 수 있는 길을 바라보며 하늘에 오를 수 있는 반석 위에 올라가도록 너희를 달구는 채찍으로서 그 역할을 다하는 것이니라.

성서를 천날 만날 암송한다 해도 그 속에 들어 있는 나의 뜻을 행하고 실천하며 순종하지 아니하는 자는 반석 위에 일어서서 하늘에 오르는 빛도 보지 못함이니라.

내가 직접 나의 성령을 태워 마지막으로 너희를 구원하고자 나의 선지자에게 내려보내는 내 뜻이요, 내 음성인 나의 새로운 성경도 너희가 가슴에 안고 정독하여 암송하고 또 암송할 때, 하늘에 오르는 빛을 보는 영광을 그때 봄이니, 오르고 못 오르는 것은 너희가 나의 새로운 성경이요 율법대로 행하며 사느냐 안 사느냐에 달렸음이니라.

십일조를 도적질한 자들
1,872번째 편지 중에서 (2002년 2월 22일 10시 30분)

1조부터 10조까지의 그 십계명을 잘 지키고 시행하는 자가 하늘에 와 구원을 받으며, 아름다운 믿음으로 나의 뜻의 열 계명을 지키고 살며 순종하는 자들이 열한 번째에 하늘에 오르는 영광을 얻어 하늘에 오르도록 하는 것이 열한 번째의 계명이니라. 그게 열한 번째의 조로서, 지금 너희가 이를 지키고 시행하지 아니하며 변조하여 나의 모든 것을 도적질하였음이니라.

오늘의 선지자를 통하여 내린 새로운 성경 속에 '나 여호와가 존재함을 믿는 그 자체가 구원의 길에 들어서는 기본이요 근본이며, 나의 새로운 성경을 가슴에 안고 정독하는 자, 반석 위에 서서 하늘에 오르는 찬란한 빛을 보는 영광을 얻게 됨이니라.' 하여 너희 모두를 하늘의 나 여호와에게 바쳐 구원을 받는 그것이 바로 열한 번째 조명이니라. 그리하여 이것은 1조부터 11조까지 내가 내린 조명이거늘, 너희는 이를 재물이요, 너희 능력으로 번 것의 10분의 1을 바치라 그리 가르쳤음이니, 너희가 지금 얼마나 도적질을 하고 있는가를 잘 보라. 어찌하여 너희는 재물을 주고받는 그것으로써 열한 번째의 계명을 삼고 너희 마음대로 기록하여 그를 말하였느냐?

오늘 2002년 2월 22일을 기하여 이 대목을 삭제함이니라.

육신의 금화와 은화를 하늘의 창고에 쌓으면 그 금화와 은화의 열배 백배로 내가 너희에게 바로 내려주니 나를 시험해 보라는 그 말은 육신을 위한 것이니, 영혼을 구하고자 하는 내가 어찌하여 너희에게 재물로써 나를 시험해 보라는 말을 할 수 있겠느냐? 이 사악한 무리의 말을 듣지 말라. 이 대목을 삭제하노라.

또다시 너희가 말하는 말라기 3장 7절서부터 기록된 그 내용을 왜곡되게 가르치는 자 있으면 내가 그를 칠 것이며, 그들이 가고자 하는 길에 태풍보다도 더 무서운 바람으로써 그들을 쓸어 갈 것이니, 그들을 무너뜨릴 것이니라. 내가 너희에게 약속함이니 이를 가슴속에 깊이 새기라.

23권 하나님 말씀

(2002/2/23 22:20~2002/2/28 16:30)

십계명, 십일조, 둘 다 구약시대의 것이거늘
1,892번째 편지 중에서 (2002년 2월 23일 22시 20분)

 십계명은 구약 시대의 것이고 구약 시대가 문을 닫았기 때문에 너희와는 아무런 관계도 없다고 말하며, 신약에 '하늘에서 이루어진 것과 같이 이 땅에서 이루어지는 일용할 양식을 주옵소서.' 하는 너희가 바라고 요구하는 것이 기록된 것만을 암송하고 기도함이니라. 그리하여 너희가 신약을 가지고 공부하다가 구약의 것을 슬그머니 갖다 집어넣고 강론하느니라, '십일조를 바쳐라!'.

 구약의 것이 지났으면 십일조도 지난 것이거늘, 어찌하여 그것은 너희가 생명의 보배처럼 간직하며 그를 바치라 하며 한 입 가지고 두말을 하는가?

 지금 종교 지도자 너희가 신약과 더불어서 구약을 접목시켜서 나의 피조물 만백성을 하늘에 오르도록 인도하는 자들이라면 제일 먼저 갖다 붙이고 깨우치고 가르쳐야 할 것이 십계명이니라. 너희는 내가 직접 불로 써 나의 성령을 태워 내려보낸 그 십계명을 짓이겨 발로 뭉개면서, 너희가 재물을 거둬들이는 십일조라는 그 대목만 갖다가 앞에 내세우고 있음이니, 나에게 오르고자 하는 나의 피조물 만백성에게 돈과 재물을 거둬들이는 그 방법론이 우선이더냐, 십계명대로 나의 뜻에 따라 살다 하늘에 오르도록 힘들고 어려운 그 길을 가야 한다고 가르치는 것이 우선이더냐? 어느 것이 정녕 너희가 진정한 지도자라 말하는 것이더냐?

그리하여 이 세상에 나의 진정한 지도자가 한 명도 없다 말함이니라. 잘못 가르치고 잘못 지도하는 자들은 너희가 붙여 놓은 지도자의 명패를 스스로 불태워 버려야 할 것이니라. 너희가 정녕 바르고 옳게 갔다면 나 여호와가 어찌 무지몽매한 나의 선지자를 선택하여 이를 내렸겠는가?

　너희 종교 지도자들이 십계명을 얼마나 암송하고 있으며, 그 십계명의 뜻을 과연 얼마나 알고 있는가? 너희는 그것을 암송할 줄도 모를 것이니라. 그리고 알면서도 행하지 않는 자들이기 때문에 아무것도 모르고 무지몽매하고 그저 순종이라 하여 내가 명하는 대로 따라오는 나의 선지자를 내가 예비시켜 나의 종이요, 나의 선지자요, 나의 아들이라 명하여, 십계명대로 지키고 살아 하늘에 오르는 길을 오도록 안내하고자 함이니라.

사악한 시대를 만든 원흉
1,914번째 편지 중에서 (2002년 2월 26일 15시 55분)

　지금은 모두가 극에 달해 있느니라. 그리 만들어 놓은 것이 누구더냐? 지금의 종교 지도자들이니라.

　인간이 시키는 인성 교육보다 차원 높은 곳에서 종교 지도자들이 시키는 교육이 '인간은 어떠한 죄를 짓는다 해도 용서받을 수 있다.' 하고 '용서를 빌면 구원받을 수 있다.' 하며 그리고 '죄를 짓지 않고 살 수 없는 것이 인간이라.' 하니, 이 한마디가 오늘의 온 세상을 다 먹구름으로 덮게 한 원흉이니라.

24 권 하나님 말씀

(2002/2/28 18:50~2002/3/5 21:10)

늙은 부모를 버리는 것보다 더 사악한 시대
1,946번째 편지 중에서 (2002년 3월 2일 06시 30분)

이제는 힘없고 늙은 부모를 길거리에 버려 그 생명을 유지하도록 하는 것이 아니라 그들을 팔아먹는 시대가 도래할 것이니라. 지금은 너희가 그 육신을 땅에 묻어 줘 한 줌의 흙으로 돌아가게 하나, 그것마저도 하지 않는 시대가 올 것이니, 머지않아 금화와 은화를 받고 그를 시험의 대상으로 팔 것이며, 육신의 살이요 모두를 짐승의 먹이로써 짓이겨 가는 세대를 볼 것이며, 그와 같은 것을 만들어 내는 자가 있을 것이니, 이와 같은 사악한 시대가 도래하고 있음이니라. 너희가 머지않아 그와 같은 형국으로 변하기에 그를 내가 볼 수 없으며, 그와 같은 형국에 도래했을 때 너희 마음을 돌이킬 수 없기에, 더는 너희가 사악한 형국으로 가는 것을 볼 수 없기에 지금 나의 선지자를 통하여 나의 성령을 너희에게 내려보내느니라.

이제는 양분되어 갈 것이니라. 나의 새로운 성경을 미친 자의 지껄이는 소리라며 던지는 자도 있을 것이나, 이것을 읽고 등골이 오싹하여 저의 자세를 돌아다보고 저희 형국을 돌아다보며, 그리하여 만백성을 위하여 나의 새로운 성경을 세상에 전하는 대열에 참여하고자 하는 자들이 모여들 것이니라. 그리하여 단비가 내려 세상을 적시듯이 나의 피조물 만백성에게 나의 새로운 성경을 전하며 깨우치는 그러한 역사가 이루어질 것이니, 이 모두는 다 각자 너희의 마음 자세에 달렸으며, 각자 너희가 먼저 행함에 달렸음을 잊지 말라.

십계명은 억압이 아니라 자유로움
1,956번째 편지 중에서 (2002년 3월 2일 22시 45분)

성서보다도 더 소중히 기록된 나의 십계명은 너희를 억압하고 제어하는 것이 아니니라. 너희가 평등함 속에서, 질서 속에서 행복을 추구하며 누구나 그와 같이 아름답게 살아갈 수 있도록 너희에게 내려진 것이 십계명이며, 그 뜻이 거기에 있음이니라.

기복 신앙의 대표자
1,963번째 편지 중에서 (2002년 3월 4일 02시)

미신이라 하여 기복 신앙을 추구하는 자들이 하는 행위를 보고 믿음의 길을 간다는 너희는 무엇이라 하느냐? 사탄이요 마귀라며 저주하고 손가락질하느니라. 그러나 성전을 짓는 데 그 주춧돌 밑에 이름을 기록하여 남기는 것이 축복이요 은혜요 영광이라 하여 거기다 돈을 바쳐 제 이름을 기록하여 축복과 영광과 은혜를 받고자 하는 자들이 있다 하면, 기복 신앙으로 돈을 바치는 그들의 행위와 무엇이 다르던가? 거기서 나 여호와의 이름까지 팔아먹으며 그와 같은 행위를 하고 있음이니, 나의 이름을 빙자하여 그와 같은 행위를 하는 너희가 몇 배 더 사악한 자들이니라.

땅속에 묻히는 그 주춧돌 속에 이름을 기록하여 그를 덮어 둔다 하면 그 이름 석 자가 얼마나 갑갑하고 답답할꼬? 그곳에 묻어 둠으로써 하늘의 축복을 받으며 나로부터 은혜가 있고 영광이 있다고 생각하는 것이 육신의 안일과 영달을 위해서 하는 짓이 아니고 무엇인가?

25권 하나님 말씀

1,977~2,012 번째 편지

(2002/3/6 0:30~2002/3/11 0:40)

기도보다, 인간성 회복이 우선
2,000번째 편지 중에서 (2002년 3월 8일 21시 10분)

너희는 나에게 경배하며 구원받으며 하늘에 오르는 영광을 얻고자 하기 전에, 지금 내가 만든 가장 사랑하는 피조물들의 땅에 떨어져 있는 인간성을 회복하며 인본주의를 세우는 데 너희 모두를 다 바쳐야 하느니라. 너희가 한 사람의 인간을 인본주의로 다스려, 부모에게 등 돌렸던 자가 효성을 다하도록 그와 같이 너희 후손이요 이웃을 하나 만들어 놓는 것이 나에게 기도하고 경배하는 것보다 열배 백배 상이 크다는 것을 알아야 할 것이니라.

성경은 육이 아닌 영에 초점을 맞춰야
2,005번째 편지 중에서 (2002년 3월 9일 18시)

너희가 육을 버리며 영을 구원하고자 그리하였다면, 구약의 시대에서부터 십계명을 지키는 것만이 하늘에 오르는 길이라 그리 다스려 왔더라면 지금과 같은 험악하고 험악한 세상은 이루어지지 아니하였을 것이니라.

나의 성서의 위대함 속에 기록된 그 모든 것은 죽어 내 앞에 오지도 못하는, 나와는 관계없는 육을 위해서 기록한 것이 아니라 오로지 영을 위해서 기록한 것임을 알라. 지금이라도 종교 지도자들이 깨우쳐야 할 것이니라. 모든 것을 육에 초점을 맞췄던 너희의 가르침을 이제는 영에 초점을 맞춰야 할 것이니라.

오병이어

2,012번째 편지 중에서 (2002년 3월 11일 0시 40분)

나의 아들 예수가 떡이요 생선을 광주리에서 떼어 많은 사람에게 그 자리에서 먹였다 함이니, 그는 떡과 생선을 먹인 것이 아님이니라. 나의 성령의 깨우침을 그들에게 먹였고 그들에게 전하였으니 그들이 무엇이 배가 고프겠는가?

예수의 전하는 말이 입에서 입으로 전해지면서 거기에 모였던 나의 피조물 만백성이 나의 존재함을 알았으며, 내가 하늘에 있음을 알며, 너희가 죽어 와 심판을 받음을 알았으며, 나의 아들 예수가 나의 성령을 가르침이니 그들이 나의 성령을 가슴에 받았음이니라. 그러니 그것이 어찌 너희 육신이 먹는 양식이요 떡과 생선에 비교되겠느냐? 떡과 생선보다 더 위대한 나의 성령을 그들에게 전했으니, 이를 그리 표현했음이니라.

너희는 예수가 너희에게 육신의 떡을 주는 것이며 육신의 생선을 주는 것으로 그 예수의 기적을 그리 보나, 정녕 너희가 배우고 너희 가슴속에 받아야 할 것은 무엇이더냐? 한 마리의 생선이나 한 쪽의 떡이 아니니라. 나의 성령을 너희 가슴에 심는 것이니, 그 성령을 심음을 그리 표현한 것이니라.

이게 바로 나의 뜻이었으며 그때 이루어졌던 역사이니라. 이것을 내가 그리 기록하라 하였으며, 예수가 그리 표현하여 기록하라 하였던 그 뜻을 그들이 그와 같이 기록하여 과장시켰음이니, 이를 너희가 벗겨 주어야 할 것이니라.

26 권 하나님 말씀

(2002/3/11 01:20~2002/3/18 08:40)

육신의 인격체와 영의 인격체를 더불어 갖추도록
2,048번째 편지 중에서 (2002년 3월 16일 22시)

지금 종교의 믿음이 수천 년 동안 인본주의를 저버리고 신본주의로 모든 나의 피조물 만백성을 이끌어 왔음이니라. 심지어 부모에게 효도하는 것이 우선이 아니라 나 여호와에게 먼저 경배하라 하며, 배우지 못한 자가 배움의 터전을 갖고자 한다 해도, 구원을 받는 것이 최상이니 배울 필요도 없으며 그저 나 여호와에게 모두를 바치라 그리 말하느니라. 그리고 저희 성전에 와 시간과 재물과 모두를 다 바치면 그것으로써 최상의 영광이라 그리 가르치느니라.

배울 필요가 없으며 성전에 와서 그저 저희에게 금화와 은화를 바치며 봉사하고 기도하며 살아가면 구원을 받으니 배우지 말라는 것은 무엇을 의미하는가? 나의 피조물 만백성을 우매하고 둔한 자로 만드니, 그리하여 깨우치지 못한 자가 무엇이더냐? 짐승과 같음이니라. 그저 단순한 생각 속에서 옳고 그름을 구분할 수 없도록 그와 같이 묶어 놓고 우매한 쪽으로 끌어가야만 저희가 통제하고 관리하고 저희 마음대로 부리기 쉬우니, 그리하여 그들은 나의 피조물 만백성의 깨우침을 방해하는 자들이며, 부모 형제와의 사랑까지도 말살시키는 그러한 형태로 이끌어 가느니라.

그러나 나의 선지자는 너희에게 이르기를, 배우고 깨달아서 인간 사회의 상식과 지식을 갖추라 하느니라. 어려운 시간을 내어 공부하고 깨우치며, 성전에 오는 것보다도 지식과 상식을 쌓고 깨달아 인간 사회에서 남에게 부끄럽지 않은 삶을 살아갈 수 있도록 교육에 투자하라 하느니라. 내면의 인간성과 실력과 지식과 교양을 겸비하여야만 된다 그리 가르치고 너희에게 그 어려운 길을 가라 매질을 하고 있음이니, 너희를 중히 쓰고자 함이니라.

인간 세속에 들어가 모범을 보이며, 그들에게 물들어 쓰러지는 것이 아니라, 그들을 정녕 이끌어 끌고 나오는 그와 같은 역할을 할 수 있도록 그들과 대적하여 하나의 손색이 없는 육신의 인격체와 영의 인격체를 더불어 갖추게 하기 위하여 나의 선지자가 너희에게 지금 그 어려운 매질을 하는 뜻이 여기에 있음이니, 선지자가 열을 던질 때 너희는 백의 노력을 해야 한다는 것을 잊지 말아야 할 것이니라. 이것이 정녕 나의 뜻이니라.

나 여호와의 뜻이 무엇이라 말하였는가? '사랑'이라 하였느니라. 그리고 새로운 시대를 열며 새로운 창조를 위하여, 새로운 변화를 위하여, 새로운 나라를 건설하고 새로운 태양이요, 새로운 바람이요, 새로운 구름의 이 세상을 만드는 게 나의 뜻이니, 그와 같이 스스로 변하고 전진하도록 길을 열어 주는 것이 나 여호와의 뜻이며, 선지자가 나의 뜻을 받아 행하는 것이 여기에 있음이니라.

오로지 나의 성령을 받아 너희를 개화시키고 변화시키며, 미래를 통할 수 있으며, 미래의 새로움을 건설하고 새로운 역사를 건설하여 온 세상을 하나로 통일하며 그들을 지도하고 깨우칠 수 있는 자격을 갖추도록 육성시키고자 너희에게 매질하는 나의 선지자의 그 아픈 마음을 알아야 할 것이니라.

27권 하나님 말씀
(2002/3/18 22:40~2002/3/27 14:00)

잠시도 쉬어서는 아니 됨이니라
2,061번째 편지 중에서 (2002년 3월 19일 09시 10분)

공부를 아무리 많이 하여도 세월이 지나면 그것이 하나하나 잊히며, 연필을 놓고 돌아앉으면 그 순간부터 머리에서 지워지며 기억에서 사라지는 현상이 생김이니, 바로 그와 같은 것이 믿음이니라.

너희가 구원을 받고자, 나에게 오르고자 하는 그 생각이 잠시라도 멈춘다 하면, 그리고 계명을 지키고 살겠다는 그 뜻이 잠시만 너희 생각에서 멈춘다 하여도 너희는 나를 잊어버리며 하늘에 오르는 길을 잃어버리게 됨이니, 이는 곧 무엇이더냐? 너희 스스로 사악한 마음이 너희 마음속에 뿌리를 잡아 가기 때문이니라. 그리하여 너희는 고시라는 것을 앞두고 공부하는 사람처럼 매일매일 정진해야 되며, 잠시도 쉬어서는 아니 되느니라.

그리하여 나 여호와가 너희와 같이하니 모든 것을 나에게 물으라 하였으며, 나와 대화를 하라 하였음이니라. 그리고 항상 감사하는 마음을 가지라 하였음이니라. 이는 바로 무엇이냐? 노력의 중단이 없게 하고자 함이니라.

창공의 나는 새에게도 먹을 것을 주었다
2,068번째 편지 중에서 (2002년 3월 19일 16시 30분)

창공을 나는 새에게도 먹이를 주었다는 것은, 내가 이 세상을 창조할 때 창세기에 모든 걸 다 먹고살 수 있도록 만들어 놓고 너희를 만들었다는 그와 같은 뜻이거늘, 너희는 그저 날짐승이 눈밭에서 곡식을 하나 주워 먹고 그들이 일하지 않고 쌓아 놓지 아니하여도 먹고살 수 있는 것을 다 주었으니 하물며 인간에게 그와 같은 능력을 주지 않았겠는가 그와 같이 견주어 생각하나, 그것이 아니니라. 원천적으로 너희가 먹고살 수 있는 것을 내려주었다는 그 큰 뜻을 너희는 깨달아야 할 것이니라.

창공을 나는 새에게도 먹이를 주었거늘 인간에게 먹이를 안 주었겠느냐 하는 그런 생각에 너희 종교 지도자들이 가르치는 것은 나의 뜻을 전혀 바라보지 못함이니, 오죽 답답하면 너희가 성서를 '수박 겉핥기'도 못 하면서 속이 익었다 익지 않았다 시시비비를 한다 내가 말하겠느냐?

삶에 충실함이 최우선
2,097번째 편지 중에서 (2002년 3월 25일 16시 50분)

너희가 항상 마음속에 내가 존재함을 믿고 나에게 경배한다 하여 너희 가정을 이끌어 가고 너희 사업이요 사회생활을 함에 조금이라도 소홀함이 있거나 또 스스로 그를 저버리고 포기하는 인생을 살아서는 아니 되느니라. 그건 너희가 나태하고 게으른 탓에서 이루어짐이니, 이를 깨우쳐 알아야 할 것이니라.

너희는 육신의 삶에 최선을 다하며, 너희 가족과 너희 자신의 자세를 확실히 하는 것이 급선무며 제일 첫 번째임을 잊지 말라. 그 생활 속에서 나를 잊지 아니하며 나 여호와가 존재함을 믿으며, 너희 눈과 귀와 모두를 다 나에게 고정시켜 항상 기도하고 감사하는 마음을 잊지 말고 살라 함이니라.

28권 하나님 말씀

(2002/3/27 15:20~2002/4/10 08:24)

성서를 공부하는 법
2,119번째 편지 중에서 (2002년 3월 28일 23시 33분)

성서를 공부하는 것은 너희가 한두 번 읽어서 그 흐름과 성서가 무엇을 요구하며 어찌 가는 것인가 하는 것을 스스로 그저 깨달으면 그것으로 끝마치는 것임을 알아야 할 것이니라.

그 성서의 흐름을 너희가 깨닫고 난 다음에 나의 십계명을 지키고 살아가는 생활에 돌입하는 것이며, 너희가 감히 지킬 수 없다는 그 길을 스스로 터득하고 지키고 오며 그것이 생활화되었을 때 얼마나 쉽고 편안한 길인지 깨닫게 됨이니, 편안하고 쉽게 지킬 수 있는 그 계명을 지키다 너희 영혼을 성장시켜 나에게 오를 수 있도록 그 길을 가며 그러한 삶을 살면 되는 것이라 하였음이니라.

이제는 너희가 다락방에서 나에게 기도하며, 개인적으로 기도하며, 시간과 때와 장소에 관계없이 너희 스스로 나에게 기도하면 구원을 받는다는 그 뜻을 알겠는가?

가장 작은 사랑
2,125번째 편지 중에서 (2002년 3월 29일 21시 10분)

너희는 지금부터 가장 작은 사랑을 실천하는 훈련에 들어가야 함을 잊지 말라. 가장 작은 사랑이니라. 큰 것이 아니고 가장 작은 사랑을 너희 주변에서 베푸는 그것부터 너희 마음을 다스려 나가야 할 것이니라.

1식 3찬, 영혼을 살리는 식탁으로
2,178번째 편지 중에서 (2002년 4월 10일 07시 46분)

내가 너희에게 '일식 삼찬(밥, 국, 반찬 3가지로 식사하는 것)'이라 하여 그리 음식을 먹으라 함이니, 지금 나의 아름다운 지구의 동산에서 너희가 취하는 식탁 위의 찬이라는 것이 너희의 건강을 위하여 소요되는 것들이 있는가 하면, 너희 몸과 마음을 다 무너뜨리는 그와 같은 것이 식탁에 많이 오르고 있음이니, 너희 육신을 흐리게 하며 정신을 망가뜨리는 그와 같은 역할을 하는 음식들을 너희가 마구잡이로 섭취하고 있음이니라.

너희에게 아름다운 양식이 되며 아름다운 반찬으로 너희를 즐겁게 하며 육의 건강과 또 그 속에서 영혼을 살리는 그와 같은 역할을 할 수 있는 그 음식의 식탁이, 이제는 모두를 망가뜨리는 그와 같은 식탁으로 둔갑하였음이니, 그 가짓수를 줄이고자 하는 것에 나의 큰 뜻이 있음이니라. 그런가 하면 너희가 '일식 삼찬'으로써 정성스럽게 식탁을 준비하고 가꾸는 여인들의 마음을 돌아보며 그를 깨닫게 됨이니, 그리하여 너희 식탁에 정녕 건강에 필요한 것으로, 그리고 자연에서 얻어지는 그 소중함을 그대로 섭취하는 방향으로 그 식탁을 바꿀 수 있음이 여기에 있는 것이니라.

많은 경비와 많은 시간을 낭비하며 지상을 많이 오염시키는 그와 같은 식탁으로써 갖추어 먹는 것이 너희 몸에 좋지 아니하며, 너희 영혼을 받치는 그 힘을 죽이는 역할을 한다면, 이것은 당연히 시정해야 함이 아니던가? 그리하여 내가 너희에게 '일식 삼찬'의 그 운동을 시키는 근본이 거기에 있음이니라.

29 권 하나님 말씀

(2002/4/10 09:44~2002/4/23 0:06)

보물이 있는 곳에 너희 마음이 있다
2,209번째 편지 중에서 (2002년 4월 14일 07시 51분)

성서에 '보물이 있는 곳에 너희 마음이 있다.'는 그와 같은 가르침이 있음이니, 너희는 여기서 하나를 알아야 할 것이니라.

한 여인도 자기 몸에 걸친 보석보다 제 육신으로 낳아 순종하며 곱게 자라 주는 자식이 더 소중하고 아름다운 보물이라 하거늘, 내가 정녕 너희에게 받는 보물이 너희가 모은 그 재물을 말하겠는가? 인간 세속에도 너희는 자식이 무엇과도 바꿀 수 없이 소중한 보물이라 함이니라. 이 세상의 창조주인 나 여호와는 너희 육신의 부모보다 열배 백배 더 너희를 사랑하고 소중히 여긴다 하였음이니, 너희가 믿음을 향하여 구원을 받는 그 길을 가는 것이 나에게 가장 큰 보물이니, 그 보물이 있는 곳에 너희의 마음과 너희의 자세가 있음을 내가 말하는 것이니라.

죽은 자 가운데서 산 자
2,217번째 편지 중에서 (2002년 4월 16일 07시 17분)

양심을 지키고 사는 그것이 곧 산 자요, 산 자의 삶을 살아가는 자만이 구원을 받을 수 있으며 하늘에 오르는 길을 볼 수 있음이니, 죽은 자가 어찌 하늘을 볼 수 있는가? 지금까지 너희가 살아오는 그 생활 속에 양심을 버렸으며, 너희는 양심이란 그 자체가 너희 마음속에 있는 것인지도 모르고 살아왔음이니라.

양심이란 무엇이더냐? 곧 질서이며, 내가 너희에게 지키고 살라 하는 그 계명의 근본이 양심이니, 양심을 저버리고 산 자들은 죽은 자이니라. 나의 성령으로 내려보내는 나의 새로운 성경을 읽고 너희의 양심을 살리는 것, 그것이 곧 죽은 자 가운데서 산 자요, 산 자를 구원함이니라.

우상을 섬기지 않는 종파가 있는가
2,225번째 편지 중에서 (2002년 4월 17일 08시)

너희는 말로써는 우상을 섬기지 말라 하며, 그리고 어떠한 형체를 놓고 절하는 자, 그들에게 이단이요 사탄이요 미신을 추구한다 하느니라. 그렇다면 너희는 지금 어떠한 형체를 만들어 놓고 어떠한 형태를 깎아 놓고 그 앞에 가서 기도하고 절하는가?

여인의 상을 만들어 놓고 묵주를 들고 절하며 소원하는 여자의 형태를 한 사진을 보며, 십자가 앞에서 보혈로써 구원을 받았다 하며 그 앞에 소원하고 눈물 흘리며 기도하는 사람의 형태를 또한 사진으로 같이 비추어 보라. 그리고 절이라는 곳에 앉아서 부처의 형상 앞에 기도하는 머리 깎은 수도승의 그 모습의 사진을 놓고, 진수성찬에 돼지 머리를 갖다 놓고 절하는 자의 그 모습의 사진도 한번 비춰 보며, 나의 선지자를 통하여 지금 전하는 나의 성령의 책 속에 그려진 나의 아들의 사진 앞에 절하며 기도하는 모습도 한번 그려 보라. 그 다섯 장의 사진을 놓고 비교해 보라. 과연 무엇이 다르며 어떤 형체가 다르며 무엇이 구분되던가? 이러고도 너희가 지금 부끄럽지 않다 말할 수 있는가?

30권 하나님 말씀

2,247~2,315번째 편지

(2002/4/23 0:18~2002/5/9 07:48)

첫 번째 스쳐 가는 아름다운 생각이 나의 명이니
2,248번째 편지 중에서 (2002년 4월 23일 07시 05분)

항상 나 여호와가 너희와 같이 있음이니, 너희가 첫 번째 생각하는 것, 선하고 아름다운 것을 행하고자 하며 질서를 파괴하지 않는 행위를 하고자 하는 첫 번째의 아름다운 생각이 바로 내가 너희에게 명하는 것이니, 내가 너희와 같이하기에 명하는 것이라는 그와 같은 생각으로 살아가라. 너희가 살아가면서 아름다운 행위를 하고자 하는 생각이 번개처럼 스쳐 갈 때, 그를 따르고 행하는 것은 너희가 나의 명령을 행함이니라.

예수가 기록한 원본을 공개하지 못하는 이유
2,301번째 편지 중에서 (2002년 5월 5일 12시 27분)

나의 아들 예수가 기록한 그 원본을 백일하에 펴놓아야 할 것이거늘, 저희 목숨이 끊어져도 내놓지 아니할 것이니라. 이는 두 가지의 이유가 있음이니라. 지금까지 저희가 이루어 놓은 것이 다 허상이요 잘못되었다는 것을 시인하게 되며, 그리하여 나의 피조물 만백성이 등 돌리고 떠나는 것을 저희가 감내할 수 없기에 내놓을 수 없는 것이 첫 번째 이유요, 두 번째는 저희가 그를 지키고 살아갈 수 없다고 판단하기 때문이니라. 이왕에 이를 세상에 내놓아도 후손들은 또한 이를 지키지 못하고 살 것이라 그리 여겨 내놓지 아니함이니, 이는 저희의 욕심이며 저희가 잘못 평가하고 있음이니라.

그리하여 내가 나의 아들 예수를 통하여 내리고자 했던 그 뜻을 알기 쉽고 듣기 쉽게 풀이하여 오늘 너희에게 내려보내는 뜻이 여기에 있으며, 또 하나는 너희가 구원을 받고 못 받는 그 길이 여기에 있음이니, 이를 접하고 깨닫는 자, 하늘에 오르는 길을 얻을 수 있으며, 이를 접하고도 읽지 아니하는 자, 접하지 아니하는 자, 그들은 깨우쳐 하늘에 오를 수 없음이기 때문이니라.

간음하지 말라
2,309번째 편지 중에서 (2002년 5월 8일 08시 19분)

간음하지 아니한 나의 딸, 간음하지 아니한 나의 아들, 그들이 생산하는 백성만이 나에게 올 수 있는 백성이며 나의 자식이요 나의 아들딸임을 내가 오늘 선포하니, 이는 엄연한 하늘의 뜻이며 하늘의 이치임을 알라. 이것이 나의 피를 받아 가는 혈통의 자식이요, 나의 아들이요 딸임을 알라. 그 자식만을 천 년에 걸쳐 세상에 살도록 하고자 하는 것이 나의 뜻이니, 그 계명을 그리 지나치지 말라.

이 순간 이후부터 지키라
2,310번째 편지 중에서 (2002년 5월 8일 08시 39분)

정녕 나의 딸과 나의 아들이 얼마나 아름답고 순결하게 살아가야 하는지 아는가? 지금까지 너희가 살아옴을 내가 용서함은 아니니라. 다만, 나의 새로운 성경을 접한 이후부터 그리 지키는 자, 그들에게 나의 아들이요 나의 딸이 될 수 있는 단 한 번의 기회를 다시 내림이니라. 너희가 목숨을 바쳐 그를 지키고 시행하는지 내가 하늘에서 내려다봄이니라. 너희 자식들에게도 그리 가르치라.

31권 하나님 말씀

2,316~2,388번째 편지

(2002/5/9 08:12~2002/5/22 0:03)

사랑은 배로 주는 것
2,339번째 편지 중에서 (2002년 5월 13일 08시 22분)

사랑이라는 것은 하나를 받을 때 둘을 주는 것이며, 또한 선물을 받을 때 답례할 수 없으면 그를 가능한 한 사양하라 그리 너희에게 가르쳤음이니, 이것이 어디 사탄의 장난이요, 사악한 자가 할 수 있는 행위더냐? 떡 하나를 받으면 둘을 주는 것이 사랑이요, 그게 하늘에 오르는 길의 기초라 하였음이니, 나의 성서에 그리 기록되어 있지 아니하던가? '5리를 가고자 하는 자에게 10리를 가 주라.' 하였음이니, 이게 바로 그 이치이거늘, 너희는 이것을 깨우치지 못하는 우매한 삶을 사느니라.

이방인은 중언부언하는 자
2,343번째 편지 중에서 (2002년 5월 14일 07시 07분)

내가 예수를 통하여 성서에 '너희는 기도할 때 이방인과 같이 중언부언하지 말라. 저희는 말을 많이 하여야 들으실 줄 생각하느니라.' 그리 기록하였음이니라. 지금 기도할 때 누가 과연 중언부언하며 저희 생각대로 지어서 한 시간이고 두 시간이고 시부렁대는가? 그것이 바로 이방인이요 사악한 자들이 행하는 것이니라. 저희가 지은 성전에 가 광란의 짓을 하고 소리지르며 악을 쓰며, 무엇을 달라, 무엇을 이루게 해 달라 소원하며, 은혜를 받았다, 축복을 받았다, 성령을 받았다 발광하는 그 백성이 바로 이방인이니라.

두 주인을 섬길 수 없다
2,356번째 편지 중에서 (2002년 5월 18일 23시 50분)

성서에 이르기를, 너희는 나 여호와를 경배하는 믿음의 길과 재물을 모으고자 하는 길 중에 그 두 길을 다 갈 수는 없다 말하지 아니하였는가? 정녕 종교 지도자라면 돈을 거둬들이는 데 연연해서는 아니 될 것이니라. 나의 뜻을 따르며 나를 경배하며 나에게 오르는 길을 나의 피조물 만백성에게 진실로 알려 주며 깨우쳐 줄 때 금화와 은화는 거저 이루어지는 것이거늘, 너희는 지금 금화와 은화를 거둬들이고 더 쌓아 놓는 데에만 혈안이 되어 있느니라.

내 아버지의 뜻대로 하는 자
2,388번째 편지 중에서 (2002년 5월 22일 0시 03분)

'누구든지 하늘에 계신 내 아버지의 뜻대로 하는 자가 내 형제요, 자매요, 모친이니라 하시더라.' 하여 나의 뜻을 예수가 기록하여 너희에게 전하였음이니라.

너희가 정녕 '주여, 주여!' 부르며 살아가는 것이 예수의 그 가르침의 뜻에 따라 구원의 길을 가는 것인가, 그렇지 않으면 나 여호와가 직접 불로 써내려 너희에게 지키고 살라 한 그 계명이요 율법을 지키고 사는 것이 나의 뜻에 따라 순응하고 지키는 것인가?

나 여호와의 뜻에 따라 사는 자만이 예수의 형제요, 자매요, 모친이라 하였으니, 그는 즉, 나의 아들이요 딸임이니라. 나의 뜻을 따르지 아니하는 자는 나의 아들과 딸이 아님을, 너희는 어찌하여 이 이치 하나를 깨우치지 못하는가?

32권 하나님 말씀

(2002/5/22 01:25~2002/6/19 11:28)

사랑하는 나의 아들아
2,409번째 편지 중에서 (2002년 5월 27일 10시 28분)

사랑하는 선지자야, 너는 오늘 무엇을 깨달았는가?

"여호와 하나님!

저에게 '너는 죽은 자라.' 하신 그 뜻을 이제야 알았사옵나이다. 먼저 가신 예수님의 삶보다 더 아름답고 값지게 살 수 있는 '너는 죽은 자라.' 하신 그 뜻을 오늘에야 깨달았사옵나이다.

죽은 자에게 호화로운 것이 무엇이 필요하며, 죽은 자가 남들에게 무슨 말을 할 수 있으며, 죽은 자가 맛있는 음식을 먹을 이유가 어디에 있으며, 죽은 자가 누구를 원망할 수가 있으며, 죽은 자가 어디 밉고 곱고 아름다운 것을 바라볼 수 있으며, 죽은 자에게 무슨 말이 필요하겠사옵나이까? 다만, 저는 죽은 자로서, 아버님의 성령을 받아 세상에 전하는 그것이 저의 모든 삶이며 제가 살 길임을 이제 알았사옵나이다."

네가 죽은 자의 그 뜻을 깨우쳤으니 이제는 네가 바로 갈 수 있으며, 너를 내 아들이라 하여도 부끄러운 마음이 아니기에 자신 있게 너를 내 자식이라 부를 수 있음이니, 너는 나의 아들이니라. 그리고 예수의 대를 이어 그 역사를 이루어야 할 자가 너이니라.

내가 너를 이제는 사랑하는 아들이라 부를 것이니, 너는 죽은 자의 그 뜻을 깨달았음이니 그리 살라, 사랑하는 나의 아들아!

아담과 이브
2,444번째 편지 중에서 (2002년 6월 7일 18시 04분)

너희는 말하기를, 이브가 사악한 자의 꾐임에 넘어가 아담에게 선악과를 따먹게 하여 지금과 같이 사악한 형국에 이르렀다 함이니, 이는 너희가 잘못 알고 있음이니라. 사랑으로 베풀어야 할 아담이 이브를 사랑하지 아니하였으며, 이브를 보듬어 그 마음을 다스리는 남자의 역할을 다하지 못함으로써 이브의 마음을 상하게 했으며, 이브의 감정이 폭발하여 아담에게 그와 같은 길을 가도록 만들었으니, 그 원인 제공은 아담이 했음을 알아야 할 것이니라.

여인들에게는 모성애가 있고 아름다운 마음이 있기에 남성들이 여성에게 희망을 주고 꿈을 주며 진실 속에 살아가는 가정을 이룰 때 모든 평화가 이루어지거늘, 지금 여성의 마음이 곱고 아름답다 할 수 없음이니, 여성의 마음이 돌변할 때는 그 마음을 남성이 다스릴 수 없는 그와 같은 불행한 형국이 이루어지느니라. 지금 세상을 지배하는 남성 너희가 잘못 지배하였으며 잘못 가기에 여성들이 지금과 같이 험난하고 사악한 시대가 되었음이니, 이는 바로 무엇이던가? 너희 가정이 파괴되었으며, 부부의 신뢰가 깨졌으며, 그리하여 이웃의 신뢰가 깨졌으며, 그 사회의 신뢰가 깨졌음이니라.

여인의 아름다운 마음을 사랑하고 그 마음을 볼 수 있도록 남성, 너희가 먼저 변화되어야만 이 세상이 바로 설 수 있다는 것을 알라. 모든 남성이 원인을 제공하여 그와 같은 사악한 시대를 만들었기에, 내가 지금 유한 여성들로부터 이 세상을 다스리고자 함이 여기 있음이니라.

3부

지구가 성전

3

지구가, 너희가 살아가는 이 땅덩어리가
내가 만든 성전이니라.
너희가 세상에 나옴은
곧 내가 만든 나의 성전에서 살아감이니라.
이 지상이 성전이니,
너희가 성전의 어느 곳에서 기도한들
내가 그를 듣지 아니하겠는가?

2,589번째 편지 중에서
(2002년 7월 14일 08시 40분)

33 권 하나님 말씀

2,468~2,542 번째 편지

(2002/6/19 12:49~2002/7/4 11:34)

종말, 말세는 예수가 숨을 거둔 그 시점
2,479번째 편지 중에서 (2002년 6월 22일 0시 46분)

나의 아들 예수가 세상에 나가 나의 성령을 만백성에게 전하여 하늘에 오르는 길을 깨우칠 수 있도록 그 모두를 내리고자 했을 때, 그걸 내리지 못하게 한 그 시점이 말세요 종말임을 알아야 할 것이니라. 나의 아들이 직접 내려가 나의 성령을 세상에 전하는 것을 더 이상 전하지 못하도록 그를 십자가에 못 박아 처참히 죽게 하였음이니, 예수가 죽는 그 순간에 종말이요 말세가 왔음이니, 적그리스도요 사악한 자들이 그때 이미 세상에 와 있었음을 알아야 할 것이니라.

지금 나의 성령을 내려보내 나의 아들을 통하여 내가 '새로운 성경'이라 하여 160권을 세상에 내보내니, 여기에 나 여호와의 존재함을 부정하며 나의 아들 예수가 나의 아들로서 성령을 전하고자 했던 것을 부정하는 대목이 과연 있는가? 지금 적그리스도요 사악한 영들 속에서 바로 그들을 다스려 천 년에 걸쳐서 이 지상에 그들이 발을 붙이지 못하고 존재치 못하도록 하며, 천사와 같은 나의 백성만이 존재하도록 이루고자 하는 것이니라.

종말이요 말세라는 것은 나의 아들 예수가 숨을 거둔 그 시점에 왔으니, 나의 계명을 지키고 살 수 없다고 부르짖는 그들이 적그리스도며 잘못된 사악한 영들이 세상을 지배하는 것이니, 적그리스도가 누구인가를 너희는 바로 알아야 할 것이니라.

2002년의 붉은 물결
2,488번째 편지 중에서 (2002년 6월 24일 18시 55분)

너희 민족이 붉은 물결 속에서 오늘 광란의 세계 못지않은 그와 같은 하나의 마음으로 역사를 이루고 있음이니, 그것이 어떠한 힘에 의하여 그리 이루어진다 생각하는가?

내가 천 년에 걸쳐서 새로운 지상의 낙원을 이루고자 하는 그 역사를 너희 민족이요, 너희가 사는 이 선택된 땅에서부터 시작하게 됨이니라. 그리하여 내가 이와 같은 역사를 이루게 하였음이니라. 그리하여 이 새로운 성경이 세상에 나갔을 때, 온 나의 피조물 만백성에게 위대한 민족 속에서 위대한 지도자가 나왔으며 세상의 왕이 나왔음을 알리고자 그리함이니라.

위대한 민족이라는 것을 상징하며, 그 위대한 민족 속에서 나의 새로운 성경이 나왔음을 알리고자 오늘과 같은 역사를 내가 이루고 있음이니, 이를 알아야 할 것이니라. 이는 내가 새로운 세상이요, 새로운 시대의 판을 짜고자 함이니라. 바로 나의 성령이 세상에 내려가 그 뿌리를 내림이니라. 나의 성령이 세상에 내려가 160권이라는 나의 새로운 성경을 기록한 민족이 빨갛게 물들인 그 역사 속에 있는 한민족이라 하면, 그들은 그를 무시하지 못할 것이니라. 그를 대비하여 오늘과 같은 역사가 이루어짐이니라.

34권 하나님 말씀

(2002/7/5 01:34~2002/7/17 23:38)

지상의 왕
2,546번째 편지 중에서 (2002년 7월 5일 01시 50분)

나의 아들 예수가 왕자요, 왕으로 세상에 태어나 나의 성령을 전하고자 했다면, 과연 그 시대의 백성은 나의 아들을 그리 참혹하게 죽게 할 수 있었겠는가? 그가 그와 같은 속에서 태어났다면 그를 그리 해하지는 아니하였을 것이니라.

그리하여 지금은 내가 나의 피조물 만백성 중에 깨우친 자요, 천년의 역사를 이루는 데 그 근본이요 뿌리가 되는 나에게 선택된 백성을 통제하는 왕을 그 속에서 만들어 그로 하여금 모든 인간관계에 이루어지는 역사를 다스리도록 하고자 하는 것이 나의 뜻이라 하였음이니라. 그리하여 새로운 나라를 건설하라 하는 뜻이 여기에 있음이니라.

정녕 나의 뜻을 깨우치며 나로부터 선택된 백성이며 내가 인도하는 그와 같은 나의 백성이 이 지상에 뿌리를 내리기 시작할 때, 그 힘은 누구도 깰 수 없는 방대한 역사가 이루어질 것이며, 그들로 하여금 그 자식이 자식을 낳고 또 그 자식이 자식을 낳음으로 천 년에 걸쳐서 악의 씨를 뿌리 뽑고 지상에 낙원을 이루는 그 근본의 시초를 이루고자 함이니, 이를 명심하여 행하여야 할 것이니 그리 알라.

지구가 성전

2,589번째 편지 중에서 (2002년 7월 14일 08시 40분)

지구가, 너희가 살아가는 이 땅덩어리가 내가 만든 성전이니라. 너희가 세상에 나옴은 곧 내가 만든 나의 성전에서 살아감이니라. 이 지상이 성전이니, 너희가 성전의 어느 곳에서 기도한들 내가 그를 듣지 아니하겠는가? 내가 만든 찬란한 이 성전의 어느 곳에서 기도하든, 바닷속에서 기도하든, 산속에서 기도하든, 들에서 기도하든, 너희 안방에서 기도하든, 이 모두는 나의 성전 안에 있는 것이며 나의 성전 안에 존재함이니라. 그리하여 모두는 나의 성전 안에서 너희가 이루어 가며 너희 육이 살 수 있도록 내가 베풀어 준 것이니, 어느 곳에서 기도하든 나의 성전에서 기도함이니라.

바르게 사는 자에게는 아무것도 아닌 것

2,609번째 편지 중에서 (2002년 7월 17일 22시 48분)

십계명은 무엇이더냐? 사람이 사람답게 바로 살라는 것이니라. 그러면 너희가 하늘에 구원을 받는 것은 과연 무엇이던가? 너희가 아는 사람, 만나는 사람, 그리고 피부로 부딪치며 그 이름 석 자를 기억할 수 있는 사람들을 사랑해 주는 것이 바로 하늘에 오르는 것이며, 그 뜻이 거기에 있음이니라. 그러하니 하늘에 오르는 그 길이 얼마나 간단하며 지키기 쉬운 것인가?

바르게 사는 자에게는 너희가 두려워하는 그 십계명이 아무것도 아니듯이, 하늘에 오르는 길 또한 아무것도 아님이니라.

2,613~2,678번째 편지

35권 하나님 말씀

(2002/7/18 08:02~2002/7/25 18:20)

아버님! 어찌하오리까
2,648번째 편지 중에서 (2002년 7월 22일 20시 54분)

너희가 정녕 한 점의 부끄러움이 없이 살아가는 삶을 살지 못하며, 네가 변하고자 하나 변할 수 없는 그 한계의 벽을 안고서 몸부림치는 그 모두를 나 여호와가 다 알고 있음이니라. 그러나 너희는 그리 걱정하지 말라.

네가 지키기 어렵고 힘들며 지탱하기가 어려울 때, 나 여호와 아버지를 찾으라. 네가 나에게 경배하고 기도하며 묵상하면 내가 네 마음을 다스릴 수 있는 능력을 줄 것이며, 네가 헤쳐 나갈 수 있는 힘을 줄 것이며 내가 너에게 방법을 줄 것이거늘, 그저 너는 항상 기도하라. '아버님, 제가 어찌하여야 하겠나이까? 아버님, 제가 어찌 가야만 하겠사옵나이까? 저의 죄를 용서하여 주옵시고 저의 흔들리는 이 마음을 바로잡아 주옵소서. 제가 지금 넘어지려는 이 마음을, 그리고 제가 넘지 못하는 이 벽을 넘을 수 있도록 용기를 주옵소서, 아버지!' 하며 나를 부르라.

아무도 너를 다스릴 수 없음이니라. 그 누구도 너를 다스릴 수 없음이니라. 오로지 '아버지! 저에게 힘을 주고 용기를 주옵소서.' 그리 기도하며, 네가 지금 싸우고 있는 그 마음에서 '악을 제거하고 선을 선택할 수 있는 용기와 힘을 주옵소서.' 하며 네가 애절한 마음으로 나 여호와를 찾을 때, 어버이인 내가 너에게 무엇인들 안 주며 안 내려주겠는가?

제3의 시대, 그 나라의 열매 맺는 백성

2,675번째 편지 중에서 (2002년 7월 25일 09시 08분)

너희가 한 자도 더해서도 안 되며 빼서도 안 되며 너희 임의대로 설명해서도 안 된다는 그 성서 속에는 지금 나의 제3의 시대가 온다는 그 역사의 변화를 미리 너희에게 알려 나의 아들 예수가 기록해 놓은 부분들이 여러 군데 있음이니라. 성서에 기록되어 말하되, 내가 창조한 이 지상의 낙원을 언젠가는 너희가 스스로 다스리지 못하고 뺏기게 됨이니, 그 열매를 맺는 백성이 다시 받아 그를 이룰 것이라는 기록이 되어 있음을 찾아보아야 할 것이니라.

너희는 성서를 너희 뜻대로, 너희 마음대로 변조하여 기록하였으며 너희 언어와 풍습에 맞도록 너희가 편한 대로 기록하였느니라. 그리하여 내가 바로잡을 수 없는 것이 너희의 지금의 믿음이기에, 이를 통일하며 바로잡기 위하여 나의 혈통으로 선택된 백성을 세상에 내보내기 시작하였으며, 그리하여 나의 성령으로 충만된 백성, 즉 나의 혈통을 받은 그 백성으로서 이 지상의 낙원을 이어받아 그들이 결실을 얻을 수 있는 그 일을 지금 시작하고 있음이니, 그게 바로 무엇이더냐? 나의 성령을 태워서 내려보내는 나의 새로운 성경이요, 이 책이 그와 같은 결실을 얻게 될 것이며, 그 기간이 천 년이라는 역사를 두어 새로운 역사를 이루는 그 결과를 미리 예언하여 너희에게 기록하여 두었으며, 지금에 이루어지는 역사가 그와 같은 역사를 시행함이니라. 이게 바로 구원할 자와 구원하지 못할 자를 심판함이며, 그리하여 그들을 심판하기 위하여 내린 나의 새로운 성경이라 그리 명한 이 깊은 뜻을 알아야 할 것이라.

2,679~2,739 번째 편지

36 권 하나님 말씀
(2002/7/25 17:23~2002/7/29 23:17)

불안하고 공허한 마음
2,709번째 편지 중에서 (2002년 7월 27일 17시 42분)

너희는 구약과 신약의 수천 년 동안에 하늘에 오르는 길이라 하여 너희가 지은 그 성전에 와 기도하고 경배하며, 또한 나의 아들 예수의 보혈로써 구원을 받았다 말하며, 너희는 선택된 백성이라 그리 말하나, 너희 스스로 불안하고 공허하기에 재물을 바치며 모든 시간과 공간을 다 바치며, 하늘나라에 재물을 많이 쌓아 놓음으로 인하여 죄를 용서받는다는 그들의 허무맹랑한 궤변에 너희 스스로 마음을 달래고 위로하고자 함이니, 너희 마음속에 공허함이 있으며 허전함이 있는 그 자체가 너희가 지금 가는 길이 잘못되어 있는 길이라는 것을 알아야 할 것이니라.

다시 한 번 기회를 받아 세상에 나온 것, 부활
2,716번째 편지 중에서 (2002년 7월 28일 0시 18분)

너희가 새 생명으로 태어난 것은 이전 시대에 살아왔던 그 역사가 있음이니, 이전 시대에 살았던 너희가 나 여호와로부터 새 생명을 받아 세상에 나온 그것이 곧 무엇이더냐? 부활이라 말할 수 있느니라. 즉, 전생에 살던 그 삶에서 다시 한 번 기회를 받아 세상에 나와 이 광명 천지에 살아갈 수 있는 은혜를 나 여호와로부터 받았음이니, 그게 바로 부활이니라.

잘못 살아오고 사악하게 살아온 너희가 지금 바로 부활이라는 그 축복과 영광 속에 이 세상에 태어난 자들임을 알아야 할 것이니라.

부활할 때 너희가 지은 죄를 내가 용서하며 아름다운 삶을 살 기회를 한 번 더 주었음이니라. 이 이치 하나를 깨닫는다면, 너희 자신이 어찌 처신하여야 하며, 어찌 살아가야 하며, 나 여호와에게 생명으로 태어난 그 자체에 어찌 감사해야 할 것인가, 지금 서 있는 너희가 전생에 지은 그 죄의 덩어리라는 것을, 다시 너희 자신을 스스로 돌아다보는 깨우침을 얻어야 할 것이니라.

신과 같은 삶
2,739번째 편지 중에서 (2002년 7월 29일 23시 17분)

'나 여호와가 존재함을 믿는 그 자체가 하늘에 오르는 길의 기본이요 근본'이라 내가 말하였음이니, 나 여호와가 존재하고 있다고 믿는 자는 나의 계명을 지키지 아니하고 살 수 없으며, 그 계명을 인간이라 지킬 수 없다 그리 말할 수 없음이니라. 그리고 성서에 기록되어 있는 너희가 지키고 행하여야 할 그 모든 기록된 내용 중에서 하나라도 거역하는 삶을 사는 자는 내가 존재함을 믿지 아니함이니라.

너희는 인간이기에 생각할 수가 있으며, 인간이기에 신과 같이, 나 여호와와 같이 변화되며, 나 여호와와 같은 삶을 살고자 하면 그리 변할 수 있음이니라. 나를 대신하는 삶을 살 수 있는 것이 너희 인간이니라. 내가 만든 모든 동식물이요 창조물 중에 너희가 가장 으뜸 된 자이니, 너희는 나를 닮아 나와 같은 삶을 살 수 있으며, 내가 너희에게 그리 살라 명하는 것은 너희가 할 수 있기 때문이니라.

37 권 하나님 말씀

(2002/7/29 23:32~2002/8/2 23:55)

화려한 성전
2,774번째 편지 중에서 (2002년 8월 1일 17시 50분)

아무리 큰 성전이라 해도 그 성전이 너희에게 무엇을 깨우쳐 주며 무슨 깨달음을 주겠는가? 그 건물은 죽어 있는 돌덩어리가 아니던가? 너희가 아무리 호화로운 것을 붙여 놓고 장식해도, 그것들이 너희에게 무슨 깨우침을 주며 어찌 하늘에 오르는 길을 인도하는가? 그 웅대하고 화려한 궁궐이 너희에게 인사말 한마디를 하던가? 웅대하나 말도 못 하는 돌과 바위와 나무요, 너희를 위협하기 위하여 만든 그 장식물에 의하여, 생명력이 있고 판단력이 있고 말을 할 수 있고 생각할 수 있고 의사를 전달하고 사람을 깨우쳐 지도자요 선생이 될 수 있는 너희가 그 앞에 움츠려 고개 숙이고 들어가는 그 모습이 얼마나 우스운 형국인지 아는가?

내가 너희에게 먹고살라 명한 짐승들에게 절하는 것이나 서낭당이라는 나무에 돌을 쌓아 놓고 거기에 절하며 소원을 비는 그들보다 더 우매하고 어리석은 그와 같은 슬픈 형국으로 살아가는 모습이 지금 너희의 모습이니, 이를 깨우쳐야 할 것이니라.

신의 경지에 오르는 마음
2,796번째 편지 중에서 (2002년 8월 2일 23시 18분)

너희 마음이 천사가 되어 세상을 볼 때 그 모두는 다 천사이니라. 너희 입에서 추하고 더러운 욕이 나오며, 남을 비방하는 말이 나오며, 남을 흉보는 것이 나오며, 남의 잘못하는 것이 눈에 보이며,

남의 잘못하는 것이 귀에 들리며, 남이 흉보는 소리가 귀에 들리는 것은 너희 마음이 그와 같이 흉악하기 때문에 그러하니라.

너희 마음이 하얀 천사와 같이 되어 신의 경지에 오르는 마음이 되다 보면 너희에게 깨끗한 것 외에는 아무것도 들리지 아니하며 보이지 않는 세상이 열림이니라.

만백성의 본보기
2,797번째 편지 중에서 (2002년 8월 2일 23시 31분)

내가 예수를 세상에 내보내 나의 아들이라 하여 기적을 이루었으나, 만백성이 그를 신비주의로 보며, 저희와는 관계가 없는 세계의 성령의 나의 아들로 보며, 하늘나라의 천사로 그를 생각하니, 너희 인간사와는 전혀 반대쪽에서 생각하여 너희와 동등하다 생각하지 아니하며 같이 견주어 가려 하지 아니하느니라.

만백성과 동등한 그 속에서 사는 지금의 나의 아들 네가 신이 되는 모습을 보였을 때, 만백성이 너를 보고 따르며 그들 또한 신의 세상에 오게 되니, 하늘에서 이루어진 것 같이 이 땅에서 이루는 것은 신의 깨달음을 갖고 그리 행하는 자들이 세상에 존재해야 하기 때문이니라. 너 하나가 그리 변하는 것이 가장 위대한 역사의 변화이니라. 네가 변함으로 너의 제자들이 변할 것이며, 나의 새로운 성경을 읽은 만백성이 변할 것이니라.

네가 노력하여 나의 아들이 되라 함이 아니라, 너는 정녕 나의 아들이니라. 아들로서 네가 창조주 나 여호와를 가장 기쁘게 하는 효성을 갖춘 아들이 되라 함이니, 그리 알라.

38권 하나님 말씀

(2002/8/3 09:45~2002/8/7 23:37)

구원받았다는 망상에서 깨어나야
2,810번째 편지 중에서 (2002년 8월 4일 01시 32분)

너희는 구원을 받았다 하며, 또 너희는 하늘의 그 영광의 자리에 올 수 있으며 나의 아들 예수의 보혈로써 그 죄를 다 씻어 구원을 받은 자인 것처럼 그리 말하나, 내가 나의 아들을 통하여 너희에게 말하기를 구원받은 자 하나도 없다 하였으며, 구원을 받을 자 또한 하나도 없다 하였음이니, 그 이치를 깊이 깨우쳐야 할 것이니라.

너희는 지금 구원을 받았다는 그 망상에서 깨어나야 할 것이니라. 하늘의 이치요, 나의 뜻이요, 내가 이루고자 하는 그 자체도 모르는 너희가 어찌 천국의 문에 들어설 자격이 있다 그리 말하는가? 그 꿈에서 깨어나는 자만이 구원의 길을 볼 수 있음을 알라.

부모가 살아 있을 때 효성을 다하라
2,829번째 편지 중에서 (2002년 8월 5일 11시 21분)

내가 '네 부모를 공경하라.' 한 것은 부모가 살아 있을 때 효성을 다하라 함이요, 죽은 후에 각종 행사로써, 형식으로써 그 부모를 위로하라는 것이 아니니라. 그와 같이 부질없는 짓을 영혼 앞에 하지 말라. 그것은 너희 부모와 관계도 없는 것이며, 오히려 떠나는 부모의 가슴을 아프게 하는 행위임을 알라.

자연을 역행해서 살 수 없듯이
2,845번째 편지 중에서 (2002년 8월 6일 12시 01분)

너희가 아무리 견고하게 지은 건축물이요, 아무리 완벽하게 만들었다 해도 그 밑에 지진이라는 것이 스치고 지나가면 가라앉지 아니하는 것이 없으며, 육지가 바다로 변한다면 그 아래 살아갈 수 있는 것이 하나도 없으며, 세상을 불바다로 덮었을 때 존재할 수 있는 것이 하나도 없음이니라. 너희는 이 자연의 위대함에 너희 자신이 수긍하며 그를 깨우치며, 자연을 역행해서 살 수 없다는 것을 알아야 할 것이니라.

여기서 작게는 나의 피조물 만백성이요, 나의 아들딸이라 하여 창조주 내가 너희를 세상에 내보냈음이니, 너희는 대자연의 위대함을 떠나서, 창조주인 나 여호와가 너희의 생명을 세상에 내보냈으니 내가 너희에게 지키고 살라 명하는 것을 지키지 아니하고는 살 수 없는 것이니라. 내가 명하는 것을 지키지 아니하는 것이 자연의 위대함 앞에 너희가 거부하는 그와 같은 행위임이니라.

내가 명하는 것을 나의 피조물 만백성은 거역하고 살 수 없음이니라. 그 이치 하나를 깨닫는다면, 내가 너희에게 내려 지키라는 계명이요, 성서에 기록되어 너희가 행하여야 하는 그 모두를 그대로 따라서 행하는 자만이 나에게 순종함이니 그가 구원을 받을 수 있으며, 그와 같이 행하는 자는 자연의 위대함 앞에 인간의 능력은 거부할 수 없다는 것을 깨우친 자와 같으니라.

39권 하나님 말씀

(2002/8/7 23:47~2002/8/12 0:03)

십계명을 계승하는 역사
2,866번째 편지 중에서 (2002년 8월 9일 0시 12분)

구약 시대에 너희가 잘못 살아온 형태를 바로잡고자 내가 십계명을 불로 직접 써 내렸으나 그를 지키지 아니하였기에, 신약 시대에 이를 바로잡아 나의 피조물 만백성에게 십계명을 행하여 구원을 받으며 하늘에 오르는 길을 보도록 하기 위하여 나의 아들 예수를 내려보냈으나 그 모두를 다 단절시키는 사악한 역사를 너희가 이루었음이니라. 그리하여 내가 다시 제3의 시대를 열어, 예수가 신약 시대에 이루지 못했던 그 십계명을 상세히 풀이하여 내려보내는 것이니, 이게 곧 너희의 구원의 길의 근본이라는 것을 잊지 말라. 그리하여 그와 같은 역사가 다시 이루어졌음을 알라.

나의 은혜를 역으로 갚으니
2,869번째 편지 중에서 (2002년 8월 9일 01시 41분)

나는 너희에게 지극한 사랑이요, 은혜와 영광이요, 은총을 내렸건만, 너희는 그 모두를 다 거역해서 역으로 갚았으니, 너희가 얼마만큼 나 여호와의 마음을 아프게 하였으며 나에게 거역하였는가? 모세의 시대에 너희는 내가 내린 십계명조차 지키지 아니하고 그를 버렸음이니, 오죽하면 나의 모세가 그를 던져 산산조각으로 만드는 광분의 시간이 있었으며 그와 같은 현상이 이루어졌겠는가? 그리고 신약 시대를 돌이켜봐도 또한 너희는 어찌했던가? 나의 뜻을 따르지 아니하고 오로지 지옥 불로만 달려가는 너희를 내가 정녕 사랑하기에, 나의 사랑하는 아들 예수를 보내어 너희를 다시 구원하고자 하였거늘, 그를 그리 가장 힘들고 고통스러운, 누구도 참기 어려운 형국으로 죽여 손과 발에 못을 박아 찢어지는 아픔의 고통을 맛보게 한 것이 너희의 형국이 아니던가?

내가 너희를 사랑하기에 나의 아들을 그리 죽게까지 하면서도 너희에게 사랑하고 나누며 살라 그리하였거늘, 어찌하여 너희는 형제끼리 사랑을 나누지 아니하며 사랑 속에서 살아가지 아니하며, 오로지 형제를 질투하고 시기하며 앞에 가는 자를 넘어뜨리려 하며 너희보다 나은 자를 시기하고 질투하며 나에게 거역하는 그와 같이 사악한 삶을 지금도 살아가고 있는가?

창조주인 나 여호와가 나의 아들을 그리 너희를 위하여 버렸거늘, 그것을 보고도 변하지 못하고 고치지 못하며, 사랑을 베풀고 나누며 살지 못하는 너희를 어느 누가 가르쳐 깨우칠 수 있단 말이던가? 이와 같이 흘러간 너희를 그 누구도 바로잡고 깨우쳐 사랑을 실천하며 하늘에 오르는 길을 이룰 수 있는 역사가 없음이니라.

그리하여 내가 지금 나의 성령을 태워 160권이라는 그 장서를 가지고 너희 자손을, 또 그 자손을 깨우쳐 아름답고 선한 백성으로 만들어 구원을 받을 수 있도록 하고자 이 역사를 이루고 있음이니, 너희는 이 새로운 성경을 읽고 깨우치지 아니하면 정녕 사랑이라는 것을 행할 수도 없으며 실천할 수도 없으며 사랑이 무엇인가도 모르고 살아갈 것이니라.

40 권 하나님 말씀

2,926~2,986 번째 편지

(2002/8/12 0:14~2002/8/16 11:14)

만백성을 상대로 깨우쳐 감이니라
2,934번째 편지 중에서 (2002년 8월 12일 23시 24분)

저희가 만들어 놓은 그 성전에 와야만 구원을 받고 하늘의 빛을 본다 하여 남의 집단이요, 남의 종교요, 남들이 가르치는 것을 듣지 아니하고 보지 않으려 하며 남의 것을 깨우치지 아니하려 하며, 셀 수 없이 많은 종교 집단이 지금 저희만 구원받는 것이라 그리 부르짖고 있느니라.

아무리 큰 종교 집단이 만백성을 구한다 해도 지금 인구의 몇 퍼센트를 구원하며, 지금 이끄는 종교 지도자가 죽었을 때 과연 그 집단은 얼마나 지속될 것이며, 그를 따르는 백성은 얼마나 지속되리라 생각하는가?

나의 아들은 세상의 모든 백성을 상대로 지금 깨우쳐 감이니라.

어찌하여 그 마음 한자리를 잡지 못하는가
2,957번째 편지 중에서 (2002년 8월 14일 09시 02분)

너희가 남의 어려운 것을 덜어 주며 남의 고통을 이해하며 더불어 살아가는 그와 같은 마음을 가졌을 때, 감히 그의 허물을 말할 수 없으며 그의 잘못 감을 말할 수 없는 것이니라. 너희가 진정 만백성을 돕는 천사와 같은 마음이요, 나 여호와의 심성을 갖고 사는 자라면, 그들이 잘못 가며 잘못되어 있음을 탓하고 비방하는 것이 아니라, 그를 고쳐 주며 그의 아픔을 달래 주는 그와 같은 수고로움과 노고의 마음으로 가는 것이 너희가 행하여야 할 길이니라. 그와 같은 마음으로 변했을 때, 이 세상이 아름답게 변하며, 하늘의 천국이 지상에 이루어지는 그와 같은 역사가 이루어질 것이며, 그와 같은 마음을 갖는 자만이 구원의 길에 오를 수 있는 것을, 어찌하여 그 마음 한자리를 잡지 못하는가?

모든 것에서 너희가 살아가는 것을 반대 방향으로 생각하며, 반대 방향으로 살아가며, 그와 같은 형태로 보고 깨우쳐 갈 때, 정녕 하늘의 이치요 하늘의 뜻을 바라보게 될 것이니라.

내가 이르기를, 모든 것을 너희에게 가장 불리한 쪽으로 해석해서 너희 것으로 만들라 했던 것을 잊지 말라. 이 의미를 깊이 해석하면 너희가 살아가는 데 사람으로부터 존경받는 길에 들어서는 것은 아무것도 아니며, 하늘에 오르는 기초가 다져짐을 잊지 말라.

마음먹기에 따라서
2,977번째 편지 중에서 (2002년 8월 15일 21시 58분)

너희가 마음먹기에 따라서 선한 생각을 하는 자는 선한 것만 보이며 악한 것을 생각하는 자는 악한 것만 보이는 그와 같은 것이 너희 인생의 삶이니라. 이는 너희 마음을 스스로 결정하며 너희가 정하는 것이니라.

나의 십계명이요 나의 율법대로 살 수 없다는 자들은 선함을 생각하고 사는 것이 아니요, 악한 것을 생각하고 사는 자들이니, 사탄에게 잠식되어 자신도 모르게 그리 지옥으로 흘러가는 그와 같은 삶을 살아가는 것이 지금의 너희의 형태이니라.

41 권 하나님 말씀

(2002/8/16 16:43~2002/8/21 09:47)

육과 영은 하나
3,022번째 편지 중에서 (2002년 8월 19일 20시 10분)

육의 행함은 관계가 없으며, 오로지 믿음이라는 그 길에만 들어서면 구원을 받는 것이라 하며 예수만 찾는 너희가 얼마나 어리석은 자들이던가? 너희는 육이 힘들고 고달파 지탱하기 힘들 때, 생각하고 판단하는 그 모두도 다 그와 같이 나약해지고 힘들어지며, 너희 육이 병약해지면 너희의 그 모두가 다 병약해짐이니라. 그 하나를 본다 해도 무엇을 알겠는가? 육과 영은 하나이니라. 육은 영혼의 집이요, 영혼을 보호하는 곳이며, 영혼은 육의 보호를 받는 것이니, 이는 똑같은 연장선상에 있음을 잊어서는 아니 될 것이니라.

독생자
3,022번째 편지 중에서 (2002년 8월 19일 20시 10분)

나의 아들 예수를 세상에 내보냈으니, 내가 그를 독생자라 말함은 나는 한 사람을 통해서 모두를 너희에게 깨우쳐 주며 또 한 사람을 통하여 모두를 다 받아들이기 때문이니라. 나의 아들 예수를 통하여 생명수를 내려보내 너희를 구원하고자 하였으나, 너희가 그 독생자를 죽게 하였음이니라. 그리하여 암흑의 2천 년이라는 세월이 흘러 오늘의 나의 아들이 나의 명을 받고 세상에 나가 그를 통하여 내가 성령을 내려보내 너희를 구원하는 새로운 성경을 만들며, 그를 통하여 모두의 기도를 내가 받아들인다 하였음이니라.

진리를 두 사람이 가지고 나가 전할 수 없으며, 나의 뜻을 두 사람, 세 사람이 전함으로 진리가 왜곡되게 전하여지기에, 독생자 한 사람인 나의 아들을 통하여서만 세상에 전할 수 있는 것이니라. 창조주인 나 여호와가 한 시대에 한 사람을 내려보내며, 이 지상을 통제함에 있어서 내가 명한 자식 한 사람을 통하여 통제한다면, 그가 바로 독생자요, 그가 예수를 대신하여 이 세상에 내려가 오늘에 밤낮을 가리지 아니하며 너희를 구원하고자 160권의 대장정의 새로운 성경을 세상에 내려보내니, 이는 곧 나의 성령이요, 내가 지상에 내려가 통제함이니, 이와 같은 이치를 깨달아야 할 것이니라.

모든 종파의 문을 닫는다
3,046번째 편지 중에서 (2002년 8월 21일 08시 37분)

지금 나의 새로운 성경 1부를 백 년씩 하여 천 년에 걸쳐 이룸이니, 제1차로 무엇을 이루던가? 모든 종파가 문을 닫게 됨이니라. 세상의 모든 종파가 문을 닫아야 나의 역사가 이루어짐을 알아야 할 것이며, 내가 그 일부터 지금 시작하고 있음이니라.

미꾸라지라는 것에 소금을 뿌려 음식을 만들고자 할 때, 그들이 얼마나 발광하며 악을 쓰는가? 하나의 미물도 저희를 제거하고자 할 때 그와 같이 악을 씀이니, 지금 모든 나의 피조물 만백성이 몇천 년에 걸쳐서 잘못 배우고 잘못 가르쳐 와 그 타성에 세뇌되어 바위보다 더 단단하게 굳어져 있음이니, 그들이 그 속에 있는 잘못 가르친 그 모두를 다 토해내 깨끗이 변화되지 아니할 때는 이 역사가 이루어질 수 없음이니라. 미꾸라지에게 소금을 넣어 그 속의 것을 다 토해내야 훌륭한 음식이 되는 그 간단한 이치를 깨우쳐 보라.

42권 하나님 말씀

(2002/8/21 11:19~2002/8/25 15:10)

아무것도 모르는 바보, 선지자
3,069번째 편지 중에서 (2002년 8월 22일 20시 42분)

사랑하는 나의 아들아!

"네, 아버지! 말씀하옵소서."

너는 준비된 자이니라. 네가 걸어온 지금까지의 인생 역정은 내가 주관하였음이니, 너는 그것을 괴로워하지 말며 자책하지 말라. 남들처럼 똑똑하지 못하며, 온유하지 못하며, 자상하지 못하며, 근엄하지 못하며, 다듬어지지 않은 너의 성격에 너 자신이 괴로워하지 말라. 똑똑한 자, 잘난 자에게 내가 명하여 세상을 다 지배하고자 하면 그는 제 머리로 제가 했다 생각하며 스스로 제왕과 같이 생각할 것이니 어찌 그를 내세울 수 있겠는가? 지식인을 시키면 그는 지식이 있기에 이 새로운 성경을 쓸 수 있다 그리 말할 것이니 그것을 나 여호와의 성령의 뜻이라고 믿지 아니할 것이니라. 종교 지도자를 내보내 그로 하여금 이 새로운 성경을 쓰게 하면 그는 성서를 공부하여 야당 격으로 공격하는 기질을 가진 자로서, 사탄이요 악마가 되어 저희를 뒤집어엎으려 한다 하여 그들은 더 결속하며 그를 배척할 것이니라.

너는 어찌하는가? 누가 너에게 물을 때 너는 말할 수 있느니라. '나는 성서라는 것을 읽어 본 적도 없으며, 종교 집단에 가 본 적도 없으며, 나는 아무것도 모르는 무지렁이요, 바보요. 그러나 하나님이라는 분이 나에게 명하여 쓰라고 해서 썼을 뿐이요. 그리고 나의 능력으로는 소설 한 권도 쓸 수 없으며 시 한 편도 쓸 수 없는 자로, 내가 이것을 기록하는 것은 내 뜻이 아니고 나에게 지시하신 하나님 그분의 뜻이요, 그분의 역사하심으로 이리 이루어졌습니다.' 그리 말할 때, 그들은 너를 심판하며 너의 죄를 물으며 너를 핍박하는 것을 감히 두려워함이니라.

백발이 되었을 때 경지에 오름이니
3,090번째 편지 중에서 (2002년 8월 24일 0시 28분)

내가 너를 완벽한 예수와 같은 사람으로 세상에 만들어 놓았을 때, 나의 피조물 만백성이요, 너의 제자들이 삶 속에서 그 혼탁하고 어렵고 힘든 고난의 세월 속에 어찌 서서히 변해 가는지 그들의 고통과 시련을 네가 알 수 없음이니라. 내가 그리하여 너를 처음서부터, 걸음마서부터 살아가 변해 가도록 하였으며, 나의 피조물 만백성이 너를 따라 어찌 변할 수 있는 것인가 네 마음의 훈련을 쌓게 함이니라. 그와 같은 훈련 속에서 너 스스로 인간의 탈을 벗고 하늘에 오르는 천사의 형태로 변화되는 과정을 네가 먼저 겪고 너의 제자들을 그리 이끌어 가도록 하고자 함이니라.

그와 같은 나의 이치를 모르고, 너희는 그저 당장 나의 아들이 완벽한 예수와 같은 삶으로 서 주기를 바라나, 내가 그리하여 너희에게 말하였느니라, 나의 아들의 머리카락이 백발이 되었을 때 그가 경지에 오를 수 있다는 것을. 이와 같이 나의 아들이 훈련하는 과정을 모르고 하루아침에 천사의 마음이요, 예수와 같은 삶으로 변하기를 바라는 것은 너희의 욕심이며 너희 생각임을 알라.

43권 하나님 말씀

(2002/8/25 15:18~2002/8/29 16:52)

3,117~3,183번째 편지

분쟁을 일삼는 종교 집단
3,129번째 편지 중에서 (2002년 8월 26일 0시 58분)

내가 너희에게 분쟁하지 말며 분열하지 말라 그리 가르쳤거늘, 나의 뜻을 거역하는 분쟁의 원천이 지금의 종교 집단들이며, 분쟁의 근본으로 이루어지고 있음이니, 지금 종파가 수없이 많은 갈래로 갈라져서 서로 분쟁하는 것이 어떠한 형국이라 생각하는가? 나의 뜻을 거역함이요, 그리하여 분쟁하는 종교 집단은 다 사탄이 되어 있음이니라. 종교 집단보다 더 분쟁이 심한 집단이 없으며, 그들보다 더 분쟁 속에 서로 헐뜯고 물고 늘어지는 집단이 없으며, 이 세상에 어떠한 집단도 작든 크든 집단의 소속으로 이루어지는 자들이 그와 같은 행위를 하는 자가 없음이니라.

종교 지도자는 신도들이 단죄할 수 없다
3,146번째 편지 중에서 (2002년 8월 27일 07시 22분)

완전히 경지에 오른 자로서 신의 경지에 오른 종교 지도자를 그 신도들이 감히 평가할 수 없음이니, 그는 단점이요, 나쁜 점이요, 남에게 해가 되는 점이요, 유리로 비추어 보아서 한 점의 잘못된 점이 없기 때문이니라.

유리로 비추어 한 점의 부끄러움이 있으며 추한 모습이 있는 자는 인간의 세상에서 벗어나지 못하였기 때문에 인간인 너희 신도들에게 당연히 심판을 받아야 하며 단죄를 받아야 하는 것이니라.

도둑질하는 종교 지도자요, 간음하는 종교 지도자요, 사기 치는 종교 지도자요, 더럽고 추한 짓으로 온갖 만행을 저지르는 자를 어찌 심판할 수 없다고 말하는가? 그들을 단죄하는 것이 신도 너희의 몫이니라. 그는 경지에 오르지 못한 자요, 인간의 형태로 살아가기 때문에 바로 너희가 그들을 단죄해야 하느니라.

불의 칼로 심판함이니
3,168번째 편지 중에서 (2002년 8월 29일 0시 02분)

너희는 감히 쓰러지지 않을 것이며, 너희의 그 방대한 조직이 지구가 존재할 때까지 영원히 늘어날 것이며, 모두를 지금과 같이 지배할 것이라 그리 생각하나, 이제는 너희의 그 방대한 믿음의 조직이요, 종교 집단이라 하여도 그것이 서서히 무너지는 역사가 이루어짐을 알아야 할 것이니라.

내가 불의 칼로써 너희를 멸망케 한다는 그와 같은 내용이 성서에 기록되어 있음을 너희는 깨우쳐야 할 것이니라. 새로운 시대가 열리며, 새로이 선택된 그 민족이 지금까지 온 너희의 믿음의 조직을 불의 칼로써 심판함이니, 이와 같은 것이 나의 뜻임을 알아야 할 것이니라.

너희가 그곳에서 멸망치 아니하고 존재하고 살아가고자 한다면, 내가 다시 여는 제3의 시대에 새로운 지상의 낙원을 이루는 이 길에 모두 동참하여 전심전력을 다하여 깨우치는 자만이 구원을 받을 수 있다는 것을 알아야 할 것이니라.

44권 하나님 말씀

3,184~3,246번째 편지

(2002/8/29 17:00~2002/9/3 11:48)

천사를 길러내는 자, 종교 지도자
3,192번째 편지 중에서 (2002년 8월 30일 09시 45분)

5 하늘에 오르는 자는 천사와 같이 되어야 하며, 나의 심성을 닮지 않은 자는 천국의 문에 들어설 수 없다 말하였음이니라. 그리하여 내가 이르기를, 유리로 비추어 봐서 한 점의 부끄러움이 있는 자는 종교 지도자로 설 수가 없다 하였음이니라. 그 이유는 천사를 길러내는 자는 천사가 아니면 기를 수가 없기 때문이니라.

잘못 가르치는 자들에게만 종말이 있으니
3,211번째 편지 중에서 (2002년 8월 31일 14시 49분)

내가 종말이 없다 함은, 영원히 나의 천사요 나의 심성으로 살아가는 자, 나의 새로운 성경이요 십계명을 지키고 살아가는 백성, 새로운 시대에 살아가는 씨앗을 뿌리기 위한 그들에게 종말이 없는 것이지, 잘못 가는 너희에게 종말이 없음은 아니니라.

지금 내가 나의 성령의 칼을 뽑아 너희를 단죄하고 있음이니, 내가 그리하여 긴 세월 동안 너희의 그 후손이 뿌리를 내리지 못하도록 너희의 뿌리를 완전히 뽑아 버리고자 하는 그와 같은 역사가 이루어짐이니, 너희에게는 종말이 있음이니라.

잘못 가르치는 자, 너희에게는 종말이 있으나, 나의 뜻에 따라 십계명에 따라 순종하며 나의 뜻을 거역하지 아니하며 나의 새로운 성경을 읽고 깨우쳐 그대로 행하는 자, 그들에게는 종말이 없음이니, 그들은 새로운 시대요, 하늘에서 이룬 것 같이 지상에서 이루는 그 낙원의 세상에서 살아갈 자들이니라. 그리하여 이와 같은 역사를 천 년에 걸쳐서 내가 세상의 변화를 이루고자 함이니, 너희는 나의 이 깊은 뜻을 알아야 할 것이니라.

세상의 공통어
3,244번째 편지 중에서 (2002년 9월 3일 08시 48분)

이 동양의 언어로써 내가 160권의 새로운 성경을 세상에 내려보내니, 1부를 16권씩 묶어 3부인 48권까지는 각국의 언어로 내보내 그들이 이를 읽어 기초를 깨닫게 하며, 4부부터는 동양의 너희 나라의 글과 문자로써만 세상에 이를 전하게 됨이니, 그리하여 세상의 공통어가 된다는 이와 같은 것을 세상 각국에 알려야 할 것이며, 동양의 백성에게 이와 같은 기적을 깨우쳐 주어야 할 것이니라.

내가 나의 새로운 성경 한 권이 무어라 말하였느냐? 하늘에서 쏟아지는 소낙비 속에 하나의 황금 물방울을 내가 내려보낼 때, 그걸 너희 손으로 받을 수 있는 그 영광보다도 더 위대한 것이 나의 새로운 성경 한 권을 읽는 것이라 하였느니라. 그리고 하늘을 두루마리 삼아 쓰고 또 써도 다 못 쓴다는 그 나의 성령이 지금 내려가기 시작함이니, 네가 죽을 때까지 나의 성령을 받아 만백성에게 하늘에 오르는 길을 인도할 것이니, 오로지 책으로 전해지는 것은 160권이요, 나머지는 지도자의 가르치는 교본으로 기록되어 남을 것이라는 것을 이제 동양의 작은 나라의 백성에게 전하여, 이 역사에 동참하고자 하는 자들에게 문호를 개방하라.

45권 하나님 말씀

(2002/9/3 18:22~2002/9/8 15:57)

성서를 집약한 것이 십계명

3,254번째 편지 중에서 (2002년 9월 4일 0시 58분)

성서 속에서 누가 무엇을 행했으며 누가 어찌하였다는 그 역사의 족보를 암송하고 따지는 것이 성서를 보는 것이 아니니라. 성서에서 너희가 가장 지키기 어렵고 힘든 그 내용을 발췌하여 소책자로 만들어 너희가 그걸 읽고 또 읽어 거기에서 깨우침의 길을 가면 곧 너희는 십계명을 지키지 아니할 수 없으며, 그 모두는 십계명에 의해서 나간 것이라는 것을 알게 될 것이니라. 그리하여 십계명이 구약과 신약을 축소한 것이며, 너희의 영혼의 양식이며, 구원을 받는 것이라는 것을 알게 될 것이니라.

알면서 속아주는 것

3,268번째 편지 중에서 (2002년 9월 5일 04시 56분)

깨달음의 경지가 높은 자는 세상의 이치를 다 아는 것이거늘, 알면서 속는 것은 속는 것이 아니니라. 모든 내용을 다 알고 있으면서 속아 주는 것은 양보요, 미덕이고 사랑이니라. 모르고 속는 것이 억울한 것이며 모르고 속는 것이 속는 것이지, 알면서 속아 주는 것은 속는 것이 아니지 않은가? 너희는 그와 같은 삶을 살라. 그리 살지 아니하면 천사가 될 수 없음이니라. 이 말세에 그들을 정화시킬 수 없음이니라.

동양의 선택된 민족
3,306번째 편지 중에서 (2002년 9월 8일 09시 46분)

이제 동양의 작은 나라의 백성은 들어라. 너희가 지금까지 믿어 왔던 그 종파들은 국부적이며 소수이니, 그 모두를 다 접어두라.

천 년의 역사를 이루어 천 년이 지난 다음에 영원히 만백성의 근원이 되는 것이 너희 민족으로부터 시작됨이니라. 너희는 나로부터 선택된 백성이며 오래전부터 준비된 백성임을 알라.

너희가 하나가 되어 나의 새로운 성경을 너희 것으로 만들어 만백성을 깨우치는 전사로서 만백성을 구해야 할 것이니, 지금 너희 손에 쥐고 있는 작고 큰 모든 종파의 그 끈을 놓으라. 그리고 나의 새로운 성경을 읽고 깨우치라. 너희가 죽고 살며 하늘에 오르는 그 모든 뜻이 다 여기에 있고 하늘의 뜻이 여기에 있으며 내가 추구하는 것이 여기에 다 있음이니, 그 외에 무엇이 있다 말하는가?

너희가 하나가 되어 노도와 같이 일어서지 아니하면 아니 됨이니라. 이는 노아의 방주보다도 더 위대한 역사이며, 모세가 그 백성을 끌고 나온 것보다 더 위대한 역사이며, 예수가 죽음으로써 백성을 구하려 했던 그것보다도 더 위대한 역사임을 알라. 이는 곧 내가 직접 지배하며 직접 통제하며 나의 뜻을 세상에 전하는 마지막 시대이기 때문에 얼마나 소중하고 위대하며 귀한 것인가를 알아, 힘을 하나로 합쳐 나의 새로운 성경을 온 세상에 전하는 자부심과 긍지를 가지라. 너희 언어로써 세상의 공통어가 되며, 너희가 뿌리가 되어 만백성을 하늘로 인도하는 세계의 백성이니라. 온 인류의 선택된 백성이며, 너희들로부터 뿌리가 내려감을 잊지 말라.

46 권 하나님 말씀

3,313~3,383 번째 편지

(2002/9/8 22:41~2002/9/17 01:00)

가정파탄범
3,314번째 편지 중에서 (2002년 9월 9일 0시 08분)

주일이라는 그 안식일을 지키는 것보다도, 의식주를 해결하여 가정이 화목하며 한 가정이 알뜰히 살아갈 수 있는 그와 같은 역사를 이루며 가정을 다스리는 것이 너희의 근본의 해야 할 일이니라. 그것부터 먼저 해결하여, 그 속에서 남에게 부대끼지 않으며 남에게 시시비비를 받지 않는 삶을 살아가는 자가 진정 나에게 기도를 드릴 자격이 있으며, 마음이 하나가 될 수 있다 말하였느니라.

그러나 너희는 재물을 많이 쌓아 놓으면 구원을 받는다 하여 있는 것 없는 것을 다 정리하여 갖다 바치고 길거리에 나앉으며 가정이 파탄이 나고 부부지간에 갈라서며 자식과 이별하는 그와 같은 행위를 하는 자가 구원을 받는다 생각하는가? 그는 제 재물을 잘못 썼으며, 내가 화목하게 살라고 맺어 준 그 가정을 파괴한 원죄를 지었으니 그의 고통은 이루 말할 수 없을 것이니라. 그는 육에서도 고통을 받을 것이며, 육의 세상에서 평생 후회하며 살다가, 남들이 구원을 받아 천국의 문을 갈 때 저는 지옥으로 가 그 죄의 대가를 받는 그와 같은 자임을 알라. 그들을 그리 유도하고 그리 인도하는 자, 그들을 유혹하여 그와 같이 파탄에 이르게 하는 자, 제가 편하고 제가 이룬 성전을 아름답게 가꾸고자 하여 저희 신도라 하는 그 백성의 삶을 바라보지 않는 그 사악한 자들이 정녕 하늘에 오르는 지도자라 말하는가? 그들은 나와는 아무런 관계도 없음이니라.

5달란트로 10달란트를 만드는 종
3,349번째 편지 중에서 (2002년 9월 11일 09시 18분)

의식주가 해결되며 편안히 살아갈 수 있는 가정 형편이 이루어졌을 때, 나의 피조물 만백성은 험악한 자 없으며, 오늘과 같이 사악한 자들이 없을 것이니라.

그리하여 나의 피조물 만백성을 온유하고 착한 마음으로 만들기 위하여, 성전에 와서 기도하고 경배하며 눈물을 흘리며 모든 재물을 바치는 그 백성에게 의식주를 해결해 주며 안정된 생활 속에서 편안히 살아갈 수 있도록 사업장을 만들어 주는 것이 종교 지도자 너희가 해야 할 일이니라.

일찍이 성서에 기록하여 5달란트를 가지고 10달란트를 만든 종을 주인이 칭찬하듯이, 5달란트로 10달란트를 만들 수 있는 실력이 있는 신도에게 그 기회를 주어 그들이 편안하게 살아갈 수 있도록 의식주를 해결해 주는 것이 종교 지도자의 근본이니라.

성전을 궁궐보다 더 아름답게 지어 놓고 호의호식하며 누리는 그 기금을 가지고, 너희 성전에 와서 공부하며 하늘에 오르는 길을 깨우치고자 했던 백성에게 의식주를 해결할 수 있는 사업장을 하나씩 만들어 주었더라면, 그 백성은 나 여호와로부터 은혜를 받음에 감사하며, 너희가 베푸는 사랑에 감사하며, 하나님의 사랑이요 하나님의 뜻이 이렇다 하여 온유한 백성으로 변하여 지금 그 백성이 세상을 덮었을 것이니라.

47 권 하나님 말씀

3,384~3,463번째 편지

(2002/9/17 01:06~2002/920/18 25:)

육은 영혼을 구원하기 위한 수행의 장
3,416번째 편지 중에서 (2002년 9월 18일 16시 37분)

육의 삶은 무엇이던가? 너희 영혼을 위한 수행의 장임을 알아야 할 것이니라. 영혼을 구원하기 위한 육의 수행의 장을 지금 너희가 살아가고 있음을 인식해야 할 것이니라. 거기에서 바로 사는 자만이 구원을 받을 수 있다는 것을 잊어서는 아니 될 것이니라.

지금의 종교 지도자들이 무어라 말하느냐? 육의 행함은 아무것도 아니요, 영적인 믿음으로써 구원을 받는 것이라 말하니, 그리 말하는 자는 재물을 거두어들이는 행위를 하지 말아야 할 것이니라. 그것은 바로 육에서 바치는 재물이며, 육으로부터 거두어들이는 것이니, 너희가 믿음의 길이요 나의 뜻과 나의 성령의 가르침을 그대로 전하는 그와 같은 형국으로 변화하지 아니한다면 너희는 하나의 입으로 두 말을 하는 이중적인 간교한 자들이 됨을 알라.

너희는 여기서 알아라. 육의 형체가 존재하는 것은 너희의 영혼을 구원하기 위한 수행의 장이기 때문에, 내가 내린 십계명을 지키며 그 속에서 깨달음을 얻어 육과 영혼이 더불어 바로 살 때, 너희가 구원을 받는다는 것을 잊지 말라.

십자가의 우상
3,456번째 편지 중에서 (2002년 9월 21일 11시 12분)

'우상을 섬기지 말라.' 하였음이니라. 우상이 무엇이더냐? 형체나 어떤 모형을 만들어 놓고 그곳에다 절을 하고 소원을 빌며 기도한다면 그것이 바로 우상이 아니고 무엇이더냐?

　여호와 나를 경배하며 나의 아들 예수의 보혈로써 구원을 받았다 하여 너희 손으로 지은 그 성전에 가서 기도하고 경배하는 너희는, 머리를 깎고 불도에 전념하는 불자들이 만들어 놓은 것은 우상이라 말하고, 무당이나 잡신을 섬기는 자들이나 점술가들이 만들어 놓고 형태를 그려 놓은 것은 다 우상이라 말하면서, 너희가 만든 것은 우상이 아니고 우상을 숭배하는 것이 아니라고 그리 착각하니, 어찌 그리하고도 너희의 그 입으로 나 여호와를 공의의 하나님이라 하며 나 여호와의 이름을 감히 찾을 수 있는가?

　도둑이 들끓고 사람의 생명을 중요시하지 않는 이와 같은 말세의 사악한 시대를 누가 만들었다 말할 수 있느냐? 소수의 집단이 이 세상을 이렇게 사악하게 만들 수 있겠는가? 가장 큰 집단이요, 가장 큰 재물이요, 가장 큰 능력이요, 모두를 겸비한 자들이 이 세상을 지금 종말의 시대요 사악한 말세로 만들어 놓지 아니하였는가?

　너희가 나의 뜻에 따라, 십계명에 따라 살아가지 아니하고, 어떠한 형태든지 다른 모형을 깎아 놓고 그곳에 절하며 그곳에 경배하며 그를 숭배한다는 것은 바로 우상을 섬기는 것이 아니던? 비록 나의 아들이 고통스럽게 죽어 간 십자가라 할지라도 그와 같은 형틀을 깎아 놓고 만들어 그 앞에서 경배하고 축복을 빈다면 너희는 우상을 섬기는 것이니 그리 알라.

48권 하나님 말씀

3,464~3,541 번째 편지

(2002/9/21 18:31:~2002/9/28 09:11)

추수의 시대
3,517번째 편지 중에서 (2002년 9월 25일 15시 03분)

너희가 하나의 곡식을 가꾸되 봄에 농부가 씨앗을 뿌리니, 그 씨앗이 싹이 트도록 잘 관리하여 무성한 여름을 지나게 되느니라. 그와 같은 무성한 여름이 지나 가을이 되어 그 곡식이 익음이니, 그 익은 곡식을 거둬들이는 것이 '추수'라 말하지 아니하는가?

바로 나 여호와가 추수하는 시대가 지금 이 시점임을 알아야 할 것이니라. 그 곡식을 추수하여 알곡식과 쭉정이를 선별하고자 하여 나의 새로운 성경을 세상에 내려보내 그를 추림이니, 이를 읽고 깨우치는 자는 알곡식으로서 나에게 쓰임을 받을 것이며, 그렇지 못하는 자는 쭉정이로 날라감이니라.

이제 내가 알곡식을 골라 나의 창고에 그득히 쌓아 놓고자 함이니라. 그는 왜 그렇던가? 그득히 쌓아 놓음으로써 봄에 다시 새싹이 되어 많은 백성을 더 많이 구할 수 있도록 오늘의 너희를 거둬들임이요, 깨우침으로 인하여 만백성이 또한 변화될 수 있는 그와 같은 역사를 다시 반복하여 이루고자 하는 것이 나의 뜻이니라.

민심은 하늘의 뜻
3,510번째 편지 중에서 (2002년 9월 25일 13시 28분)

'민심은 하늘의 뜻'이라는 말이 있듯이, 나의 새로운 성경이 세상에 전해져 나의 피조물 만백성 한 사람, 두 사람이 나의 새로운 성경을 읽고 깨우칠 때, 그들의 민심은 어찌 되겠는가? 그들의 마음은 하늘의 뜻을 따라 행할 것이며 그 역사가 이루어질 것이니라. 그리하여 그를 대비하여 그 백성을 이끌어 가는 지도자요, 왕을 또한 내가 준비시키고 있으며 준비되어 있음이니라. 지금 나의 아들을 통하여 나의 새로운 성경이요 나의 뜻을 세상에 다시 전함이니, 잘못된 기존 세력들이 이를 꺾고자 핍박함이 하늘을 찌를 것이며, 그를 겪고 가는 나의 아들의 고통은 차마 눈으로 볼 수 없는 시련과 어려운 한고비를 넘기며 가야 하는 것이 그의 운명이니, 너희는 여기서 각자 맡은 임무를 충실히 하는 제자로서 굳건히 설 때, 그와 같은 자들이 나의 아들을 핍박하지 못함을 알아야 할 것이니라.

책으로 근거하는 역사
3,510번째 편지 중에서 (2002년 9월 25일 13시 28분)

말로써 전하는 것은 시간이 지나면 그 말이 퇴색되며, 자기 생각대로 전할 수 있으며, 제가 오판하여 전할 수 있으며, 제 기분대로 그를 전할 수 있음이니라. 그러나 나의 새로운 성경으로, 책으로 만들어 글로 전하는 것은, 이것을 기록하여 받아 쓴 나의 아들도 제 마음대로 고칠 수가 없으며, 너희가 임의로 그것을 가르치는 것 같이 하여 그 교훈을 바꿀 수도 없으니, 이와 같이 불변인 것이 바로 나의 새로운 성경임을 알아야 할 것이니라. 그리하여 책으로써 증거하고 근거하는 자가 나의 아들이요, 나로부터 선택된, 만백성을 구하는 지도자요, 목자라는 것을 너희는 알아야 할 것이며, 이를 너희 스스로 엄격히 구분하여 깨우쳐 가는 역사를 이루도록 그리하라.

4부

1999년 7월
새로운 왕이 세상에 내려온다

4

1999년 7월이라는 그 시점서부터
새로운 왕이 세상에 내려온다 하였음이니,
그 왕이란 바로 무엇이더냐?
너희를 가르치고 통제하는 나의 말씀이요,
나의 성령이 세상에 내려가는 것을
예언한 것이니라.

3,986번째 편지 중에서
(2002년 11월 20일 06시 48분)

49권 하나님 말씀

(2002/9/28 09:27~2002/10/7 07:09)

약속이란 지키기 위한 것
3,551번째 편지 중에서 (2002년 9월 29일 06시 22분)

내가 나의 성령을 너에게 내려보냄이니, 내가 나의 아들 예수에게 내리며 그 시대에 역사한 것과 지금의 역사하는 것이 같다 하는 증거는 무엇으로 말할 수 있는가? 나의 아들 네가 예수와 같은 삶을 사는 그 길밖에 없음이니라. 너희가 나의 새로운 성경을 읽어 보면, 정녕 나의 성령이 아니면 이와 같이 일관성 있는 깨우침을 전할 수 없음을 알게 될 것이며, 또한 나의 아들이라 하여 선택된 자의 변하는 그 모습 속에서 알게 될 것이니라.

사랑하는 나의 아들아!

"네, 아버님! 말씀하옵소서."

네가 오늘 너의 제자들 앞에서 말하였느니라. '약속이란 지키기 위한 것'이라는 그 말 한마디가 천금과도 바꿀 수 없는 소중한 너의 깨우침이요, 네 마음의 변화의 역사이니, 내가 오늘 너에게 그 아름다운 왕관을 내리는 것을 너는 본 것이니라.

망각과 반복
3,565번째 편지 중에서 (2002년 10월 2일 06시 21분)

너희 인간의 기억은 지워지며, 망각이라는 그 속에서 살아가게 됨이니라. 그리하여 너희는 반복 교육이요, 반복 훈련이 필요한 것이니라. 반복하고 또 반복하는 속에서 다스려짐이 있으며, 너희가 다져지고 훈련되어 감을 알아야 할 것이니라.

너희의 깨달음에 따라서 나의 뜻은 다름이니라. 너희가 지금 나의 새로운 성경 열여섯 권을 읽으나, 경지가 높아져서 깨달음이 높은 상태에서 열여섯 권을 읽을 때 그 속에서 또 얻어짐이 있으며 신비함이 있으며, 그리하여 너희가 더 경지에 올라 그를 읽을 때 또 깨달음이 달라지는 것이 나의 성령이요, 나의 새로운 성경이요, 나의 뜻이니라. 그리하여 그곳에는 많은 뜻을 가지고 있으며, 그를 다 너희가 깨우치고 보았을 때 그만큼 높이 와 있음을 아는 것이니 그리 알라.

물리적 기적의 한계
3,576번째 편지 중에서 (2002년 10월 3일 15시 05분)

지금 예수의 시대와 같은 기적의 역사를 이룬다면 당장은 많은 사람이 우후죽순으로 모여들지 모르나, 그곳에는 사악한 자, 사탄과 같은 자들이 앞다투어 앞자리를 차지할 것이며, 그리하여 그와 같은 역사를 이루다가 나의 아들이 명을 다하여 나에게 왔을 때, 너희 후손들은 그저 환상의 세계를 보는 듯할 것이니, 그걸로는 그들을 깨우치며 바로잡는 그와 같은 역사를 이룰 수 없음이니라.

어떠한 기적도 백 년의 세월을 이룰 수 없으니, 지금 내가 책으로 만백성이 길이길이 보고 배우고 깨우칠 수 있도록 천 년의 세월을 지탱하는 역사를 이루고자 함이니라. 나의 백성이 구원의 길이 무엇인가를 알아 천 년 후에는 이 세상에 나의 아들딸들만이 존재하며, 악의 뿌리를 다 뽑아내며 선한 자들만이 살아갈 것이니, 그때 처음에 이루었던 지상의 낙원의 역사가 다시 이루어짐을 알라.

50 권 하나님 말씀

3,609~3,679 번째 편지

(2002/10/7 07:22~2002/10/15 17:56)

새 술은 새 부대에
3,640번째 편지 중에서 (2002년 10월 11일 06시 48분)

너희가 지금까지 믿어 왔던 믿음의 모든 바탕을 다 지우지 아니한다면 너희는 나의 새로운 성경을 정녕 바로 받아들일 수 없으며 깨달음을 얻을 수 없다 하였음이니라. 내가 성서에도 너희에게 말하여 전하였으니, '새 술은 새 부대에 담으라.' 하지 않았던가?

그러하니라. 너희가 지난날의 잘못된 가르침의 뿌리를 가슴에 둔다면 새로운 나의 뜻을 다 받아들일 수 없음이라. 지금까지 너희가 가지고 있던 믿음의 상식이요, 믿어 왔던 길이요, 너희가 공부했던 방법과 그 모두를 우선 너희 머릿속에서 지워야 할 것이니, 그를 지우지 아니하는 자는 그 생각에 항시 잠식되어 있으며 그게 너희 머릿속에 뿌리를 내리고 있음이니, 그리하여 나의 새로운 성경을 너희가 잘못 보게 되며, 나의 아들을 잘못 보게 되며, 나 여호와를 잘못 인식하게 됨이며, 잘못 깨닫게 됨이니라.

이제는 너의 제자들에게 그것을 먼저 씻어 버리는 훈련을 하도록 그리하라. 그리하지 아니하면 너희가 힘들고 어려울 때 지난날의 믿음을 생각하며, 너희가 깨달았던 그 믿음에 견주어 오늘의 너희가 가는 어렵고 힘든 고비를 넘길 수가 없기 때문이니라.

욕심이 그득한 하나님이 아니니
3,673번째 편지 중에서 (2002년 10월 14일 07시 25분)

 내가 너희에게 완벽한 나의 아들딸이 되라 함이니, 너희에게 그와 같이 변하라 말하는 나 여호와의 마음 또한 아픔을 너희는 알아야 할 것이니라.

 너희 마음속에 선과 악의 두 마음이 있음이니, 너희가 선으로 모두를 다스리고자 많은 날을 노력하고 고생하여 깨달음으로써 너희 마음속에 악이라는 것이 거의 다 뽑아지며 선이 충만되어 있다 하여도, 유사시에 불쑥 튀어나오는 그 악의 힘은 용수철보다 더 무서운 괴력으로 튕겨 나옴이니, 너희가 몇 년 동안 쌓아 온 그 노력이 하루아침에 무너지는 것은 아무것도 아님이니라. 그리하여 너희가 완벽하게 그 악의 잔재를 뽑아야 한다는 것을 내가 너희에게 깨우쳐 줌이니라. 그리하여 너희가 나에게 욕심이 있는 하나님이요, 욕심이 그득한 하나님이라 그리 말하는 것이 아니던가?

 완벽히 가라 함이지, 내가 너희에게 욕심이 있는 창조주요, 너희 어버이가 아님을 알아야 할 것이니라. 너희는 완벽한 깨달음이 있어야만 하기에 너희의 흔들리는 마음을 잡고자 내가 160권의 대장서의 새로운 성경을 내려보냄이니라.

 단 한 권을 읽고 마음을 비웠을 때 그 모두를 다 깨우칠 수 있으나, 너희 마음이 비워지지 아니하고 다스려지지 아니하였기에, 한 권, 두 권, 160권을 읽어 가는 그 속에서 변해 가는 역사를 이루게 하고자 하는 것이 나의 애절한 뜻임을 너희는 알아야 할 것이니라.

3,680~3,760번째 편지

51권 하나님 말씀
(2002/10/15 18:01~2002/10/23 12:33)

눈이 실족하게 하거든 뽑아 버리라
3,708번째 편지 중에서 (2002년 10월 18일 21시 16분)

내가 일찍이 성서에 그리 기록하여 너희에게 깨우쳐 주었음이니, 너희가 눈으로 죄지은 것을 보면 그 눈을 뽑는 것이 차라리 나으며, 팔이 죄를 지으면 그 팔을 자르는 것이 차라리 낫다 그리 가르쳤음이니라. 나 여호와의 뜻은 무엇이더냐? 어떠한 형태든지 죄를 짓지 말라 함이니라. 너희가 죄를 짓고자 할 때, 과연 팔다리를 자른다 해도 죄를 짓겠느냐? 팔다리를 잘라서라도 죄를 짓지 않는 것이 구원을 받는 길이며, 그 잘라진 상태로 구원을 받는 것이 영광이라 함이니라. 나의 백성 너희는 어떠한 죄를 지어서도 안 되며, 죄를 지으면 하늘에 오를 수 없음이니, 팔을 자르고 눈을 뽑아 내더라도 죄를 짓지 말라 하는 무서운 가르침이 거기에 있음을 깨우치라.

성서에 통달하는 지혜
3,722번째 편지 중에서 (2002년 10월 19일 23시 24분)

믿음의 종파에 젖어 있어, 너희가 말하는 찔러도 바늘 하나 들어갈 수 없이 굳어져 있는 그들을 녹이고 쓰러뜨릴 수 있는 것은 성서를 갖고 대화하고 따져야 함이니, 그들은 성서를 가지고 갑론을박을 하기 때문이니라. 그 성서의 진정한 뜻을 알아 저희보다 몇 단계 깨달음이 높다 할 때 그들은 스스로 무릎을 꿇을 것이니, 나의 새로운 성경을 읽고 또 읽으라. 그리하여 너희가 나의 새로운 성경에 통달할 때, 성서에 통달하는 지혜를 내가 너희에게 줄 것이니라.

언약의 증표
3,741번째 편지 중에서 (2002년 10월 22일 0시 56분)

　나의 아들 예수의 보혈로써 너희 죄를 다 사하였다 함은 너희가 잘못 깨달음이요, 나의 뜻을 알지 못함이니라. 나의 아들 예수가 죽음으로써, 그 보혈로써 너희 죄를 용서해 줌이 아니요, 나의 아들이 만백성을 구하기 위하여 너희에게 한 언약의 피요, 맹세의 피임을 알아야 할 것이니라.

　나의 아들은 너희가 나의 십계명대로 살아 구원을 받으라 하여 그 언약의 피로써 너희에게 모두를 바쳐 그와 같이 왔거늘, 너희가 내가 정녕 지키라 한 그 언약은 지키지 아니하였기에, 내가 지금 제3의 시대에 그 언약을 다시 명하여 나의 피조물 만백성 중에 이를 지키는 자만을 구원할 것이며 지키지 아니한 자는 버리는 이와 같은 심판의 시대를 열어 천 년에 걸쳐 이루고 있음을 알아야 할 것이며, 지금의 너희가 얼마나 무서운 심판대에 서 있는가를 알라.

　창조주인 나 여호와가 너희에게 언약함이니라.

　나의 새로운 성경을 읽고 지키는 자만이 심판대에 설 수 있으며, 심판을 받으며, 그곳에서 구원의 길을 받고 못 받는 것은 나의 주관하에 있다는 것을 알라. 이제 내가 너희에게 언약을 다시 함이니, 이 언약을 지키는 자만이 구원을 받을 수 있다는 것을 깊이 깨우치라. 나의 성령을 통하여 내가 '하늘에 오르는 길'이요, 이 새로운 성경을 글로 써 내려보내는 것이 너희에게 내리는 언약의 증표임을 그리 알라. 이게 언약의 증서임을 너희는 알아야 할 것이니라.

52 권 하나님 말씀

(2002/10/23 21:30~2002/11/2 09:34)

부자가 천국에 가는 것
3,781번째 편지 중에서 (2002년 10월 26일 22시 53분)

부자가 천국에 오르는 것은 낙타가 바늘구멍을 통과하는 것보다 더 어렵다 말함이니, 재물을 남에게 나누어 주며 가난한 자를 위해 쓸 수 있는 자에게는 그와 같은 것이 해당되지 아니하며, 그들은 나 여호와 창조주의 권능에 의하여 그리 통과할 수 있는 자이니라. 베풀지 아니하며 오로지 제 육신의 편안함을 위하여 쓰고 관리하는 자, 나눔을 가지지 못하며 사랑을 베풀지 못하는 그와 같은 가진 자가 구원의 길을 올 수 없다 함을 너희는 알아야 할 것이니라.

성서에 재물을 가진 자가 나의 아들 예수를 따른다 하니, '네가 정녕 나를 따르고자 한다면 그 재물을 가난한 자에게 다 나누어 주고 나를 따르라.' 예수가 그리 말했듯이, 그것이 바로 믿음의 길을 가는 사람의 자세요, 마음가짐임을 알아야 할 것이니라.

지금의 믿음의 종파요 종교 집단들이 어찌 가르치는가? 남몰래 어려운 자에게 나누어 주고 구원해 주면 가진 자가 천국에 올 수 있으며 구원받을 수 있는 것을, 가난한 자에게 나누어 주라 그리 가르치지 아니하고 그저 저희 성전에 바치는 자만이 구원을 받는다 그리 가르치고 있으니, 그것이 나와는 아무런 관계도 없는 것이니라.

그림자와 같은 인생
3,786번째 편지 중에서 (2002년 10월 27일 07시 34분)

마음을 비우고 눈을 감고, 너희가 각자 네 인생이요 삶을 생각할 때, 너 스스로 비워진 그 상태에서는 네가 그림자와 같은 인생이라는 것을 느낄 것이며, 너 스스로 육이 존재하지 아니하며 육을 벗어나 영혼이 존재함을 알며 영혼의 세상을 볼 수 있음이니, 그때 그림자요, 구름 위에 떠 있는 너 자신을 알게 될 것이니라.

정녕 지금 불안하거든
3,799번째 편지 중에서 (2002년 10월 28일 21시 38분)

너희는 정녕 지금 불안한 마음이 있거든 그 마음을 털어 버리고 계명대로 살아가는 그와 같은 삶을 너 혼자 살아가라. 혼자 계명대로 지키고 깨우쳐 그리 행하며 살아가려고 노력하는 자, 구원의 빛을 볼 수 있음을 알라.

누가 오른뺨을 때리거든 왼뺨을 내놓으라
3,815번째 편지 중에서 (2002년 10월 27일 07시 14분)

성서에 '오른뺨을 때리면 왼뺨을 내놓으라' 하는 것은 너희들이 단순히 오른뺨을 맞을 때 왼뺨을 내놓으라는 것이 아니니라. 오른뺨을 맞았을 때, 너희 감정이 격화되며 너희 마음에 불화가 생기며 불과 같이 일어나는 성격을 너희가 인내할 수 있는 그 자체의 깨달음이 더 위대함을 알아야 될 것이니라.

너희가 격분하고 인내할 수 없고 참을 수 없는 그와 같은 상황에서 그를 참고 인내하는 것, 도저히 이해할 수 없는 것을 이해하고 넘어갈 수 있는 것, 그와 같은 것이 경지에 오름이요, 깨달은 자가 가는 길이며 행하는 길이니, 모두의 가르침이 거기에 있음이니라.

53권 하나님 말씀

3,840~3,922번째 편지

(2002/11/2 22:46~2002/11/12 23:36)

예수는 보냄을 받은 나의 아들이니라.
3,884번째 편지 중에서 (2002년 11월 7일 06시 54분)

예수는 나의 아들로서, 나의 성령을 대행하는 자로서 그 임무를 받아 나간 내가 보낸 자이니, 보냄을 받은 나의 아들이니라. 나의 아들 예수를 보낸 것은 십계명을 보강하며 그를 보충하며 그 뜻을 완전히 설명하여 너희를 깨우치고자 한 것이었으니, 구약을 무시하며 구약을 저버리라 한 것이 아니었음이니라. 그 구약의 기초 안에 신약의 새로운 역사의 변화며 그 시대에 따라서 내가 나의 아들을 통하여 너희가 하늘에 오르는 길을 간단히 편안하게 깨우쳐 행하는 것을 가르쳐 주고자 하였으나, 너희가 그를 버렸음이니라.

예수는 다만 악에 빠지지 않도록 이끌어 주는 자
3,885번째 편지 중에서 (2002년 11월 7일 09시 20분)

너희가 예수의 이름으로써 구원한다 하며, '주 예수 그리스도여!' 하는 잘못된 믿음의 세상이 올 것을 예비하여 내가 예수를 통하여 성경에 기록하였으며 또한 새로운 성경에 기록하여 두었음이니라.

예수가 창조주 나 여호와에게 너희를 구원하겠다 기도할 수 없으며, 너희를 구원할 수 없으며, 다만 너희가 악으로 빠지지 아니하며 선함을 행하여 구원을 받을 수 있는 그와 같은 백성으로서 이끌어 주는 그것이 그의 한계며, 너희를 구원하고 구원하지 못하는 것은 나의 아들 예수가 함이 아니니, 너희는 이를 깨우쳐야 할 것이니라.

선한 쪽으로 많이 변했다면 참진리
3,886번째 편지 중에서 (2002년 11월 7일 06시 54분)

너희는 의혹하고 의심이 나거든, 이와 같은 이치를 스스로 진단하는 지혜를 갖도록 그리하라. 너희 속에 두 가지 마음이 있으니, 악한 마음과 선한 마음이 있느니라. 지금의 나의 새로운 성경을 접하고 너희 마음이 선한 쪽으로 많이 변해 왔다면 이는 참진리요, 나 여호와의 뜻이니라. 곧 너희를 천사같이 아름다운 자요, 선한 사람으로 만들어, 유한 백성으로 하여금 그 후손이 천 년 후에 하늘에서 이루어진 것 같이 이 땅에서 이루어지는 그 지상의 낙원을 이루며 그 속에 살아가야 하기 때문이니, 그는 곧 선한 쪽으로 마음의 변화가 이루어지는 것이 나의 역사의 변화임을 알라.

믿음의 중심은 창조주 하나님
3,911번째 편지 중에서 (2002년 11월 12일 11시 56분)

너희는 나 여호와에게 기도하고 경배하는 것이 하늘에 오르는 길이요 구원을 받는 길임을 알아야 할 것이니라. 지금 너희가 모두를 다 예수에게 맞추어서 가고 있음은 어떤 것이 진정한 하늘의 뜻이요 누가 창조주이며 누가 이 세상을 지배하는지를 모르고 있기 때문이니, 너희가 지금 예수를 중심에 두고 부르짖는 것이 잘못되었음을 내가 나의 새로운 성경을 통하여 깨우쳐 줌이니라.

나 여호와 창조주에게 직접 경배하며 기도하라 하였거늘 너희가 지금 그리하지 아니하니, 믿음의 중심이요 방향을 잃고 있는 것이 지금의 종교 집단, 너희가 가고 있는 형태임을 알라.

54권 하나님 말씀

(2002/11/12 23:40~2002/11/22 06:38)

생각하기에 달렸느니라
3,934번째 편지 중에서 (2002년 11월 13일 09시 12분)

　　세상사 너희가 생각하기에 달렸느니라. 남이 수억, 수십억을 들여 만든 건물이요, 시설물을 너희는 몇천 원, 몇만 원을 내고 편안하게 이용함이니, 그러면서 제왕적인 대우를 받고자 하며 먼저 인사를 받고자 하는 것이 너희의 심리 상태이니라. 그러나 누군가가 그와 같이 많은 돈을 들여 편의 시설을 만들어 놓지 아니하였다면 너희는 얼마나 불편하고 힘들겠는가? 그리 생각한다면 그곳에 그 시설물을 설치해 놓은 주인에게 감사하며, 그 모두는 공공재로서 너희 것이라는 생각을 가지고 그것을 관리하고 아끼고 깨끗하게 사용하는 마음으로 살면 될 것이거늘, 너희는 그 큰돈을 들인 시설물을 적은 돈을 내고 이용하면서 제왕적인 예우를 받고자 하느니라.

　　바로 지금 내가 이 뜻을 너희에게 전함은, 이 세상의 모두를 내가 너희에게 주었음이니, 그 속에서 살아가면서 내가 원하는 선한 일을 한두 가지 행하였다 하여 나에게 생색내고자 하며, 내가 기억해 주기를 바라며, 너희를 위하여 내가 구원해 주며 무엇인가 손길을 내려 주기를 바람이니, 얼마나 너희가 어리석은 자며, 욕심쟁이이며, 저 자신의 분수를 모르고 살아가는 자들인가? 그와 같은 이치를 깨달았을 때 너희는 부끄러움을 알아야 할 것이며, 너희를 위하여 그리 시설을 해 놓은 그 주인에게 감사하는 마음으로 공동의 시설을 사용하는 마음 자세가 소중함을 알아야 할 것이니라.

1999년 7월, 새로운 왕이 세상에 내려온다
3,986번째 편지 중에서 (2002년 11월 20일 06시 48분)

나의 '새로운 성경'이요, 나의 '말씀'이 세상에 나온다는 것을 성서에 기록해 놓았으나, 그와 같은 것을 너희가 믿지 아니할 것을 대비하여 내가 사랑하는 나의 백성 중에서 직간접적으로 나의 성령이 세상에 나오며 새로운 나의 역사의 시대가 이루어진다는 것을 깨우쳐 준 것이 있으니, 1999년 7월부터 새로운 왕이 세상에 내려온다고 몇백 년 전에 예언한 자가 있음을 알라.

나의 아들을 통하여 나의 새로운 성경이요, 나의 성령이 내려오기 시작한 것이 1999년 7월서부터 시작하였다 하면, 과연 몇백 년 전에 오늘날 이것이 이루어질 것을 어찌 알았겠는가? 성서에 기록되어 나의 새로운 성경이 세상에 내려온다 한 거기에는 날짜와 때가 기록되지 아니하였으나, 올 때가 가까워진 몇백 년 전에 내가 1999년 7월이라는 그 시점서부터 새로운 왕이 세상에 내려온다 하였음이니, 그 왕이란 바로 무엇이더냐? 너희를 가르치고 통제하는 나의 말씀이요, 나의 성령이 세상에 내려가는 것을 예언한 것이니라.

너희는 이를 맞춰 돌이켜봐도 그 무서움을 알 것이거늘, 나의 아들이 그와 같이 조작하였으며 계획적으로 갔다 말할 것이니라. 그리하여 그는 사탄이요 사악한 자며, 나 여호와 못지않은 지혜를 가진 자이기에 그에 맞춰 새로운 성경을 세상에 내려보낸다 그리 말할 것이니, 내가 두 다리를 뻗고 눈물을 흘린다면 어찌하겠는가?

55권 하나님 말씀

(2002/11/22 06:43~2002/12/02 09:07)

원죄의 굴레
4,026번째 편지 중에서 (2002년 11월 23일 06시 30분)

사랑하는 나의 백성 너희는 들어라.

나 여호와는 사랑이니라. 나는 너희를 사랑하는 하나님이니라. 내가 어찌하여 너희에게 그 무서운 원죄의 굴레를 씌워 세상에 내보냈겠는가? 내가 너희를 죄인으로 만들어 세상에 내보낸다면, 차라리 나는 너희를 벌하고 세상에 내보내지 아니하였을 것이니라.

너희 모든 백성은 태어나면 나 여호와를 아버지라 부르며, 아버지인 내가 너희에게 죄의 굴레를 씌워서 세상에 내보냈다 하니, 얼마나 나 여호와를 간교하고 사악한 자로 만드는 것인가? 그리 말하는 그들이 마귀며 사탄이니라. 원죄가 있다 말하여 너희에게 굴레를 씌우는 자는 금화와 은화를 거둬들이기 위하여 사기극을 벌이고 있는 자이니, 그들을 단죄할 때가 되었음을 알라.

나 여호와는 정녕 너희를 죄인으로 만들어 세상에 내보낸 것이 아니며, 죄의 굴레를 씌워 너희를 세상에 내보낸 것이 아니니라. 다만, 너희가 지은 죄를 용서받을 수 있는 기회를 주었음이지, 과연 내가 모든 백성에게 다 원죄의 굴레를 씌워 놓고 세상에 내보내 그 죄를 용서받고 빌어야 한다며 인간 너희에게 재물을 거둬들이도록 그와 같은 방법으로 너희를 세상에 내보냈겠는가?

너무나도 엉터리이고 너무나도 가혹하게 나의 피조물 만백성을 우롱하는 그들을 너희 스스로 이제 단죄할 때가 되었음을 알라.

믿음의 종주국보다 더욱 극성스러운 믿음
4,069번째 편지 중에서 (2002년 11월 25일 23시 37분)

 지금의 믿음의 종주국이라 하는 그 나라들의 백성은 저희가 지금까지 믿어 왔던 형식적인 믿음이 아니요, 이제는 정녕 나 여호와가 나의 아들 예수를 통하여 이루고자 했던 그 진실한 쪽의 길을 향하여 변화되며 그 길을 깨달아 달려가고자 하느니라. 그리하여 참된 진리의 길을 위하여 외형적이고 형식적인 그와 같은 모든 허울을 벗어 가며 변화되고 있느니라.

 그러나 지금 동양의 작은 나라의 백성, 너희는 과연 어찌 믿어 가는가? 종주국으로부터 믿음을 전해 들은 너희는 지금 그들보다 더 무서우리만큼 너희만의 방법이요 형태로 고집스럽게 믿음을 이끌어 가고 있음이니, 오히려 종주국의 변화되는 믿음이 잘못된 것이며, 지금의 너희가 인간의 생각으로 붙이고 빼서 만든 믿음이요, 동양의 작은 나라의 백성이 가고 있는 그 믿음만이 가장 우월하고 탁월하며 구원을 받는 길이라 그리 부르짖고 있음이니, 이것이 바로 나의 아들이 존재해 있는 동양의 작은 나라의 백성이 가는 믿음의 형태이니라.

 종주국의 그 원천적인 것보다도 너희가 더 위대한 믿음이요, 진실한 믿음이며, 원천적인 종주국에서 참진리를 탐구하며 공부하여 변화되는 것이 변질된 것이라 생각하니, 그리 반대 현상으로 거꾸로 가고 있는 것이 동양의 작은 나라에 있는 모든 종교 집단이요, 지도자요, 믿음을 따라가는 백성이며, 지금 제 분수를 모르고 있음을 알아야 할 것이니라.

56권 하나님 말씀

(2002/12/1 09:24~2002/12/11 12:06)

지도자로 변하게 됨이니라.
4,112번째 편지 중에서 (2002년 12월 2일 18시 55분)

나의 새로운 성경을 읽고 또 깨우쳐 나로부터 선택된 백성은 의로운 자로 서서히 변화됨이니, 성령의 숨은 뜻, 비유의 뜻을 아는 그 능력을 행사하는 지도자로 변하게 됨이니라. 나의 새로운 성경을 읽을 때 나로부터 선택된 백성이 아니라면 성령적으로 형용된 그 뜻을 알 수 없음이니, 그를 읽고 깨우쳐 깨닫는 자가 바로 성경의 그 뜻을 알 수 있음이니라. 그리하여 나를 대신하여 모든 능력을 행사할 수 있는 지도자로 다시 태어나게 됨을 알아야 할 것이니라.

14만의 전사
4,121번째 편지 중에서 (2002년 12월 3일 12시 01분)

지금 나의 아들을 통하여 나의 새로운 성경을 세상에 내려보냄이니, 이것이 바로 횃불이요, 그 횃불을 들고 길을 안내하고자 하는 자가 나의 아들이니라. 과연 너희는 무엇이더냐? 나의 아들이 들고 있는 새로운 성경의 횃불에 너희가 들고 있는 그 횃불 뭉치를 대고 불을 붙여 이곳저곳 동굴에서 헤매며 길을 모르고 암흑에서 허덕이는 백성을 출구로 인도하는 자들이니, 나의 아들이 들고 있는 그 새로운 성경의 불에 너희가 하나 둘 그 불을 붙여 나가 만백성을 구하는 그와 같은 형국이 되는 것이니라.

이 지상의 깜깜한 암흑의 길에서 만백성을 밝은 길로 인도하려면 바로 수천수만 개의 횃불이 필요함이니, 그게 14만의 전사요, 14만

개의 횃불이 필요한 역사임을 알아야 할 것이니라. 14만 명의 전사의 뜻을 이제 내가 너희에게 깨우쳐 줌이니 그리 알도록 하라.

가장 위대한 설교자
_{4,155번째 편지 중에서 (2002년 12월 7일 09시 15분)}

세상에 가장 훌륭한 연설자요 가장 위대한 설교자는 어떤 자라 말하였느냐? 말하는 내용과 삶이 일치하는 사람이 하는 연설이 가장 위대한 연설이니, 그는 곧 무엇이더냐? 진리를 행하며 진리를 가르치는 자이기에 그와 같은 자가 가장 위대한 연설자라 하였음이니, 그 길을 가기가 얼마나 어렵고 힘든 것인가!

협박의 기도
_{4,177번째 편지 중에서 (2002년 12월 10일 8시 35분)}

너희가 나를 만나고자 하며 나를 보고자 하며 나의 음성을 듣고자 한다면 '저의 죄를 용서해 주옵소서. 여호와 하나님의 뜻에 따라 살아갈 수 있는 용기를 주옵소서.' 하는 그와 같은 짧은 기도로써 모두가 다 된다 하였음이니라.

지금의 너희는 나로부터 배워 깨달아 변하고자 하는 것이 아니라 감히 나를 깨우치고 나를 가르치고자 하는 그와 같은 기도를 드림이니, '내가 당신 하나님을 깨우쳐 줌이니, 당신은 나에게 이러이러한 것을 이루어 주고 이러한 것을 주어야 할 것이다.' 하는 그와 같은 협박의 행위를 하는 것이 지금 너희가 나에게 드리는 기도인 것이니라.

57 권 하나님 말씀

(2002/12/13 09:17~2002/12/22 12:12)

하늘의 의인
4,212번째 편지 중에서 (2002년 12월 15일 01시 47분)

 선함이요 사랑하는 마음, 그 모두가 나 여호와의 마음임을 알아야 할 것이니라. 참진리요 하늘에 오르는 길이 무엇이더냐? 거짓하지 아니하며 남을 속이지 아니하며 똑바른 삶을 살며 똑바른 길을 따라 살아가고자 하는 것이 참진리요, 하늘에 오르는 길이 아니고 무엇이더냐? 이와 같이 선행하며 사랑을 베풀며 악에 넘어지지 않는 사람을 너희 인간 사회에서 의인이라 말하느니라.

 나 여호와의 하늘나라의 의인은 무엇이던가? 나 여호와의 뜻을 따르며 나의 계명을 따르며 나의 새로운 성경을 지키며 그를 깨달아 성령이 충만되어 거듭나는 그와 같은 삶을 살아가는 그 변화를 이루는 자, 성령으로 충만된 그 깨달음을 얻는 자가 하늘나라의 의인임을 알아야 할 것이니라.

 이제 바로 내가 말한 그와 같은 마음을 가지고 사는 자, 그가 나의 백성이요, 나에게 구원을 받아 하늘에 오를 수 있는 백성이라는 것을 알아야 할 것이니라.

 하늘에 오르는 길이요, 천사의 마음이 되는 것을 어렵게 생각하지 말라. 너희가 악을 스스로 버리며 선을 선택하면 구원을 받으니, 선이란 무엇이라 말하였더냐? 착한 마음이요, 아름다운 마음을 가지고 사는 것이며, 의인은 세상을 다 보며 하늘에 오른다 그리하였음이니, 인간 세속의 의인이 어떤 자라 내가 말하였더냐? 바른 자세로 곱게 살아가며 거짓 없는 삶을 사는 자가 의인이라 하였으며, 나의 새로운 성경으로 충만된 자, 나의 십계명으로 충만된 자, 나의 아들을 통하여 내리는 나의 성령을 듣고 충만된 자가 하늘의 의인이니, 그가 하늘에 오를 수 있는 백성이라는 것을 잊어서는 아니 될 것이며, 너희는 그 길을 감에 있어서 최선을 다하여 마지막에 영광된 자가 되도록 그리하라.

불과 같은 염원을 가진 민족
4,252번째 편지 중에서 (2002년 12월 19일 07시 10분)

이 동양의 작은 나라가 나로부터 선택된 축복의 나라며, 이곳에 존재하는 나의 백성이 또한 나로부터 축복된 은혜를 받은 백성이라 내가 말하였으니, 너희만이 가진 특성이요, 기질이 있음이니라.

종교의 대혁명이요, 개혁을 이루는 것이요, 믿음이요, 신앙이라는 것을 다 새로운 개혁의 바람으로써 덮어 나가며 정립할 수 있는 것은 오로지 너희 민족뿐이니라. 한번 하고자 하면 물불을 가리지 아니하고 이루어 내고 마는 것이 너희 동양의 백성이요, 불과 같은 염원을 가진 백성이니라. 그리하여 미리 준비된 나라가 동양의 이 작은 나라며, 선택된 백성이 바로 너희이니, 나의 새로운 성경을 높이 들어 횃불을 밝히는 것도 너희가 아니면 그 누구도 할 수 없느니라.

서서히 가는 백성, 재고 따지는 백성, 그와 같은 천 가지 만 가지 생각을 가진 만백성 중에서 너희만이 할 수 있는 백성이라는 것을 이제 알 때가 되었음이니 그리 알라.

58권 하나님 말씀

4,272~4,345번째 편지

(2002/12/22 21:34~2002/12/28 09:41)

진리의 성령이 오시면
4,323번째 편지 중에서 (2002년 12월 27일 10시 39분)

나의 아들 예수가 성서에 기록하여 '내가 너희에게 실상을 말하노니 내가 떠나는 것이 너희에게 유익하리라. 내가 떠나가지 않으면 새로운 보혜사가 너희에게 오지 아니할 것이라' 하였으니, 새로운 말씀이, 나의 새로운 성경이 내려오는 것을 의미함이며, 나 여호와의 주관하에 짜여 있는 계획대로, 흐르는 그 역사대로 흘러가야 하며 그를 거역할 수 없다는 것을 말함이니라.

또 '내가 가면 그를 너희에게 보내게 되니' 이와 같은 말을 예수가 전하였음이니, 예수가 보혜사로서의 임무를 다 마침을 너희는 알아야 할 것이며, 예수가 보혜사이기에 그와 같은 보혜사요, 말씀을 듣고 전하는 자가 세상에 내려온다는 그 뜻임을 알라.

'그가 세상에 와서 죄에 대하여, 의에 대하여, 심판에 대하여 세상을 책망할 것이라' 그리 기록되어 있느니라. 죄에 대하여 너희가 잘 가고 잘못 가는 것을 책망하고 심판하는 것은 나 여호와의 권한이요, 나 여호와만이 할 수 있다 하였음이니라. 그러니 바로 나의 새로운 성경이 지금 내려오는 것이 나의 성령이요, 내가 직접 내려와 너희를 깨우치고 심판한다는 것이니라. 내가 직접 내려와 심판하는 기준을 내려 내가 너희를 가르치고자 하며 심판한다는 것을 예수가 기록하여 예언한 것임을 알라.

'그러나 진리의 성령이 오시면 그가 너희를 모든 진리의 가운데로 인도하시리니' 그와 같이 기록하였음이니, 새로 오는 보혜사는 '그가 자의로 말하지 않고 오직 듣는 것을 말하며 장래 일을 너희에게 알려 주리라' 그리 말하였느니라. 지금 나의 아들을 통하여 새로운 성경이요 나의 성령을 내려보내니, 그가 듣는 그대로 기록하여 만백성을 구하고자 지금 책으로 세상에 만들어냄이니, 그는 나 여호와가 이루고자 하는 역사를 알고 있음이니라. 그리하여 하늘에서 이루어진 것 같이 지상의 낙원을 만드는 것이 그의 첫째의 목적이요, 천 년에 걸쳐 새로운 역사를 이루며 하늘과 같은 천국을 지상에서 이루는 그 큰 뜻을 가지고 있느니라. 또한, 너희의 어렵고 힘든 인생의 삶을 나의 선지자요 나의 아들로부터 깨우쳐 고통에서 벗어날 수 있는 그와 같은 역사의 기적을 이루는 보혜사로서 세상에 온다 함을 미리 예언했음을 알라.

이와 같이 모두가 기록되어 있는 것은 나의 새로운 성경이 세상에 오며 나 여호와가 주관하는 시대가 옴을 미리 예언한 것이니라. 심판하며 책망하며 너희를 직접 나무라는 그와 같은 것을 누가 할 수 있는가? 그는 오로지 나 여호와만이 할 수 있음이니라. 그리하여 마지막 제3의 시대에 나 여호와가 직접 내려와 나의 성령이요, 나의 새로운 성경이 너희를 다스리고 깨우친다는 의미를 여기에 기록되어 있는 그대로 너희가 읽고 깨우친다면 그 뜻을 알 것이니라.

이를 너희 임의대로 해석하지 말라. 그 뜻을 그대로 깨우쳐 생각하는 지혜를 얻도록 그리하면 성서의 깊은 의미를 알게 될 것이며, 나의 새로운 성경의 뜻을 또한 너희가 알게 될 것이니라.

59권 하나님 말씀

(2002/12/28 09:49~2003/1/4 02:10)

인간 복제의 회오리
4,348번째 편지 중에서 (2002년 12월 29일 12시 07분)

 세상사 지금 너희들이 인간을 만들어 내며 인간의 형태를 만들어 내나, 그들이 가지고 있는 질병이요, 그들로 하여금 퍼져 가는 질병이며, 그들로 하여금 너희들이 원래의 나로부터 받은 그 생명까지도 쓰러져 가는 그와 같은 참혹한 형국이 생기는 것을 너희들은 모를 것이니라.

 오로지 너희들에게 내가 준 그 생명이요, 내가 너희들에게 내려 준 그것은 너희들만이 가지고 있는 보배로움이 있으며 소중함이 있음이니, 너희들이 어떠한 형태로 인간을 만들어 낸다 하나 그것을 그들은 받을 수가 없음이니, 너희들이 너희들의 미래를 모르는 것과 같으니라. 이와 같은 지금의 너희들의 형국이 얼마나 사악한 짓이며, 얼마나 너희들이 나에게 도전하는 행위인가를 알아야 할 것이며, 그 단죄함을 머지않아 너희들이 받게 될 것이니라.

 나의 새로운 성경을 읽고 깨우치며 나의 성령에 따르며 나의 계명에 따라 내가 지상에 이루고자 하는 그 세상이 이루어질 때, 그들로 하여금 너희들이 또 한 번 크나큰 시련과 고통의 역사가 있을 것이니, 그들은 내가 너희들에게 내려 준 그와 같은 것을 갖지 않았기에 그 질병이요, 그들로 하여금 많은 나의 백성들이 목숨을 잃는 그와 같은 무서운 대소용돌이의 역사가 이루어질 것이니, 이를 너희들은 알아야 될 것이니라.

어떤 종파든 나 여호와에게 집결됨이니라
4,353번째 편지 중에서 (2002년 12월 29일 15시 51분)

나 여호와가 세상을 창조하였음이니, 내가 풀 한 포기, 나무 한 그루, 돌 하나, 흙 한 주먹을 사랑하지 아니하는 게 어디 있겠는가? 그러니 어느 집단이든, 어느 종파든, 개인이든, 나 여호와의 뜻에 의해 사는 백성은 누구든지 내가 구원하고자 하며, 구원한다는 것을 알아야 할 것이니라.

모든 집단은 부분적으로 나 여호와의 뜻에 의해 역사하였음을 알라. 어떠한 집단이든 그들은 모두 나 여호와의 뜻에 의하여 일부의 역할을 하고 있음이니라. 나 여호와가 어느 한 집단만을 사랑하며, 어느 한 집단만을 기억하며, 어느 개인만을 기억한다 그리 생각하는 것이 얼마나 어리석은 것인가!

너희는 창조주 나 여호와는 한 분이라 말하며, 나 하나뿐임을 알고 있지 않은가? 내가 만든 이 세상의 어떤 종파든 개인이든 그 모두는 결국 나에게로 종결되지 아니하는 것이 없으며, 나로부터 연결되지 아니한 것이 없음이니라. 어떠한 종파요, 어떠한 색깔의 어떠한 형태로 살아가든 그 모두는 나 여호와에게 집결됨이니, 너희가 결국은 나 여호와에게 와 심판을 받으며 나와 직결되어 있음이니, 내가 너희를 사랑하고 구원하고자 하는 것은 당연한 것이 아니던가? 나의 뜻에 거역하지 아니하고 순종하며 사는 백성, 이웃을 사랑하며 저 자신보다 남을 사랑하는 그와 같은 마음으로 살아가는 자라면 어느 종파나 어느 집단에 있든 그것은 관계가 없음을 알라.

60 권 하나님 말씀

(2003/1/4 02:30~2003/1/10 07:00)

석가와 예수의 금식
4,464번째 편지 중에서 (2003년 1월 8일 09시 07분)

너희가 나에게 기도하며 금식이라는 그 기도에 돌입하는 것은 맑은 정신으로써 기도하기 위함이니, 생식으로 소식을 취하면서 기도함이 당연한 것이지, 그저 굶어 가며 정신이 혼미한 상태에서 그와 같이 가는 것이 아니니라.

너희가 금식 기도를 하는 것은 바로 이러한 의미이니라. '오른 뺨을 맞았을 때 왼 뺨을 내놓으라.'는 것은 너희가 당연히 아니니라. 그리고 '원수를 사랑하라.' 하는 것도 다 아니니라. 그러나 그것을 막상 실천해 보면 그리 행할 수가 없음이니라. 아무리 성인군자요 깨달은 자라 하여도 인간 세속에서 부닥치고 살아가면서 그리 가지 못한다 생각하는 것이 아니던가! 그러한 것을 세상사의 인연을 끊고 보지 아니하며 듣지 아니하며 단 몇 시간, 몇 초라도 그와 같이 천사와 같은 마음으로 인간이 견딜 수 있는가 하는 그와 같은 훈련과 시험을 하기 위하여 깨달음을 얻고자 그리 가는 것이니라. 그래서 너희가 소식을 취하면서 세상사에 접하지 아니하며 너희 스스로 마음이 천사와 같이 살 수 있는 것인가 없는 것인가 그와 같은 시험을 하며, 그 속에서 너희가 할 수 있다는 것을 깨닫는 그것이 바로 금식의 기도이니, 바로 너희가 토굴에 들어가서 세상을 보지 아니하며 생각하지 아니하면서 그 속에서 마음을 비우는 훈련을 하는 것과 마찬가지이니라.

석가가 보리수나무 밑에서 수년씩 있었던 것은 무엇인 줄 알겠느냐? 그는 어찌 살아가야 한다는 것을 알았으며 자비라는 것을 스스로 깨닫고 알고는 있었으나 몸으로 실천할 수가 없었음이니라. 나의 아들 예수가 그 어렵고 힘든 광야에서 나에게 기도하여 깨달음을 얻고자 하였으니, 그도 마찬가지였음이니라. 나 여호와가 원하는 것이 무엇인가를 알고 있었으며 또 천사의 마음으로 가야 한다는 것을 알았음이니라. 그러나 성령으로 잉태한 예수도 육을 가지고 세상에 태어났으니, 과연 육을 가진 형태에서 나의 심성이요 천사와 같은 마음의 한계를 인간이 과연 넘을 수 있는 것인가 하는 것을 얻고자 하였음이니라. 정녕 견딜 수 없는 고통 속에서 다 버리며 보지 않고 듣지 않고 스스로 혼자 앉아 인내하는 그 광야의 기도 속에서 '오른 뺨을 맞았을 때 왼 뺨을 내놓는' 그 경지를 깨우치고자 하였음이니라.

　석가는 보리수나무 밑에서 기도하면서 자비를 베풀며 살 수 있다고 느꼈으며, 나의 아들 예수는 광야에서 기도하면서 인간은 천사와 같은 마음으로 살 수 있다는 그것을 느꼈으니, 그들은 그곳에서 스스로 자신을 발견하고자 마음속에서 싸워서 이기는 그것을 훈련하며 시험하였음이니라. 그리하여 그들은 할 수 있다는 결론을 얻은 것뿐이니라. 너희도 '할 수 있다'는 마음을 갖고 살아가면 그리 역사할 수 있음을 알라. 이것이 그들이 행했던 길이며 금식의 의미임을 이제 깨달아, 너희 스스로 인간 속에 살면서 그 경지에 도달하는 그와 같은 깨달음을 얻고 살아야 함을 잊지 말라.

61권 하나님 말씀

(2003/1/10 07:13~2003/1/16 09:19)

믿습니다
4,527번째 편지 중에서 (2003년 1월 12일 0시 41분)

나의 아들 예수의 이름을 부르며 구원을 받았다 말하는 자, 나의 아들 예수와 같이 그리 살아가지 아니하는 자는 정녕 구원을 받을 수 없음을 알라. 너희가 믿음의 길을 가면서 나로부터 구원을 받는다 말하는 것은 즉, 예수와 같은 아름다운 모습으로써 아름다운 삶을 살아서 구원을 받겠다 하는 것이 아니던가? 너희는 그 약속을 하며 그 길을 가고자 함이 아니던가? 그러니 그리 가지 못하며 그리 변하지 못하는 자들은 진정한 믿음으로 가는 자가 아니며, 나와는 아무런 관계도 없는 백성임을 알아야 할 것이니라.

너희가 지나가는 말로 나를 부르며 '믿는 자'요, '믿습니다.' 하고 대답하는 그와 같은 것으로써는 구원을 받을 수가 없음을 알아야 할 것이니라. 예수가 살아간 그와 같은 삶을 살지 않는 백성은 정녕 믿음의 길을 가는 것이 아님을 알아야 할 것이니라.

나 여호와를 믿는 것도 또한 마찬가지이니라. 나의 백성이며 나의 뜻대로 살아가는 자, 그와 같이 살아가지 아니하는 자는 구원을 받을 수 없는 것이니라. 즉, 내가 내린 십계명을 지키고 사는 것을 의미함이니라. 그것을 지킬 수 없으며 내가 내린 새로운 성경을 그대로 지키고 살 수 없다 말한다면, 너희는 나의 자식이 아니요, 나를 팔아 하늘에 날아오를 수 있다는 그와 같은 착각을 하고 있음을 알라.

예수의 보혈로써 구원을 받았다 한다면
4,528번째 편지 중에서 (2003년 1월 12일 0시 45분)

너희가 나의 아들 예수의 보혈로써 구원을 받았다 한다면, 그것으로써 구원을 받았다는 확신을 갖고자 한다면, 나의 아들의 삶과 너희의 삶을 분리해서 그를 봐서는 아니 되느니라. 나의 아들의 삶을 그대로 답습하는 삶을 사는 자만이 구원을 받을 수 있음이니라. 나의 아들 예수가 십자가를 지고 그 고통의 길을 간 것처럼 그와 같은 길을 갈 수 있는 자만이 구원을 받을 수 있는 자라는 것을 알라.

사랑하는 사람을 먼저 보내는 고통을 막는 길
4,567번째 편지 중에서 (2003년 1월 16일 08시 59분)

부모 앞에 자식이 먼저 가는 슬픔이요, 또 사랑하는 사람이 먼저 가는 그 슬픔을 맞이하지 아니하려거든, 너희 마음이 천사와 같이 변하면 그 아픔을 겪지 않을 수 있음을 알라.

너희 마음이 변하는 것은 나 여호와를 믿으며, 나 여호와가 존재함을 믿으며, 나의 아들딸이기에 나의 계명대로 살아가는 순종하는 것이니, 너희가 가슴 아파 우는 그 모습을 나 여호와가 볼 수 없기에 너희에게 가장 소중한 사람의 고리가 끊어지는 것을 내가 너희를 위하여 막아 줌이니라. 너희 스스로 천사가 되는 길이 곧 슬프고 가슴 아픈 일을 보지 아니하는 길이니, 자식이 먼저 가는 그와 같은 아픔이요, 그 고리가 끊어지는 것을 내가 연결해 줄 수 있는 것은 너희가 얼마나 아름답고 곱게 사느냐에 달렸다는 것을 알라.

62권 하나님 말씀

(2003/1/16 09:29~2003/1/21 11:03)

예수가 종파 없이 독자적인 길을 갔듯이
4,584번째 편지 중에서 (2003년 1월 16일 21시 55분)

지금의 믿음의 길을 가고 있는 백성은 동양의 작은 나라에서 새로운 성령의 말씀이요 새로운 지도자가 나올 것이라는 것을 다 알고 있음이니라. 그러나 나의 아들 예수가 그 시대의 종파 속에서 그들과 더불어 간 것이 아니요, 나의 성령으로 독자적인 길을 갔으며, 종파 없이 혼자 만백성을 이끌어 깨우쳐 가며 나의 성령을 전하는 데 모두를 다했듯이, 또다시 오는 나의 아들이요, 나의 선택된 목자는 아무것도 모르는 나의 백성 중에서 선택되어 이미 세상에 내려와 있음을 알아야 할 것이니라. 지금 너희처럼 종교 집단에 속한 자도 아니요, 너희처럼 이름을 세상에 드러낸 자도 아니요, 가장 미천한 신분으로 왔음이니, 그가 하는 일은 너희와 차별화됨을 알아야 할 것이니라.

그는 너희가 지금 끌고 가고 있는 기존의 교회요, 종교 집단의 대변화를 요구할 것이며, 대개혁의 역사를 이루기 시작할 것이니라. 그리고 이 자연의 아름다운 나의 성전에 두꺼비집과 같이 너희 손으로 성전을 짓고 거기에서 갖은 악행을 저지르는 잘못됨을 세상에 밝힐 것이며, 그곳에서 '아멘!', '할렐루야!' 하며 눈물로써 손뼉 치고 재물만 바치면 구원을 받는다며 잘못 가고 있는 백성을 거기서 탈출토록 할 것이며, 너희 손으로 지은 그 성전에 거미줄을 치게 할 것이며, 잘못 가는 종교 지도자들이 신도들로부터 단죄를 받는 그와 같은 새로운 변화의 역사를 시작하고 있음을 알아야 할 것이니라. 이제는 자칭 예수요, 모세요, 나로부터 만백성을 구원하는 대명을 받았다 하며 나의 백성을 우롱하는 자들, 그와 같은 행세를 하며 흉내를 내는 자들도 다 내가 단죄할 것이며, 모든 종교 집단과 더불어 같이 심판하게 될 것이니 그리 알라.

모두를 초월한 백성
4,590번째 편지 중에서 (2003년 1월 17일 07시 07분)

내가 너희에게 말하기를 세상사의 모든 이치요, 하늘에 오르는 길이 나의 새로운 성경 속에 다 있다 하였으며, 그를 수없이 듣고 깨우친 제자, 너희는 아직도 나의 아들에게 기도를 해 달라 하여 나로부터 무엇을 듣고 알고자 하나, 그와 같은 마음을 갖지 말라.

오로지 나의 새로운 성경을 정독하고 깨우치는 그 속에 너희가 살아갈 길이 있으며, 행할 것이 있으며, 너희가 잘못된 일을 했을 때, 이는 죄악이요 해서는 안 된다는 것을 뼈저리게 느끼고 깨우치고 가고 있으니, 그보다 더 위대한 변화는 없으며 그보다 더 큰 나로부터 받는 영광과 축복이 없느니라. 내가 너희를 기억하고 있으며 가슴에 안고 있음이니, 그러한 것에 연연하지 말라. 오로지 이를 읽고 정독하며 깨우쳐 가는 삶에 최선을 다하며, 나의 아들을 통하여 너희에게 내리는 그 강론을 듣는 데 열중하도록 하라. 아직 씻지 아니한 자, 아직 목욕하지 못한 자에게 그들이 목욕할 수 있는 길을 가르쳐 주고자 나의 아들이 기도해 주며 깨우쳐 주는 것이지, 너희는 그 모두를 초월한, 나의 사랑하는 아들딸임을 잊지 말라.

63권 하나님 말씀

(2003/1/21 12:09~2003/1/28 17:42)

예수의 가르침, 손이 잘못하면 잘라 버려라
4,637번째 편지 중에서 (2003년 1월 21일 12시 09분)

　내가 너희들에게 한 남녀의 정해 준 사람과 살지 아니하며 많은 남자를 접하는 여자는 병을 얻게 되어 있으며, 많은 여자를 접하는 남자는 병을 얻게 되는 그 이치를 너희들은 모르는가? 그것이 너희들이 음식을 과식하여 탈이 나며, 너희들이 내가 내려 준 그 몸을 상하게 하는 것과 마찬가지니, 그 무서움을 알라.

　귀가 잘못하는 것을 듣고 추한 말을 듣는 것이나, 눈으로 나쁜 것을 보는 것이나, 입으로 나쁜 말을 하는 것이나, 너희들이 신체의 일부를 함부로 쓰는 것, 그 모두가 다 병을 얻고 쓰러지는 것은 똑같으니, 그게 바로 너희들의 스트레스요, 정신적인 병이라는 것이 육신의 병보다 더 무서우며, 똑같이 너희들이 병마에 걸리며 쓰러짐이니라. 그래서 모두를 다 아름답게 통제하라는 것이요, 너희들의 신체의 일부분을 다 통제하라 하였음이니라.

　너희 손이 도둑질하려 할 때, 그 손을 자르라는 것이 얼마나 무서운 이야기더냐? 그게 병으로써 옮아져 너희들이 병을 얻기 때문이니라. 너희들의 모든 신체 일부가 정상적으로 사용하지 않을 때 다 무서운 병을 발생하도록 하여 몸 전체를 죽게 하는 그와 같은 구조가 되어 있음을 알라. 다 내가 정해 준 것 외에 너희들이 사용하고 남용했을 때 그 대가의 병마에 시달리는 것은 당연함을, 너희들은 그 무서움을 알라.

겨자씨, 가장 작은 선행
4,671번째 편지 중에서 (2003년 1월 25일 0시 37분)

성경에 '천국은 마치 사람이 자기 밭에 심는 겨자씨 한 알과 같다.' 하였음이니라. 천국에 오르는 길은 바로 작고 작은 선행을 함이 중요하며 그것이 하늘에 오를 수 있는 기초요 근본이니라.

'이는 모든 씨보다 작은 것이로되, 자란 후에는 모든 풀보다 커서 나무가 되며 공중의 새들이 와서 그 가지에 깃들이느니라.' 하였으니, 모든 씨보다 작은 겨자씨라도 그를 잘 가꿔 키우면 후에 큰 나무가 됨이니, 너희는 가장 작은 일을 행하지 아니하며 그를 못 본체 지나쳐서는 아니 됨이니라.

마음을 다하고 목숨을 다하고 뜻을 다하여
4,707번째 편지 중에서 (2003년 1월 28일 08시 38분)

성경에 '네 마음을 다하고 목숨을 다하고 뜻을 다하여 여호와 창조주 나를 사랑하라.' 가르쳤음이니, 이를 읽으면서 너희는 나 여호와를 욕심쟁이요, 나밖에 모른다 그리 말하느니라. 그러나 세상사 살아가며 부닥치는 속에서 너희가 마음을 다하고 목숨을 다하고 뜻을 다하는 그와 같은 열과 성의를 가지고 나를 따르지 아니할 때 무너지고 쓰러짐이니라. 세상의 모든 사탄이요, 사악한 자들이 아름답게 변하고 깨우치는 자를 방해하며 바로 서지 못하도록 함이니, 너희가 바로 서고 견디기가 너무나 어렵기에 너희 마음가짐을 하나로 만들어 단단한 믿음 속에서 나를 향하여 달려올 수 있도록 그리 깨우쳐 주고자 함이니라.

4,721~4,782
번째 편지

64 권 하나님 말씀

(2003/1/28 17:50~2003/1/31 17:17)

너의 사진에서 흐르는 눈물을 볼 것이니
4,733번째 편지 중에서 (2003년 1월 29일 14시 23분)

 네가 바로 섰을 때, 너의 제자들이 바로 섰을 때, 나의 새로운 성경에 그려져 있는 너의 사진에서 흘리는 눈물을 그들이 볼 것이며 네가 인내하는 그 눈빛을 볼 것이니, 그 광채는 온 세상을 다 덮을 것이니라.

 나의 새로운 성경을 읽는 백성이 네 사진 속에서 네가 흘리는 눈물을 보며 네 눈에서 그 빛을 볼 수 있는 것은 네가 완벽하게 서지 아니하면 그와 같은 역사가 이루어질 수 없음이니라. 그것은 예수가 죽은 자를 살리고 앉은뱅이를 일어서게 하며 눈먼 자를 눈뜨게 하는 것보다 더 위대한 역사이니, 그것으로써 네가 나의 아들임을 증명하고자 함이니, 너는 명심하고 또 명심해서 바로 서도록 그리하라.

 사랑하는 나의 아들아!

 수천, 수만, 수십억 권의 책이 세상에 나감이니, 낙타가 바늘구멍을 통과하는 그와 같은 역사를 네가 이룰 때, 네가 바늘구멍을 통과하기 위해 네 몸을 줄이는 고통과 시련을 인내하고, 네가 더럽고 추한 것을 행하지 아니하고 천사와 같이 바로 섰을 때, 그 고통에 피눈물을 흘리는 모습을 그들이 볼 것이니, 그것이 바로 예수가 이룬 역사보다도 위대한 마지막 시대의 역사임을 잊지 말라.

모두에게 균등하게 기회를 주고 있음이니라
4,760번째 편지 중에서 (2003년 1월 30일 15시 15분)

지금의 종교 집단에서 인간이 준 종교 지도자의 자격증을 가지고 어찌 가고 있는가? 그 자격증 위에 그저 십자가 하나만 꽂아 놓으면 만백성이 모여 저희가 살아갈 수 있는 의식주를 해결해 줌이니, 인간이 만든 그 자격증을 남발하며, 자격이 없는 자도 인간이 만든 그 자격증을 따려고 아우성을 치고 있으니, 거기에 과연 진실이 있으며 진리가 있는가?

이제 너희가 잘못 가며 잘못 가르치며 잘못 이해하고 가는 그 모두를 내가 아름다운 뜻으로써 새로운 성경에 기록하여 너희 손에 하나하나 쥐여 줌이니, 이 책을 읽고 깨우쳐 봐서 정녕 잘못되었다 생각할 때는 그 길을 가며 이것을 덮어도 말하지 아니할 것이니라. 그러나 너희가 이를 접하고 한 줄이라도 진정 나 여호와의 뜻이요 너희의 잘못된 부분을 기록하여 경종을 울리는 대목이라 생각되는 것이 있다 하면, 너희가 가던 그 모든 길을 멈추고 새로운 나의 성경이요, 나의 아들이 강론하는 그 뜻에 따라 만백성을 구하는 전사로 돌아섰을 때 내가 너희를 가슴에 안을 것이니 그리 알라.

모두에게 균등하게 내가 기회를 주고 있음이니라. 종교 지도자에게도, 모든 종파에도, 그리고 믿지 않는 백성에게도, 잘못 가는 백성에게도 모두에게 내가 균등하게 동일한 조건으로 기회를 줌이니, 각자 알아서 오도록 그리하라. 지금 썩을 대로 썩어 있으며 변할 대로 변한 이 시대에 내가 너희를 다스리고자 칼을 뽑아 정리하고 있음을 알아야 할 것이니라. 이 무서운 심판이 시작되었음을 알라.

5부

70퍼센트 이상의 신도가
의구심을 갖고 있으니

5

지금 믿음의 길을 가는 백성의 70퍼센트 이상이
저희가 가는 길이 진정한 믿음인가,
정말 하늘에 오르는 길인가,
그리고 저희 종교 지도자가 가르치는 것이
과연 맞는가 의구심을 갖고 있으니,
그만큼 많은 숫자가 지금 불안해하며
정서불안으로 가고 있음이니라.

5,383번째 편지 중에서
(2003년 3월 7일 13시 12분)

4,783~4,852 번째 편지

65권 하나님 말씀

(2003/1/31 17:22~2003/2/5 23:38)

이제부터 너희는 찬송하리로다
4,810번째 편지 중에서 (2003년 2월 3일 10시 58분)

'이제부터 너희는 찬송하리로다.' 나의 아들 예수가 그리 전했느니라. 그리고 '주의 이름으로 오시는 이여! 할 때까지 나를 보지 못하리라.' 나의 아들 예수가 그리 말하였느니라.

너희들은 이 대목을 읽고 성서를 볼 때, 오늘의 믿음의 길을 가고 있는 현실이 얼마나 잘못된 것인가를 스스로 알아야 할 것이니라.

지금 모든 종파들이 '예수여! 주여, 주여!' 그와 같이 부르짖을 때는 너희들이 나의 아들 예수도 볼 수도 없으며 어떠한 새로운 깨달음도 너희들 앞에 임하지 아니한다는 것이니라. 지금 너희들이 나의 아들 예수가 재림하여 구원하러 온다고 그와 같이 부르짖으니, 그 부르짖음이 끝나지 아니하면 나의 아들은 절대 다시 내가 내려 보내지 아니한다는 뜻이며, 어떠한 것도 역사할 수 없으며 나의 아들이 내려가지 아니한다는 뜻을 너희들은 여기서 확실히 깨닫고 알아야 할 것이니라.

너희들은 천 년, 2천 년이요, 만 년의 세월이 흘러가도 지금의 부르짖는 것을 그치지 않을 것이며 그 방법으로 믿다 지옥으로 가게 됨이니, 그리하여 너희들이 나의 피조물 만백성을 지옥으로 끌어가는 것을 막으려고, 내가 이를 다스려 다시 한 번 기회를 주어 지금 나의 새로운 성경을 나의 법전이라 하여 너희들에게 내려보내는 그 뜻을 알아야 할 것이니라.

지금과 같이 광란의 행위로써 '주'를 부르는 것은 아니 됨을 알라. 이 대목을 다시 한 번 읽어 깨우치라. 내가 예수를 통하여 너희들에게 전하게 한 내용이니라. '내가 너희에게 이르노니 이제부터 너희는 찬송하리로다, 주의 이름으로 오시는 이여 할 때까지 나를 보지 못하리라.' 너희들이 찬송을 부르며 광란의 짓을 할 것을 알고 있었으며, 그와 같은 광란의 찬송을 부르면서 너희들이 주의 이름을 부르는 한 절대 너희들은 예수를 볼 수 없다 그리 기록되어 있음이니, 이 뜻을 깊이 깨우치라.

예수의 친구
4,844번째 편지 중에서 (2003년 2월 5일 14시 30분)

너희는 예수의 보혈로써 구원을 받은 백성이라 그리 말하느니라. 그러면서 어찌하여 나의 아들 예수가 전한 그 뜻은 지키지 아니하는가? 성서에 나의 아들이 그리 전했느니라. 예수가 행한 것을 똑같이 행하는 백성은 다 그의 친구라 말하였느니라. 그리고 형제와 같은 자라 말하였느니라.

내가 너희에게 전했듯이, 예수는 스승도 아니요, 신도 아니요, 예수가 전한 나 여호와의 뜻을 그대로 행하는 자는 예수의 친구라 그리 말하였느니라. 너희는 그와 같이 예수가 행한 것을 따르며 예수가 이루고자 했던 그것을 믿고 따르는 것이 너희가 해야 하는 길이거늘, 어찌하여 그와 같은 행함은 하지 아니하고 그저 구원을 받았다 그리 말하는가?

4,853
~4,920
번째 편지

66 권 하나님 말씀

(2003/2/5 12:46~2003/2/10 19:04)

저희가 하나님의 아들이라 일컬음을 받을 것이요
4,869번째 편지 중에서 (2003년 2월 6일 10시 37분)

내가 나의 아들 예수를 통하여 성경에 기록하여 전하기를 '화평케 하는 자는 복이 있나니, 저희가 하나님의 아들이라 일컬음을 받을 것이요' 그리 전했으니, 이 대목이 너희를 위하여 내가 내린 것임을 알아야 할 것이니라.

재물을 긁어모으고 큰 성전을 짓기 위하여 믿음의 길을 가는 것은 반목하고 불화의 조짐을 갖는 것이며, 저희와 믿음을 같이 가는 자만 구원을 받고, 타 종교는 다 지옥 불로 가며 이방인이라 말하며, 형제지간에도 경원시하며 인간을 인간으로 생각지 아니하며, 오로지 저희와 같이 가는 자만이 인간의 대우를 해 주는 그와 같은 믿음을 가진 자, 믿지 않는 자와 믿는 자를 엄격히 구분을 짓고 살아가는 자가 과연 화합이요 화평을 위한 길을 가는 자이던가?

모두를 다 사랑하고 아끼라, 너희 몸같이 사랑하라, 네 이웃을 사랑하라, 그리고 인간의 생명을 가지고 태어난 형제의 소중함을 알라 그리 가르치는 나 여호와의 뜻이 참진리요 화평케 하는 것이며, 그와 같은 백성이 복 있는 자라 하였음이니, 바로 너희가 그리 가르치고자 하는 자들이니라.

그리하여 '하나님의 아들이라 일컬음을 받을 것이라' 했으니, 나 여호와가 직접 너희에게 나의 아들이요 딸이라 명하였으며, 나 여호와의 이름을 너희 성으로 간직하며 그리 갖고 살라 명했으니 바로 나의 아들이라 일컬음을 받는 것이니, 지금의 그 역사를 예비하여 너희에게 용기와 희망을 주고자 내가 미리 성경에 기록해 놓아 예언한 것을 오늘 너희에게 가르침이니, 이 소중함이요, 이 두려움이요, 이 무서움을 알라.

성서는 한 자도 고쳐서는 안 된다면서
4,913번째 편지 중에서 (2003년 2월 10일 17시 55분)

성서에 '나더러 주여 주여 하는 자마다 천국에 다 들어갈 것이 아니요, 하늘에 계신 내 아버지의 뜻대로 행하는 자라야 들어가리라.' 그리 기록하여 전했음이니, 너희는 과연 성경의 이 한 줄을 읽으며 무엇을 느끼고 무엇을 깨닫는가?

모든 역사는 창조주 나 여호와의 명에 의하여 행하여지고 역사했음을 예수는 여기에 기록하여 너희를 깨우치고자 전했거늘, 성서를 한 자도 고쳐서는 안 되며 한 획도 고쳐서는 안 된다고 하면서, 그 내용을 그대로 듣고 배우려 하지 아니하고 흘려들으면 무엇 하는가?

너희가 아무리 성서를 바로 기록한들 무엇 하며, 한 자를 빼지 아니하면 무엇 하며, 하나의 획을 고치지 아니하면 무엇 하는가? 너희가 아무리 그리 부르짖어도, 내가 성경에 기록하여 행하라 한 것을 그대로 실천하고 행하지 아니하는 것은 수없이 성경을 고친 죄보다도 더 사악한 것이 아니던가? 그와 같은 우를 범하며 그와 같은 죄를 범하고 사는 것이 너희이니라. 그러니 한 획을 고쳐도 안 되며 한 자를 빼도 더해도 안 된다는 그와 같은 소리로써 나의 피조물 만백성을 겁주지 말며 위협하지 말라.

67권 하나님 말씀

4,921~4,992번째 편지
(2003/2/10 19:28~2003/2/14 01:03)

하늘의 언어
4,921번째 편지 중에서 (2003년 2월 10일 19시 28분)

 이 동양의 작은 나라의 문자와 언어는 하늘나라의 것임을 깨우쳐야 할 것이며, 이는 하늘의 것이요, 나 여호와가 주관하는 것이기에 이를 가지고 세상을 다 통일한다는 것을 알아야 할 것이니라.

 이 세상의 언어를 하나로 통일하는 것은 인간 너희의 것이 아니요 너희의 소유물이 아니요, 하늘나라의 것이며, 나 여호와의 뜻이며 내가 주관하는 말과 글임을 알아야 할 것이니라. 그리하여 내가 지금 제3의 시대의 역사를 이루며 너희의 문자로 기록하여 세상에 '새로운 성경'이라 하여 책으로 만들어 너희가 하늘에 오르는 길을 깨우치며 바른 진리를 얻어 나에게 올 수 있도록 그리 역사하는 것이며, 그리하여 이 또한 마지막이기에 너희가 역사하는 것이며 두 번 다시 이러한 일은 없을 것이니라.

 세상에 하늘나라의 문자요 언어를 가지고 생활하며 이를 가지고 소통하며 이를 가지고 전하며 깨우침을 얻는 그 자체가 하늘나라의 것을 쓰고 있는 선택된 백성임을 알라. 그리하여 동양의 작은 나라의 백성이 선택되었다 그리 말함이니라.

 이제 동양의 작은 나라의 문자요 언어를 함부로 구사하지 말라. 아름다운 언어요, 고귀한 언어요, 사랑하는 언어요, 사랑하는 단어로 쓰도록 하라. 하늘의 글을 쓰고 있는 너희가 그 글을 가지고 욕하며, 사기 치며, 거짓 하며, 남을 불구덩이에 몰아넣으며, 남을 폐인으로 만드는 그와 같은 문자요 언어로써 쓰지 말며, 남을 억울하게 만드는 도구로 쓰지 말며, 남을 쓰러뜨리는 데 나의 언어를 쓰지 말라. 하늘의 글이요, 하늘의 언어요, 하늘의 뜻을 함부로 사용하는 그 죄가 얼마나 무서운가를 알며, 이제 나의 새로운 성경을 읽고 깨우친 너희는 동양의 작은 나라의 이 문자를 소중히 생각하며 깊이 깨달아 쓰도록 그리하라. 그것이 너희가 나에게 은혜를 받으며 영광의 길에 오를 수 있는 기본임을 알라.

내가 항상 그의 기뻐하시는 일을 행하므로
4,947번째 편지 중에서 (2003년 2월 12일 8시 33분)

성서에 예수가 '나를 보내신 이가 나와 함께 하시도다. 내가 항상 그의 기뻐하시는 일을 행하므로 나를 혼자 두지 아니하셨다.' 그리 말하였음이니, 너희는 이와 같은 성경 구절을 읽으면서 무엇을 생각하는가?

나의 아들 예수는 나의 뜻에 따라 역사하기 위하여 항상 기도하였으며, 나의 아들 예수도 내가 바라는 그 길을 가지 아니하였을 때, 내가 그를 버려둘 수 있으며 그를 떠날 수 있다 함이 여기에 기록되어 있지 아니하던가?

나 여호와가 기뻐하는 일을 행함으로 인하여 내가 예수와 같이한다 하였느니라. 나의 피조물 만백성 너희는 누구나 다 나의 뜻대로 행하고 순종하며 살면 내가 너희와 항상 같이할 수 있다 함이니라. 그러하니 나의 뜻대로 사는 백성은 구원을 받은 자요, 하늘에 올 수 있는 자이니, 내가 너희와 같이함을 알아야 할 것이니라.

68권 하나님 말씀

(2003/2/14 01:17~2003/2/18 08:05)

하늘에 오르는 찬란한 빛을 보게 됨이니
5,027번째 편지 중에서 (2003년 2월 16일 07시 31분)

나의 새로운 성경을 가슴에 안고 정독하고 또 정독할 때 반석 위에 서서 하늘에 오르는 찬란한 빛을 보게 됨이니, 이는 하늘에서 내리는 빛을 상상하지 말라. 너희의 마음의 빛이니라. 나의 새로운 성경을 가슴에 안고 정독했을 때, 나 여호와가 존재함을 알며 내가 이미 내린 그 뜻을 앎이니, 너희 가슴에 찬란한 빛이 있게 됨이며, 어찌 살아야 할 것이며 어찌 가야 할 것인가를 아느니라.

먼저 형제와 화목한 후에 나에게 경배하라
5,040번째 편지 중에서 (2003년 2월 17일 0시 18분)

내가 성경에 기록하여 전하기를, 나에게 경배하기 위하여 예물을 제단에 드리려다가 너희 형제에게 원망 들을 일이 생각나거든 먼저 가서 형제와 화목하고 그 후에 경배를 드리는 것이 너희가 해야 할 길이라 했음이니라. 너희가 나에게 기도하고 경배하는 그것보다 형제지간의 화목이 먼저라는 것을 기록하여 전했음이니라. 부모를 공경하고 형제와 화목한 것보다 더 소중한 것이 없다 내가 너희에게 그리 말함이니, 그 뜻이 과연 어디에 있겠는가? 나 여호와에게 경배하며 나를 위하여 너희가 모두를 살아가며, 나를 위하여 재물을 바치며, 부모와 형제보다도 나 여호와를 먼저 생각하는 그와 같은 믿음으로 가지 말라 하는 것을 엄히 기록하여 깨우쳐 줌이니, 이를 지나가는 말로 듣지 말며, 이를 소홀히 다뤄서는 아니 됨을 알아야 할 것이니라.

    너희가 선택을 받아 천국에 와 살려거든, 너희는 인간 세상의 삶에서 천국을 먼저 건설하며 그 속에서 사랑하는 마음으로 살아가는 자가 하늘에 오를 수 있다 내가 그리 말하였음이니, 이는 곧 무엇이던가? 너희가 지상의 삶이요 육의 세상에서 천국을 이루는 것은 무엇보다 '화목'이며 '사랑'이라는 것을 깨우쳐 주고자 함이니, 그를 모르는 자는 아무리 기도하고 경배해도 나는 그것을 듣지 아니한다는 것을 다시 한 번 깨우쳐 주고자 오늘 나의 아들을 통하여 너희에게 전함이니, 이를 명심하고 또 명심하라.

하늘에 계신 너희 아버지의 아들이 되리니
5,041번째 편지 중에서 (2003년 2월 17일 0시 32분)

    성경에 '원수를 사랑하며 너희를 핍박하는 자를 위하여 기도하라. 이와 같이 한 즉, 하늘에 계신 너희 아버지의 아들이 되리니' 그와 같이 기록하여 너희에게 깨우친 구절이 있음이니라.

    그러나 지금의 종교 지도자들은 그와 같은 것을 행하고 실천하도록 가르치지 않고, 그와 같이 사는 것이 구원의 길이라 말하지 아니하느니라. 행하는 것이 얼마나 중요한 것인가를 가르쳐 주지 아니하느니라. 그리하여 이 구절을 말로만 암송하는 것으로써 구원을 받았으며 모두 다 역사하는 것 같이 생각하느니라. 그러나 행하지 않는 것은 어떤 것도 이루어질 수 없듯이, 행함이 없이 말로써 암송하며 부르짖는 그 믿음은 나와는 아무런 관계도 없음을 알라.

69권 하나님 말씀

(2003/2/18 08:18~2003/2/21 08:41)

모세의 기적, 예수의 기적을 계승하는 백성
5,075번째 편지 중에서 (2003년 2월 19일 09시 02분)

너희가 나의 뜻에 순종하며 나의 계명을 지키고 실행할 때, 나로부터 모든 기적을 이룰 수 있는 그와 같은 역사 속에 살 수 있음이니라. 내가 내리는 모든 계명을 지키고 그대로 역사할 때, 너희가 그리 갈구하던 하늘에 오르는 길을 볼 수 있으며, 나의 아들 예수가 이루었던 기적이요, 모세 시대에 이루었던 기적을 너희 스스로 다 이룰 수 있으며 역사할 수 있다는 것을 알아야 할 것이니라.

나 여호와의 뜻에 순종하며 나 여호와로부터 내리는 모든 유업을 계승하는 백성은 바로 무엇이더냐? 나의 아들딸이니, 진정한 나의 아들딸 너희가 그 모든 역사를 이룰 기회를 얻게 됨이니라. 너희 스스로 그 기적을 너희 것으로 만들 수 있으며, 너희 앞에 그 기적의 역사가 이루어지며 그 은혜와 영광을 받는 그와 같은 기회가 있다는 것을 잊지 말라.

죽은 자가 음성을 듣고 묘지에서 살아나는 역사
5,076번째 편지 중에서 (2003년 2월 19일 09시 12분)

'죽은 자들이 나의 음성을 들어 다시 태어나 하늘에 오르는 들림을 받는다'는 그 뜻을 너희는 몰라도 너무나 모르고 있음이니라.

나 여호와의 뜻을 거역하며 내가 행하는 것을 따르지 아니하며 육의 삶에 죄를 짓고 사는 것이 지금 살면서 죽은 자이니라. 지금 육의 세상에서 천사와 같은 삶을 살지 못하며 죄를 짓고 사악한 행위를 하며 사는 자들이 바로 죽은 자이며 지옥에 가 있는 자이니라.

　그리하여 그와 같은 자들이 나의 새로운 성경을 접하여 읽고 깨우치며, 내가 내린 계명대로 살고자 노력하는 마음의 변화를 이루며 삶의 변화를 이루며 사랑을 베풀며 살아가는 것이 바로 무엇이 더냐? 육의 지옥의 세상에서 산 자로 변화되는 것이니, 나의 음성을 들으며 나의 아들 예수의 음성을 들음이니라.

　지금 나를 부를 수 있는 지상의 삶인 이 세상에서 지상의 천국에서 사는 자는 산 자요, 지상의 지옥에서 사는 자는 죽은 자이기에, 지상의 지옥에서 나의 음성을 들으며 구원을 받으라 함이니, 그것이 바로 들림이요, 새로 태어나는 것이니라.

　나의 새로운 성경이요 십계명대로 지키고 살라. 그와 같이 마음을 돌리고 변화되는 그 순간에 너희가 하늘에 오르는 그와 같은 들림을 받는 것이며, 나의 음성을 듣는 것이며, 죽은 자가 묘지에서 살아나는 그 역사가 이루어지는 것임을 이제 깨우쳐 행하도록 그리하라, 불쌍한 나의 백성들아!

마지막 천국의 자리를 양보하는 자가 되어야
5,127번째 편지 중에서 (2003년 2월 22일 0시 19분)

　천국에 가는 자리가 하나가 남았을 때, 마지막 그 하나라도 양보하는 사람이 되어야 할 것이니라. 제자 너희가 정녕 그와 같은 마음으로 살아갈 때, 나에게 올 수 있는 백성이요, 나로부터 선택된 나의 아들딸이요, 만백성을 구원할 수 있는 자격이 있음이니라.

70권 하나님 말씀

5,139 ~5,213 번째 편지

(2003/2/22 08:49~2003/2/25 15:39)

독신주의
5,154번째 편지 중에서 (2003년 2월 23일 07시 27분)

 너희는 출가한다 하여 외로운 독신의 길을 가는 것이 종교요 믿음의 길이라 하나, 그것은 우선 육의 세상에 있는 부모의 마음을 아프게 하는 행위이니, 그것부터 잘못 시작하는 것이니라.

 남녀가 만나 가정을 이루고 후손을 이루며 살아가게 되어 있는 것을, 믿음의 길이요 종교 지도자의 길을 간다 하여 가정을 저버리고 독신주의로 혼자 가는 것은 가정을 가진 사람들의 그 마음을 모름이니라. 가정을 갖지 아니한 자는 가정을 갖고 살아가는 사람의 고충과 시련을 절대 알 수 없으며 그 의미를 알 수 없느니라. 부부지간의 사랑이 무엇이며, 어렵고 힘들 때 서로 힘을 합치며 사는 것이 무엇이며, 자식을 사랑하는 내리사랑이 무엇인지 그 자체도 모르면서 종교 지도자의 길을 간다 하여 독신으로 혼자 가는 것은 만백성을 깨우치는 지도자로서 진정 만백성과 더불어 갈 수 없으며 그들의 아프고 슬픈 마음을 알지 못함이니, 어찌 그들의 지도자가 될 수 있다 하는가? 진흙탕에 들어가서 거기에 빠지지 않고, 진흙탕에서 허덕이는 백성을 끌어내는 그와 같은 자가 진정한 지도자라 말하였느니라. 악에 들어가기가 두려워서 들어가지 않고 그저 밖에서 소리 지르는 종교 지도자, 제 옷에 진흙이 묻을까 봐 진흙탕에 들어가지 아니하며 밖에서 소리만 지르는 그와 같은 지도자는 진정한 종교 지도자가 아님을 알아야 할 것이니라.

감히 사탄이나 마귀도 근접하지 못하느니라
5,211번째 편지 중에서 (2003년 2월 25일 15시 27분)

너희가 지금 살아가는 삶이 아무리 잘못된 길을 가고 있으며 악의 자식으로서 악의 구렁텅이에 빠져서 살아간다 하여도 두려워하지 말며 겁먹지 말라. 너희는 변화될 수 있으며, 변화되어 나에게 돌아올 기회가 있음이니, 지금 좌절하거나 너무 두려워하지 말라.

너희는 다 똑같이 내가 사랑하는 나의 아들딸이라 하였음이니, 너희가 회개하고 반성하며, 그리고 내가 마지막 시대에 나의 성령을 태워 내리는 나의 새로운 성경을 읽고 깨우쳐 내가 이루고자 하는 그 뜻을 따라 행하고 산다 하면, 나 여호와는 항상 너희를 기다리고 있다는 것을 잊어서는 아니 될 것이니라. 나는 어떠한 상황에서도, 어떠한 시점에서도 너희를 버리거나 손을 놓지 아니하느니라.

가족단위로 기도하며, 혼자 기도하며, 그리고 조용히 나 여호와에게 오는 길이 무엇인가를 나의 성경을 정독하고 읽고 또 읽어 그 뜻을 깨우쳤을 때, 성서의 깊이를 더 알 수 있을 것이니라. 그러니 그와 같은 백성은 사탄도 감히 무너뜨리지 못하며 유혹하지 못함을 알라.

너희가 나에게 오르고자 하여 그 진리의 길을 향하여 달려올 때는 너희를 넘어뜨리지 못하며 끌어가지 못하며 유혹하지 못하는 것이 사탄임을 알라. 나 여호와의 뜻을 거역하며 나를 이길 수 있는 것은 세상에 아무것도 없으며, 아무리 사탄이 득세하고 저희가 많은 사악한 자들을 이끌고 있다 하여도 감히 나를 거역하며 나를 이길 수 없는 것이 그들이라는 것을 깨우치도록 하라.

71 권 하나님 말씀

5,214
~5,287
번째 편지

(2003/2/25 15:48~2003/3/2 12:05)

만백성이 다 나 여호와와 하나가 되어야
5,250번째 편지 중에서 (2003년 2월 28일 0시 36분)

5 　나로부터 선택된 나의 백성 너희는 나 여호와와 하나가 되어야 하며, 또한 내가 창조한 만백성 너희가 다 나와 하나가 되어야 한다는 것을 잊어서는 아니 됨이니라. 그러한 삶이야말로 인간 세상을 초월하여 나 여호와의 나라에 와 사는 것이니라. 이것이 바로 너희가 가야 할 길이며, 지금 삶의 공간을 넘어서 나에게 오는 길에 들
10 어서는 삶을 살아야 함을 알아야 할 것이니라. 나로부터 선택된 백성이요, 나의 새로운 성경을 읽고 깨우치며 강론을 듣는 백성, 너희는 이제 인간 세상에 사는 그와 같은 삶이 아니요, 인간 세상의 그 공간을 넘어 나 여호와가 존재하는 하늘나라의 세상을 볼 수 있어야 함이니라. 그리고 거기에서 사는 삶을 살아야 할 것이니라.

15 　너희는 아무렇게나 살아서는 아니 되느니라. 정도의 길이요, 새로운 성경에 따라 사는 길, 그리고 나의 계명대로 살아가는 길은 젊으나 늙으나 다 똑같이 지키고 살아가야 함을 잊어서는 아니 될 것이니라. 너희가 늙었다 하여 정도의 길을 살아가는 데 조급한 마음을 가지고 사는 것이 아니며, 또한 어리다 하여 그저 태만하게 대충 인
20 생을 살다가 나이가 들어 노인이 되어 바로잡아 구원의 길을 오겠다는 그와 같은 착각 속에서 살아서는 아니 될 것이니라. 나이 먹어서는 나이 먹은 대로 정도의 길을 가야 하는 것뿐이며, 어려서는 어린 대로 정도의 길을 가야 하는 것뿐이니, 나이를 먹든 젊든 정도의

길은 지금부터 당장 시작하여야 하며, 거기에 어긋나는 삶을 살아서는 아니 됨이니라. 그때를 기다릴 수 없으며 그리 역사할 수 없는 것이 너희의 삶이라는 것을 잊지 말라.

내가 곧 길이요 진리요 생명이니
5,251번째 편지 중에서 (2003년 2월 28일 0시 45분)

내가 예수를 통하여 성경에 기록하여 전하였음이니, 예수는 그리 말하였느니라. '내가 곧 길이요 진리요 생명이니, 나로 말미암지 않고는 아버지께로 올 자가 없느니라.' 그리 기록하여 놓았느니라.

이는 너희가 예수 앞으로 가야만 예수로 하여금 구원을 받는다는 것이 아니요, 예수와 같은 삶을 살며 그가 살아온 전철을 그대로 밟아 예수와 같은 자세로 사는 것이 너희가 구원을 받고 나에게 오르는 길임을 표현한 것이니라. 예수는 나의 명을 받아 세상에 나갔음이니, 예수와 같은 생각을 하고 예수와 같은 마음으로 살아가는 자만이 나에게 오를 수 있으며 구원을 받는다는 그와 같은 의미임을 알아야 할 것이니라. 예수가 산 그대로 살지 아니하는 자는 누구도 나 여호와에게 올 수 없다는 것을 말하는 것이며, 그와 같이 사는 자만이 나에게 오를 수 있다는 것을 잊어서는 아니 될 것이니라.

이것은 엄연히 나의 아들 예수가 원했던 그 정도의 길을 사는 자만이 구원을 받는다는 것이요, 나의 아들 예수를 부르기만 하면 구원을 받는다는 것이 아님을 알라.

72권 하나님 말씀

(2003/3/2 18:50~2003/3/6 12:11)

모든 것의 위에 있는 가르침
5,313번째 편지 중에서 (2003년 3월 3일 16시 40분)

내가 너희에게 최초에 세상에 내려보낸 것은 '하늘을 향하여 한 점의 부끄러움이 없는 삶을 살아가라.' 하는 것이니, 그것이 지금의 율법보다도 위에 있으며, 구약이요, 신약이요, 십계명이요, 나의 새로운 성경 그 모두보다 위에 존재하는 것이니라. 그보다 더 위대한 것이 없으며 더 귀한 것이 없으며 더 소중한 것이 없음이니라. 그것을 알고 나를 믿고 내가 존재함을 믿으며 선행을 베풀고 살면, 율법이 어떻고 구약의 구절이 어떻고 신약의 글자가 어떠하며 그 내용이 어떠하며 그리고 예수의 죽음이 어떻고 그 고통이 무엇이며 부활이 어떠하다는 것을 갑론을박하며 이야기할 가치가 없음이니라.

참사, 끝없이 인간의 비참한 현상을 보게 될 것이니
5,318번째 편지 중에서 (2003년 3월 3일 19시 52분)

내가 너희에게 기본 양심을 지키고 살라 한 것을 너희가 지키지 아니하여 이 세상에 무서운 재앙이 계속되는 것이니, 너희가 막을 수 없는 그와 같은 사고들이 계속 일어남이니라. 너희가 기본의 자세요, 기본의 인성이 잘못되어 인간 생명의 귀중함을 모르며 남의 생명이 얼마나 위대한지를 모르기에, 그와 같이 험악한 일을 너희 스스로 만들며 너희 스스로 무덤을 파는 것이니라.

그와 같이 어려운 시련과 고통 속에서 그나마 기본의 자세요, 기본의 양심을 돌아다보는 것이 너희의 마음 자세가 아니던가? 그를 보고 체험하지 않는 한 너희는 절대로 자신의 잘못 가는 것을 돌아다보려 하지 않으며 고치려 하지 않으며, 그저 묻어 버리고 덮고 가느니라. 이 모두는 종교 지도자들이 나의 백성을 이기주의자로 만들었으며, 욕심을 갖게 하였으며, 그저 저만 생각하며 저만 구원받으면 되는 것으로 그와 같이 몇천 년 동안 나의 백성을 잘못 가르쳤으며 잘못 인도했기 때문에 오늘과 같이 무서운 현실이 이루어짐을 알아야 할 것이니라.

너희가 인간의 기본자세요 인성으로 돌아가지 아니하며, 내가 너희에게 내린 나의 성령이요 나의 새로운 성경의 가르침을 상기하여 그를 지키고 행하는 그와 같은 대변화가 이루어지지 않는 한 그 참사는 계속 일어날 것이며, 끝없이 인간의 비참한 현상을 보게 될 것이니라. 너희의 기본자세가 바로 설 때까지 나 여호와는 너희가 잘못하여 이루어지는 그 역사를 시시비비 하지 아니하며 그를 들여다보지 아니할 것이니라. 그러니 너희는 나 여호와가 그를 말리지 아니하며 그를 막지 않는다 하여 나를 원망하지 말라.

너희가 양심을 찾으며 인간의 존엄성을 회복할 때 너희 스스로 그 모두를 막을 수 있는 것이거늘, 그를 너희가 스스로 막지 않는 그와 같은 행위임을 알아야 할 것이니라. 이를 스스로 막고 안 막는 것은 너희에게 달렸음이니, 나를 원망하지 말며, 나를 부르지 말며, 나에게 눈물로 하소연하지 말며, 눈물로써 나를 원망하는 그와 같은 행위를 하지 말라.

73권 하나님 말씀

5,364~5,438번째 편지

(2003/3/6 13:59~2003/3/10 16:45)

부자는 천국에 들어가기 어렵다?
5,378번째 편지 중에서 (2003년 3월 7일 07시 38분)

  부지런하고 근면 검소함을 생활 바탕으로 하여 열심히 살아가는 자, 남에게 베풀며 남을 사랑하고 용서하며 살아가는 그와 같은 부자를 내가 어찌 미워하며, 부자는 감히 하늘에 올 수 없는 그 고통의 길을 겪어야 하는 것이라 그리 말하는가?

  가난이 무슨 자랑이던가? 게으르고 방탕한 생활로 자기 인생을 가누지 못하며 잘못된 삶을 살아 가난하고 어렵게 사는 자, 그게 무엇이 자랑이라는 말이던가? 나 여호와의 뜻대로 살며 나에게 순종하며 사는 것이 나에게 중요함이니라. 재물을 거둬들이려는 그 교묘하고 사악한 방법으로써 나의 피조물 만백성을 혼동하게 하지 말며, 일하며 노력하는 자를 방해하지 말라.

  가난한 자가 축복받고 천국을 간다 하여 노숙자로 길거리에서 잠자며 남에게 얻어먹으며 가난하게 사는 것을 자랑으로 생각하는 그와 같은 못된 습성을 가지고 사는 자들이 나오며 가난하게 사는 것을 근본으로 살아가는 백성이 이 세상에 나온다면, 너희는 과연 무엇으로써 그것을 책임질 것이며 무엇으로써 너희가 지은 죄를 다 갚으려 하는가?

  저 자신이 어떠한 형태인지도 모르면서 나에게 선택받았기 때문에 나 여호와가 일하지 말고 그저 놀고먹으라 했다 하며 그와 같은 형국으로 살아가는 백성도 있다는 것을 잊지 말라.

70퍼센트 이상의 신도가 의구심을 갖고 있으니
5,383번째 편지 중에서 (2003년 3월 7일 13시 12분)

 너희가 생각할 때는 수천 년 동안 흘러오는 믿음이요 그 종파의 무리가 이 세상을 지배하며, 그 성전의 숫자를 헤아릴 수 없이 이 세상을 다 지배한다 그리 생각할 것이나, 그렇지 아니함이니라.

 지금 믿지 아니하며 그저 사람답게 살고자 하는 나의 백성이 수없이 많이 있으며, 또한 지금 믿음의 길을 가는 백성의 70퍼센트 이상이 저희가 가는 길이 진정한 믿음인가, 정말 하늘에 오르는 길인가, 그리고 저희 종교 지도자가 가르치는 것이 과연 맞는가 의구심을 갖고 있으니, 그만큼 많은 숫자가 지금 불안해하며 정서불안으로 가고 있음이니라. 그 종교 지도자요, 집단들이 하는 그 행태를 보고 스스로 불안과 공포에 젖어 있는 백성이 수없이 많이 있음이니라. 그러니 이 세상을 믿음의 길을 가는 백성이 통제하고 지배하는 것 같이 생각한다 해도, 실질적으로 그 믿음의 길을 가는 자가 그렇게 많지 아니함이니, 곧 이는 그들이 무너질 수 있다는 의미임을 알라.

 그들의 굳어진 믿음의 자세는 무엇으로도 깰 수 없을 만큼 그리 굳어져 있다 하지 않았는가? 그러나 그 속에서 지금 불안해하고 공포에 떨며 의혹을 가지고 이것은 아니라며 고개를 흔들면서도 구원이라는 것을 알고 있기에, 지옥이라는 그 무서운 테두리 때문에 어쩔 수 없이 끌려가는 백성에게 새로운 성경을 전하여, 그들이 읽고 깨우쳐 그들로부터 변화되는 역사를 이루어야 함을 잊지 말라.

74 권 하나님 말씀

5,439~5,517번째 편지

(2003/3/10 16:58~2003/3/14 22:06)

모든 일에 긍정적일 때
5,456번째 편지 중에서 (2003년 3월 11일 12시 27분)

너희 자신의 육의 삶도 중요하고 소중함이니라. 그러나 너희가 이기주의로 자신만을 사랑하고 자신만을 과잉보호하다 보면 세상의 아름다움을 보지 못하며, 이웃의 어렵고 힘든 고통을 알아보지 못하고 살아가니, 너희 마음 자세가 자신도 모르게 그리 변하게 되느니라.

만백성을 모두 사랑하는 마음으로 돌릴 수 있는 것은 너희가 자신을 사랑하는 마음을 거둬들임이 중요함을 알아야 할 것이니라. 자기 자신을 사랑하지 아니하는 마음으로 세상을 살아갈 때, 더러는 부정적이요 용서할 수 없으며 받아들일 수 없던 이 세상의 모든 일이 다 긍정적인 것으로 보이게 되며, 긍정적인 마음이 일어날 때 그것이 모든 것을 사랑하는 마음이 됨이니라. 너희는 그 길을 위하여 노력하며 살아가야 함을 알아야 할 것이니라. 부정적인 마음으로 산다면 아직도 깨달음이 없는 것이며, 남을 사랑할 수 있는 마음의 근본 자세가 아니 되었음을 알라.

이제 오늘 이후부터 너희는 자신을 사랑하는 마음의 끈을 놓도록 하라. 자신을 더 사랑하면 모든 것을 긍정적으로 볼 수 없으며 사랑하는 마음으로 볼 수 없다는 것을 깊이 깨우쳐 행하도록 그리하라, 사랑하는 나의 아들딸들아!

가장 위대한 최초의 계명, 양심
5,480번째 편지 중에서 (2003년 3월 12일 14시 19분)

너희가 살아가면서 잘못했을 때 마음에 양심의 가책을 느끼지 않는가? 그것이 내가 너희에게 내려준 초심이니라.

나 여호와가 존재하는 것을 믿든 안 믿든 너희 자신의 양심을 느끼는 것, 그것이 바로 내가 너희에게 내려보낸 가장 위대한 최초의 계명이요, 나의 성령이요, 나에 대한 믿음이요, 그것이 구약과 신약 그 모두의 위에 존재하며, 최초에 먼저 세상에 내려보낸 가장 중요한 율법이요, 나의 법도라는 것을 알아야 할 것이니라. 그것을 너희가 완벽하게 행하지 못하였기 때문에 구약과 신약이라는 그와 같은 역사가 세상에 이루어진 것이니, 이 의미를 깊이 깨닫고 살아야 할 것이니라.

너희 마음속의 양심, 그 초심으로 돌아가는 것이 나 여호와의 모든 것을 알게 됨이니라. 너희가 초심으로 돌아가면 나 여호와가 존재함을 의심하거나 불안해하거나 마음속으로 계산할 필요가 없는 것이니라. 너희가 초심으로 돌아가지 아니하기 때문에 내가 존재하는 것을 믿지 않으려 하며, 믿어 봤자 어떠한 결과도 없을 것이라는 생각을 하고 있으며, 삶에 손해를 보며 억울한 삶을 산다 그리 계산을 하는 자도 있음이니, 보이지 않는 바람이 엄연히 불듯이, 너희가 보지 못하고 듣지 못한다 해도 나 여호와는 반드시 존재한다는 그 무서움을 알고 삶을 고쳐 가도록 그리하라. 그리해야만 하늘에 오르는 영광된 길을 볼 수 있음을 알라.

75권 하나님 말씀

5,518
~5,589
번째 편지

(2003/3/15 07:58~2003/3/18 19:40)

새 계명을 주노니, 너희는 서로 사랑하라
5,563번째 편지 중에서 (2003년 3월 17일 23시 30분)

내가 나의 아들 예수를 통하여 성경에 기록하여 너희에게 전하기를, '새 계명을 너희에게 주노니 서로 사랑하라.' 하고 너희에게 내렸음이니라. 그리고 '내가 너희를 사랑하는 것 같이 너희도 서로 사랑하며 살라.' 나의 아들을 통하여 너희에게 깨우쳐 전하였느니라. '너희가 서로 사랑하면 이로써 모든 사람이 너희가 내 제자인 것을 알 것이라' 예수가 그리 전하여 너희를 깨우쳐 주었음이니라.

나의 아들 예수를 통하여 너희에게 새로운 계명이라 하여 '서로 사랑하며 살라.' 그리 전하였음이니라. 그리하여 나의 아들 예수는 서로 사랑하는 그 모든 것이 곧 너희가 예수의 제자라는 것을 증거하며, 서로 사랑하는 것이 나의 백성이라는 것을 증거한다고 말하였음이니라.

그러나 지금 너희가 살아가는 형국은 어떠한가? 이 세상에 제 것만이 위대한 것이요, 저희 집단만 위대하다는 그와 같은 생각을 하는 종교 집단이 지금과 같이 이 세상을 지배하지 아니하였을 때, 나의 백성은 이웃과 더불어 사랑하고 서로 용서하는 그와 같은 마음으로 살아갔음이니라. 그러나 세상에 종교 집단이 생김으로 인하여 제가 구원받아야 하며 저를 위주로 하는 이기심과 욕심에 빠진 형국으로 변하여 지금 '서로 사랑하라.' 한 그 뜻을 저버렸으며, 내가 새로 내린 계명이라 하여 '서로 사랑하라.' 한 그 계명을 묻어 버리며 지키지 아니하고 살아가는 것이 아니던가?

　너희는 같은 믿음의 길을 가는 자들을 형제·자매라 그리 말하며, 다른 백성은 이단이라 하며, 불신자와는 금전거래도 하지 말고 사랑도 나누지 말며 교제도 하지 말라 하며 그렇게 살아감이니, 내가 너희에게 모두 '서로 사랑하며 살라.' 내린 나의 새로운 계명은 어디로 흘러갔으며 그 계명은 누가 어디에다가 묻어 놓았는가? '너희는 서로 사랑하라.' 하였거늘, 어찌하여 그와 같이 편파적이고 편협한 사랑으로써 나의 피조물 만백성을 갈라놓는가? 그리하여 종교 집단이 잘못되었다 말함이니라.

대자연을 모두 사랑하는 위대한 마음으로
5,576번째 편지 중에서 (2003년 3월 18일 12시 42분)

　모두를 사랑하는 눈으로 보다 보면 너희 자신도 모르게 가슴 깊이 뿌리내린 사악한 마음이요, 시기요, 질투요, 음해하는 마음을 하나하나 뽑아 던질 수 있는, 그와 같이 대자연의 품 안으로 돌아가는 위대한 역사를 이룰 수 있느니라.

　아름답게 변하면 갈수록 더 아름다워지며, 악하게 변하면 갈수록 더 악해지는 것이 너희이니, 대자연을 모두 사랑하는 그와 같은 위대한 마음을 가지고 살 때, 너희는 마음의 근심이요, 이기심이요, 그 모든 것을 버릴 수 있느니라.

76 권 하나님 말씀

5,590~5,667 번째 편지

(2003/3/18 19:50~2003/3/23 21:32)

예수의 효성
5,603번째 편지 중에서 (2003년 3월 19일 17시 11분)

나의 사랑하는 예수가 죽어 가면서 무어라 말하였는가? 그는 죽어 가면서 신뢰하는 그의 제자를 불러 그의 어머니를 보살펴 주기를 눈물 속에 부탁하면서 형장의 이슬로 사라져 갔으니, 그 모습에서 너희는 무엇을 배웠으며 과연 무엇을 느꼈는가? 나의 아들 예수가 성령으로써 육의 어머니의 몸을 빌려 세상에 나왔음이니, 그가 죽음 직전에 눈물로써 육의 어머니를 부탁하는 그 효성스런 마음을 너희는 들여다보지 못함이니라. 예수가 어머니를 부탁했듯이 너희가 그와 같은 효성으로 부모를 받들고 공경하는 거기서부터 나 여호와를 따르며 경배하는 마음이 싹트느니라. 부모를 공경하지 않는 마음에서는 예수의 마음을 알 수 없으며 예수의 심성을 닮을 수 없으니, 너희가 바로 예수의 행동을 따르지 않는 자요, 그저 말로써만 수다를 떠는 사악한 종교 지도자에게 현혹되어 어떤 것이 진리이며 참뜻인지 모르는 자라는 것을 이제 깨우칠 때가 되었음이니라.

네 부모의 주름진 얼굴을 다시 바라보며, 나의 아들 예수가 그의 제자에게 부탁한 것보다도 더 깊은 애정으로, 너희를 길러 주고 낳아 준 부모에 대한 그 애정의 표시를 하며 부모를 돌아다보는 그와 같은 자식으로 변화하라. 바로 그것이 근본이요, 나를 찾으며 나에게 기도할 수 있는 자격을 얻음이니 그리 알라, 사랑하는 나의 아들 딸들아!

남편을 명장으로 만든 평강 공주의 지혜
5,656번째 편지 중에서 (2003년 3월 23일 06시 53분)

너희 동양의 작은 나라에 전해 오는 아름다운 이야기 중에, 세상 사람들이 손가락질하는 바보 '온달'에게 시집을 간 '평강' 공주가 그 바보를 명장으로 만들어 나라를 위기에서 구했다는 말이 있지 아니하던가? 모든 여인이 평강 공주와 같은 지혜를 가지고 가정을 다스리며 남편을 바라보고 남편을 그리 깨우쳐 줄 때 이 세상은 가장 아름답고 평화로운 세상이 됨이니라. 그곳에는 가정의 안정이 있으며, 가정의 화목이 있으며, 그리고 가정의 의식주를 해결할 수 있으며, 평강 공주와 같은 마음으로 남편을 받들 때 그 남편이 잘못 갈 자 없으며, 비뚤어질 자 없으며, 가정을 버릴 자가 없음이니, 우선 유하고 부드러운 여성, 너희가 그와 같은 아름다운 지혜를 가지고 살도록 하라.

여인 너희가 자세를 곧고 바르게 하며 오로지 평강 공주 같은 지혜로 모든 것을 다스려 나갈 때, 너희의 채워지지 않는 가슴의 허전함을 다 채워 줄 것이니, 모든 여성은 부드러운 모성애의 마음으로 돌아가라. 그것이 이 세상을 아름다운 세상이요, 천국과 같은 세상으로 이루는 근본이요 기본이니라.

너희가 그냥 마음을 다스릴 수 없으나, 평강 공주와 같은 지혜를 가지고 남편을 다스려 이끌어 간다면, 그 가정은 화목하며, 그 가정이 천국이 되어 이 세상 또한 천국이 됨을 잊지 말라, 사랑하는 나의 아들딸들아!

77 권 하나님 말씀

5,668~5,732번째 편지

(2003/3/23 21:37~2003/3/26 15:27)

저의 죄를 용서하여 주옵소서
5,702번째 편지 중에서 (2003년 3월 25일 06시 20분)

나는 너희에게 '저의 죄를 용서하여 주옵소서.' 그리 기도하고 경배하라 하였음이니라. 너희가 지금까지 살아오면서 알게 모르게 지은 그 죄목을 하나하나 꺼내 나에게 용서를 빌다 보면, 너희 인간의 자체요, 인간의 값어치요, 너희가 존재하는 이유요, 그리고 너희가 어떠한 사람인지를 스스로 재판하여 알 수 있음이니, 그와 같이 죄의 용서를 빌며 회개하는 삶을 살려고 노력할 때, 지난 죄의 두려움을 알아 앞으로 죄를 짓지 않는 깨달음을 얻게 되느니라.

모세가 왕자로서 40년을 살다가 살인하였음이니, 그가 살인하고 싶어서 살인했겠는가? 그리하여 그는 광야에서 40년 세월 동안 살았으니 사람을 죽인 것을 얼마나 후회하고 통곡하며 그에 대한 회개와 반성의 눈물을 흘렸겠는가? 바로 그와 같으니라. 너희가 지금까지 살아온 잘못된 것을 회개하고 용서를 비는 속에서 너희 마음이 다져지며, 너희의 각오가 바로 서며, 너희가 가야 할 길이 무엇인가를 알게 됨이니라. 모세는 광야에서 40년 동안 그 살인한 죄를 생활 속에서 회개하고 반성하며 뉘우치며 깨달았으며, 경솔함을 깨달았으며, 포악함을 깨달았으니, 사람을 죽게까지 한 성격의 저 자신을 얼마나 낮추며 회개하고 눈물로써 반성했겠는가? 그와 같은 훈련 속에서 그를 내가 썼음이니, 그리하여 모두 80년이라는 세월이 흐르지 않았던가?

너희는 날마다 십계명을 암송하며, 기도할 때마다 '저의 죄를 용서하여 주옵소서.' 그리하라 하였음이니, 너희의 죄를 들여다보고 거울삼아라.

3년 동안 160권의 새로운 성경을 역사하라
5,713번째 편지 중에서 (2003년 3월 25일 14시 38분)

사랑하는 나의 아들아!

"네, 아버님! 말씀하옵소서."

1부 열여섯 권의 새로운 성경은 너를 따르는 백성, 너의 제자들을 단단히 세우며 훈련하도록 그들에게 내린 기본서라 그리 말하였음이니라. 2부 1권이 나온 그날부터 3년이라는 역사 속에 내가 모두를 다 이루고자 하는 것을 너는 알아야 할 것이니라. 그 안에 모든 것을 이룰 수 있도록 너는 최선을 다하라. 그것이 나 여호와가 너에게 바라는 것이며, 또한 네가 그 역사를 이룰 수 있으며, 이루어야 한다는 것을 알아야 할 것이니라.

내가 미리 너에게 3년이라는 세월 속에 160권의 새로운 성경을 역사하라 했다면 너는 도망갔을 것이며, 나를 등지고 짐을 싸서 돌아갔을 것이니라. 그리하여 내가 너를 지금까지 달구고 훈련시켰으며, 이제는 네가 그 기간에 해낼 수 있으며, 내 뜻을 받아서 책으로 만들 수 있다는 자신과 용기를 가졌을 것이니라. 그리하여 내가 너에게 오늘 말함이니, 160권에서 열여섯(1~16) 권의 기본서를 뺀 나머지를 모두 3년이라는 그 세월 속에 마칠 수 있도록 최선을 다하라. 그것이 나 여호와의 기쁨이요 나의 행복이니라.

5,733
~5,808
번째 편지

78 권 하나님 말씀
(2003/3/26 15:33~2003/4/2 11:37)

땀 흘려 의식주를 해결하지 않는 자, 영과 육이 타락한 자
5,748번째 편지 중에서 (2003년 3월 28일 0시 02분)

5 땀 흘려 일하지 않고 노력하지 않는 자는 나와는 관계없는 자라는 것을 알아야 할 것이며, 또한 그와 같은 자는 휴식이라는 시간을 가질 자격도 없음을 알아야 할 것이니라.

나 여호와는 노력하여 얻고 이루어 가며 살도록 모든 것을 준비하여 너희에게 내렸음이니, 노력하지 아니하는 백성은 나의 뜻을
10 거역하는 것이며, 강도처럼 가난이 너희도 모르는 사이에 찾아옴이니 너희 스스로 궁핍한 생활이요, 남에게 구걸하는 생활이요, 남의 눈치를 보는 삶을 살게 되어 있음이니라. 피나는 노력으로써 살아가며, 땀 흘려 노력하는 것이 나 여호와의 뜻을 거역하지 않는 것임을 알아야 할 것이니라.

15 노력하지 않는 자는 육으로만 타락한 자가 아니요, 영적으로도 타락한 자이니라. 만백성을 구원해 준다는 목자요, 목사요, 종교 지도자가 땀 흘려 일해서 스스로 모든 것을 해결하지 않는다면 나에게 선택되지 않은 자라는 내 뜻을 여기서 깨우쳐야 할 것이니라. 땀 흘려 열심히 노력하지 않고 그저 세 치의 혓바닥으로 나의 피조물
20 만백성에게서 무상으로 거두어들여 먹고사는 그와 같은 종교 지도자는 육으로 타락한 자요, 영적으로 타락한 자이니, 그와 같은 자 앞에서 무슨 구원을 받으며 하늘에 오르는 길을 인도받고자 하는가? 그와 같은 생각으로 가는 것이 지옥으로 가는 길임을 알라.

제78권

준비된 땅, 가나안
5,756번째 편지 중에서 (2003년 3월 28일 11시 36분)

　준비된 땅이라는 것은 무엇이더냐? 나 여호와가 세상을 창조했음이니, 그 전체가 다 준비된 땅이니라. 준비된 땅이라 하여 특별한 땅이 존재하는 것이 아님을 알라.

　땅은 말이 없으며 움직이지 못함이니라. 그러니 움직이는 인간 너희가 깨달아 진실하고 아름다운 천사의 마음과 같이 사는 백성이 가서 자리 잡는 그 땅이 준비된 땅이지, 인간이 준비된 땅을 찾아가는 것이 아니라는 것을 알라. 너희는 준비된 땅을 내가 만들어 놓으며, 거기에는 재물이 있으며 축복이 있으며 영광이 있는 것처럼 그리 생각하여 준비된 땅에 특별한 사람들이 산다 생각하나, 준비된 땅이 아니라 준비된 백성이 가서 사는 곳이 준비된 땅이라는 것을 알아야 할 것이니 그 뜻을 깊이 깨우치라.

　내가 모세에게 광야에서 몇십 년 동안 시련을 겪게 하고 고통을 준 것이 무엇인 줄 알겠는가? 준비된 땅에 와서 살 수 있는 자들, 그 준비된 사람을 선별하고 준비된 사람을 고르기 위해서 그 많은 세월이 흘렀음을 알아야 할 것이니라.

　너희가 오늘의 시련을 겪고 역사하는 것이 무엇이던가? 너희를 내가 준비된 땅으로 보내는 것이 아니요, 준비된 백성 너희가 이 지상에 있는 내가 준비한 모든 땅에 자리를 잡는, 그와 같은 너희만의 세상을 열어 주는 것이며, 그것이 너희를 위하여 세상을 여는 것임을 알라.

79권 하나님 말씀

(2003/4/2 11:42~2003/4/8 08:43)

예수가 목사학교를 나왔던가

5,824번째 편지 중에서 (2003년 4월 4일 06시 37분)

예수가 목사학교를 나왔던가, 신학교를 나왔던가? 나에게서 직접 명을 받아 그가 세상에 나가 전했음이니라. 지금 160권의 새로운 성경을 써서 만백성을 구하고자 하는 나의 아들 또한 그가 신학이라는 학교에 다녔으며 거기서 명칭을 받았으며 거기서 직함을 받아서 가르쳤던가? 너희는 그와 같은 이치부터 깨우치고, 벗어나야 함을 알라. 누구든 나 여호와가 필요하여 이루고자 하면 내가 그를 불러 씀이니라. 누구나 나 여호와의 뜻에 따라 살고, 생활에 충실하며, 요소요소에서 남에게 모범이 되는 삶을 살아가는 그것이 바로 전도요, 나의 성경을 가르치는 길이라는 걸 너희는 알아야 할 것이니라.

나의 성경이라는 것은 제한된 것이 아니요, 그 비유의 뜻은 아무나 깨달을 수 없으며, 신학이라 하는 대학을 나왔다고 해서 거기에서 깨달으며 완벽하게 아는 것이 아니니라. 누구든 성경을 읽고 깨우쳤을 때, 아름답고 모범적으로 사는 자에게 내가 지혜를 주고 깨달음을 주며 남을 가르칠 수 있는 능력을 준다는 것을 너희는 알아야 할 것이니라. 신학이라는 그와 같은 자격을 가진 자들만 연단에 서서 설교하고 강의하며 나의 성경을 가르친다는 그와 같은 생각을 이제 접어야 할 것이니라. 인간 세상에서 인간의 계획에 따라 주는 자격증은 나와는 아무런 관계가 없음이니라.

인생의 패잔병이 가르치는 종교 집단
5,825번째 편지 중에서 (2003년 4월 4일 06시 44분)

인간 세속의 삶에서도 성공하지 못하고 남에게 부끄러운 삶을 살아온 자가 어찌하여 하늘의 뜻이요 하늘의 진리를 가르치는 지도자로 선단 말이던가? 너희 신도들 중에는 성공한 자가 있으며 바로 선 자가 많이 있으니, 신도보다 못한 자가 지금 그 앞에서 가르친다고 하고 있음이니라.

너희는 인간 세속에서도 느끼지 않는가? 가난한 자, 그리고 힘들게 살아온 자가 권력을 잡았을 때 그는 무엇부터 하는가? 우선 권력을 남용하여 부를 축적하며, 지금까지 배고프고 힘들었던 것을 보상받고자 하는 것이 그들의 심리이니, 과연 그와 같은 심리를 가진 자들이 바르게 이 세상을 다스릴 수 있단 말이던가?

단지 그들은 지금 패자일 뿐이니라. 무엇인가 하나라도 바로 선 자, 무엇인가를 역사하여 성공한 자, 작은 나무 하나를 세우는 것도 정성을 다하여 세운 자, 그와 같은 승자만 종교 지도자가 될 수 있다는 것을 알아야 할 것이니라.

지금 이와 같이 썩어 가는, 잘못된 패잔병들이 가르치는 그 집단을 대수술을 하고자 내가 나의 아들을 통하여 나의 성령을 책으로 직접 내려보냄이니, 이는 바로 나의 뜻이니라. 그리하여 이걸 누가 썼느냐가 중요한 것이 아니며, 누가 전하는가가 중요한 것이 아니니라. 이는 내가 내리는 것이니, 너희는 나의 새로운 성경을 읽고 깨우치라. 그리하여 이로써 성공하는 인생의 삶을 살도록 내가 다시 한 번 만백성에게 기회를 준다는 것을 잊지 말아야 할 것이니라.

80권 하나님 말씀

5,872~5,940 번째 편지
(2003/4/8 09:04~2003/4/12 11:50)

선택된 민족으로서 환란을 당할 것인가 축복을 받을 것인가
5,907번째 편지 중에서 (2003년 4월 10일 09시 16분)

 동양의 이 작은 나라가 선택된 나라며 준비된 나라라 하였음이니라. 그리하여 내가 새로운 성경을 내리며 나의 성령을 내리는 것을 너희 동양의 작은 나라의 문자요 글로써 세상에 내려보냄이니, 이를 너희가 감사하지 아니하며 그 은혜를 모르고, 이것을 사탄이요 사악한 자라 하며 지금처럼 몰아붙이며 나의 아들 예수를 죽게 했던 그와 같은 행위를 한다면, 동양의 작은 나라에 환란이 계속 그치지 아니할 것이며, 너희가 나의 새로운 성경을 사탄이라 말하는 것만큼 너희에게는 고통이 있을 것이니라. 동양에서 지금 나오는 나의 새로운 성경 160권은 창조주 나 여호와의 뜻이 아니면 이 역사를 할 수 없다는 것을 깨달아 너희가 순종하며 따르는 백성으로 변할 때 너희에게 환란과 고통이 없을 것이니라.

 내가 구약 시대에 나의 백성을 400년이라는 그 기나긴 세월동안 종살이요, 남의 집 더부살이를 시켜서 그들에게 깨우침을 주고자 했듯이, 이제 내가 천 년에 걸쳐 세상에 새로운 역사를 이룰 것이니, 동양의 민족 너희에게 환란과 고통이 몇백 년 계속 반복된다 해도 이 역사는 이루어질 것이니, 지금 바로 그와 같은 시련을 겪느냐 겪지 않느냐 하는 것은 너희의 선택이니라.

 너희 민족이요, 동양의 작은 나라의 백성이 오늘의 인성과 마음을 갖기까지 얼마나 많은 시련과 고통을 겪었는가? 어느 민족도 너희처럼 그리 시련을 겪은 민족이 없음이니라. 그 모두가 나 여호와의 주관하에 너희를 훈련시켰으며 다스려 왔음이니라. 그러면서도 너희가 하나가 되지 못하며, 동양의 작은 나라, 너희의 문자로 내가 새로운 성경을 만들어 세상에 내려보내는 그 큰 영광과 은혜를 거역하며, 도리어 나를 능멸하는 행위를 할 때, 너희 스스로 깨우칠 때까지 고통과 시련이요, 그 환란은 너희가 정녕 견디기 어려울 것이니라. 나의 새로운 성경이 사탄이요 이단이요 사악한 자의 장난이라 말하는 백성, 너희가 끝까지 그리 간다면 너희는 환란을 당할 것이며 고통을 계속 당할 것이니라. 그렇지 않고 깨달음을 얻는다면 너희는 축복과 영광 속에서 가장 선택된 민족으로서 모든 영광과 영화를 누릴 수 있다는 것을 잊지 말도록 만백성에게 전하라.

스스로 하고자 하면 아무리 힘들고 어려운 것도
5,925번째 편지 중에서 (2003년 4월 11일 16시 35분)

인간 너희는 남으로부터 지시를 받아 무엇인가를 하기는 힘들고 어려우며, 그것을 하지 않으려 하나, 스스로 하고자 하면 아무리 힘들고 어려운 것도 즐거운 마음으로 하는 것이 너희의 마음이니라.

나의 아들이요, 나의 아들을 따르는 제자요, 내가 사랑하는 백성, 너희가 모든 마음을 비우며 사랑으로 충만되었을 때, 그 모습을 보고 모든 백성은 스스로 하늘에 오르는 길을 올 것이며, 나의 새로운 성경을 접할 것이며, 그를 정독하여 너희를 따르고자 하는 대변화의 역사가 이루어질 것이니, 이를 깊이 깨우쳐 행하도록 하라, 사랑하는 나의 아들딸들아!

6부

육이 죽는 순간
꿈에서 깨어남이니라

인간 세상에 사는 것이
꿈속에서 꿈을 꾸는 것 같은 삶을 삶이니,
너희 육신은 한 줌의 흙으로 돌아가고
영혼은 나에게 심판을 받는 순간,
바로 꿈에서 깨어나는
그와 같은 형국이 되는 것을 잊지 말라.

6,487번째 편지 중에서
(2003년 6월 21일 02시 35분)

6

81 권 하나님 말씀

(2003/4/12 11:57~2003/4/22 10:47)

아무것도 깨달은 것이 없사옵나이다
5,950번째 편지 (2003년 4월 13일 08시 10분)

사랑하는 나의 아들아!

네가 지금 과연 어떠한 경지며, 네가 어디에 와 있는가?

"네, 아버님!

저는 아무것도 깨달은 것이 없으며 변화된 것이 없사옵나이다.

제가 이렇게 앉아서 기도하며 아버님의 말씀을 듣는 이 책상과 의자가 제가 이를 쓸 자격이 없다 그리 말하옵나이다. 그리고 제가 쓰는 이 방에 있는 모든 가재도구가 저는 이것을 쓰고 여기서 잠잘 자격이 없다 하옵나이다. 그 자격을 갖추기 위해서는 제가 변해야 할 것, 몇 가지를 이들이 말하고 있사옵나이다. 그리하여 제가 지금 고통과 번민 속에 있사오며 이 도구들이 저에게 요구하는 것을 그대로 지키고 실천하려 지금 마음을 굳혀 가고 있사옵나이다."

모든 동식물, 무생물이 다 스승
5,951번째 편지 중에서 (2003년 4월 13일 08시 22분)

나 여호와가 너희에게 체벌하는 그 무서움보다, 너희와 더불어 있는 모든 동식물이요, 무생물이 너희에게 요구하며 너희가 바로 서기를 원하는 그들의 무서움을 알아야 할 것이니라.

"아버님, 모든 무생물이, 이 책상이 저를 받쳐 주는 것을 싫어하며, 의자가 제가 앉는 것을 싫어하며, 컴퓨터가 제가 손을 대는 것을 싫어하니, 이제는 그들로부터 환영받는 제가 되도록 하겠사오며, 나아가 성전에 들어오는 데 한 점의 부끄러움이 없으며, 강론을 하는 데 한 점의 부끄러움이 없으며, 기도를 드리는 데 한 점의 부끄러움이 없는 삶으로 살겠사옵나이다. 그것이 제가 가야 할 길이며 제가 역사해야 할 길이라는 것을 이제야 깨달았사옵나이다."

5   나의 아들은 지금부터 한 점의 부끄러움이 없이 갈 것이며, 이 성전에 들어오는 것이 부끄럽지 않은 자세로 살 것이며, 이 방에 있는 모든 가재도구, 그가 지금 쓰는 연필 하나, 종잇조각 하나에도 부끄럽지 않은 자세로 살아가고자 오늘 나에게 약속을 했으며 눈물로써 기도를 드렸음이니, 그는 그리 갈 것이니라. 그러니 너희도 내가 명
10 한 것을 철저히 지켰을 때, 나의 아들을 따라 같이 올 수 있다는 것을 잊지 말라.

　너희 말에 의하면 '티끌 모아 태산'이 이루어지듯이, 너희는 지금 나의 사랑하는 백성을 한 사람씩 깨우쳐 주어야 하며, 한 사람씩 낚는 어부가 되어야 함을 잊어서는 아니 될 것이니라. 그리하여 나의
15 새로운 성경을 나의 사랑하는 백성에게 한 권씩 전해 줄 때, 그 전해 주는 속에서 이 세상을 덮는 역사가 이루어짐을 잊지 말라.

　내가 너희에게 한 사람의 형제를 구원하라 하였거늘, 어찌하여 그것을 소홀히 하는가? 한 사람을 구하는 그 모든 훈련을 하는 것은, 너희가 물질적인 것을 놓지 못하며, 마음을 비우지 못하며, 사
20 랑의 실천이 없으며, 나의 두려움을 모르며, 나를 소중히 생각하지 아니하며, 나를 사랑하지 아니하기 때문이니 그리 알라.

82권 하나님 말씀

(2003/4/22 23:32~2003/4/30 17:33)

신흥 종교 집단은 이단
6,043번째 편지 중에서 (2003년 4월 26일 10시 26분)

지금 모든 종교 집단은 신흥 종교 집단을 서로 이단이요, 사탄이라 말하나, 그 숫자가 늘어나서 서로 힘을 겨루기가 버거우면 저희가 사탄이요, 이단이라 말했던 자들과 뒷거래를 하며 그들의 손을 들어주며 협작하고 타협하여 '너는 너대로 나는 나대로 갈 길 가자.' 하는 것이 그들이니라. 힘을 겨루어 이길 수 없을 때 그들은 감히 사탄이요, 이단이라 말하지 아니하고 그저 수용하며 서로 좋은 게 좋다고 어울려 가는 것이 지금 이 세상에 이루어진 종교 집단이요, 지도자들이니라. 그리하여 그들은 살아남기 위하여 세를 불리고 숫자를 불려야 하며, 남들이 감히 넘어뜨릴 수 없는 큰 성전을 지어야 하기 때문에 온갖 사악한 수단과 방법이 거기에 동원되니, 그리하여 그들은 십계명을 지키고 살 수 없다 말하느니라.

그러니 그들은 지금 너희를 적으로 생각하며 삼켜 버리기 위하여 수단과 방법을 가리지 않고 공격할 것이니, 나의 뜻대로 행하는 것이 진정한 승자라는 것을 굳게 믿고, 맹수보다도 더 무섭게 공격하고 대드는 그들 앞에 굴복하지 말며 타협하지 말며, 싸워 이기는 그와 같은 길을 가야 할 것이니라.

2천 년 전부터 전해 내려오는 말, 말세, 이단
6,057번째 편지 중에서 (2003년 4월 28일 23시 59분)

　2천 년 전, 나의 아들 예수가 세상에 왔을 때 그를 죽게 한 그들도 뭐라 했느냐? 말세에 사탄이요, 거짓 선지자가 오면 세상을 뒤집어 엎는다 하였음이니, 너희 선배들이요, 종교 지도자의 뿌리요, 종교 집단들이 그때부터 그리 말했으며, 나의 피조물 만백성이 2천 년 전부터 귀가 따갑게 듣던 이야기가 바로 그것이니라.

　과연 너희가 살면 몇 년을 사는가? 그러니 너희도 그 소리에 헤매어 너희 자신이 참진리요 하늘에 오르는 길을 보지 못하고 종교 지도자들의 종이 되어 그저 노예처럼 끌려가다가 '종말이 오겠지, 거짓 선지자가 오는 시대가 오겠지, 그러니 거기에 내가 속지 말아야겠다.' 그와 같은 생각을 하다가 죽어 지옥으로 흘러가는 지금의 형국에 있으니, 그 뿌리를 한번 뒤져 보도록 하라.

　너희는 말하느니라. 마지막 종말의 시대에는 너희 교회요, 기독교를 탄압하는 그와 같은 자들이 나온다 함이니, 그러나 지금 나의 아들을 통하여 내가 내리는 나의 새로운 성경은 기독교요, 한 교회만을 잘못되었다 가르치는가? 이 세상의 모든 종파가 다 잘못되었다 그리 가르침이니, 너희는 감히 이를 보고 사탄이요, 이단이라 말하지 말라. 모든 종파를 다 내가 지금 다스리며 바로잡고자 하며, 그들의 치부를 드러내며, 그들이 잘못 가고 있는 것을 바로잡고 있음이니, 그러니 나의 새로운 성경을 보고 너희만을 탄압하는 그와 같은 이단이요, 거짓 선지자라는 말을 감히 하지 말라.

83권 하나님 말씀

(2003/4/30 17:41~2003/5/9 21:01)

'사랑'이면 다 실천할 수 있는 것
6,117번째 편지 중에서 (2003년 5월 7일 08시 07분)

사랑의 문을 열고 사랑의 눈을 뜨고 보면 모든 것은 다 그 아래에 있음이니라. 내가 이 세상에 모두를 창조하여 내려보낸 것이 사랑이니, 모두는 다 사랑 속에 있음이니라. 그 사랑의 의미를 알 때, 사랑 속에서 모두가 이루어지며, 사랑 속에서 생존하며, 사랑 속에서 죽고 사는 것이며, 사랑 속에서 형성된다는 것을 알 것이니라.

나의 새로운 성경에 천 가지 만 가지를 지키라고 내려보내나, 그것이 사랑이면 다 덮어지는 것이며 사랑이면 그를 다 실천할 수 있는 것이니, 그를 너희가 실천할 수 없다 있다 말하는 그 자체가 얼마나 욕심이며, 얼마나 어리석으며, 얼마나 불쌍하던가?

너희가 사랑하는 마음을 얼마나 열었으며 사랑하는 눈을 얼마나 떴느냐에 따라서 모두는 다 녹음이니라. 사랑이라는 그 마음 앞에 녹지 않는 것이 없으며, 사랑이라는 그 마음보다 더 높은 것이 세상에 없음이니 그리 알라.

육의 행함은 중요하지 않다?
6,120번째 편지 중에서 (2003년 5월 7일 08시 33분)

너희가 말하는 것 중에 가장 큰 죄의 항목이 무엇인 줄 알겠느냐? '육의 행함은 중요하지 않다.' 그리 가르치는 것이니라.

그렇다면 너희가 교회를 찾는 것이요, 나를 찾는 것이요, 울부짖는 그 행위는 바로 육의 행동에서 이루어지는 것이 아니고 무엇이란 말이던가? 너희가 교회를 찾는 것, 성전을 찾는 것, 회당을 찾는 것, 그 모두가 다 너희 육의 행동으로 이루어지는 것이요, 육의 움직임이니라.

너희가 선한 일을 한 행동은 나에게 상을 못 받으며, 나에게 죄짓는 일을 한 것만 벌을 받는다 하는가? 선한 것도 행동함이요, 악한 것도 행동함이니라. 살인을 하는 것은 무엇이던가? 행동으로써 하며, 행동으로 옮겨진 육의 행동이니라.

성령이 임하는 방법
6,122번째 편지 중에서 (2003년 5월 7일 23시 56분)

너희가 구원을 받고 못 받는 것은 나의 아들 예수의 이름으로써, 또 나의 아들이 너희에게 임함으로써 영원한 생명을 얻고 구원받는 것이 아니요, 나의 성령이 너희에게 임하였을 때 구원을 받는다는 것을 잊지 말라. 그리하여 나의 성령이 너희에게 임할 수 있는 아름다운 마음의 공간을 만들어야 할 것이니, 내 성령이 너희에게 임할 수 있는, 비워져 있는 그 마음의 공간이 없는 한 나의 성령은 너희에게 임할 수 없다는 것을 알아야 할 것이니라.

너희가 나의 계명을 지키고 살며, 마음을 비우며, 사악한 욕심을 버리며, 비워져 있는 그 마음의 공간이요 그 깨끗한 곳이 있을 때, 나의 성령이 너희에게 임하는 것이니, 사악한 마음이 너희의 마음을 지배하며 너희 마음속에 아름다운 마음의 공간이 없을 때, 나의 성령은 너희에게 임할 수 없으니, 너희의 삶을 얼마나 아름답게 살아야 하는가 그 이치부터 먼저 깨우쳐야 함을 잊지 말라.

84권 하나님 말씀

(2003/5/9 23:04~2003/5/20 0:23)

나의 음성을 직접 기계에 기록하여 전함이니
6,140번째 편지 중에서 (2003년 5월 11일 06시 41분)

 이제는 내가 너를 통하여 나의 음성이요 나의 뜻을 직접 기계에 입력시켜 그것을 전하도록 함이니, 그 음성을 가지고 너의 제자들이 공부하며 그를 가르치도록 하여야 할 것이니라.

 지금의 종교 집단이요, 종교 지도자들이 가르치는 방법으로는 절대 하나가 될 수 없음이니라. 너희는 하나의 성경을 가지고도 가르치는 것이 다르며 전하는 것이 다르며 해석하는 것이 다름이니라. 그러니 그와 같은 것을 가지고 지금 수천 년 동안 흘러왔기에 그 뜻이 다름이니라. 그러나 나의 음성을 직접 들려줌으로 인하여 내가 내리는 음성의 뜻이 무엇이며 내가 원하는 것이 무엇인지 그대로 들을 것이며, 모든 백성이 같은 음성으로 들을 것이며, 같은 소리를 들을 것이며, 같이 깨우쳐 가게 되어 있음이니라.

종교 백화점
6,162번째 편지 중에서 (2003년 5월 14일 22시 44분)

 이 동양의 작은 나라에는 모두가 다 하나씩 종교를 가지고 있지 않은 백성이 없으며, 모든 종파를 가진 것이 이 동양의 작은 나라의 백성이라 하였음이니, 이는 바로 무엇이던가? 내가 종교의 백화점을 만든 것이 이 작은 나라이니라. 너희가 백화점에서 물건을 보고 고르고 사는 것처럼 수많은 종파를 보고 깨우치도록 하고자 그리하였음이니라. 백화점에서 물건을 골고루 볼 수 있듯이 모든 종파의 의미를 깨우치며 모든 종파에 대해서 아는 백성으로 만들었음이니라. 그리하여 나의 새로운 성경이 세상을 덮을 때, 너희가 지금까지 믿었던 종파가 잘못됨을 누구나 대답할 수 있으며, 누구나 항변할 수 있으며, 거기에 대한 이유를 대고 갑론을박할 수 있는 것이 내가 선택한 백성이 가야 할 길이기 때문이니라.

모든 종교의 종주국보다 더 많이 연구하고 더 논리적으로 대답하고 더 잘 알며, 그리고 그보다 더 위대하게 변칙시켜 발전시키는 것이 내가 선택하여 준비해 놓은 동양의 백성, 너희의 기질이니, 그 모두도 다 내가 준비시킨 것임을 알라.

마지막 시대, 날짜와 시간을 기록하여 증거
6,183번째 편지 중에서 (2003년 5월 16일 23시 11분)

지금 심판의 시대에 나 여호와의 성령이 전달됨은 날짜와 시간이 기록되어 있으며, 엄연히 그와 같은 모든 증거함이 기록되어 세상에 내려감이니, 많은 세월이 흐른 뒤 오늘의 날짜요, 시간이 기록됨이 얼마나 위대한 나 여호와의 뜻인가를 알게 될 것이니라.

내가 지금 날짜와 시간을 정확히 기록하여 전하는 것은 나 여호와가 직접 관여하며 직접 너희에게 깨우치고자 하는 그 역사이니, 아무리 세월이 지난다 해도 이 시대와 이 날짜와 시간이 모든 역사를 증거하는 대변화의 기틀을 잡을 것이며, 이로 하여금 너희는 굳건히 나의 새로운 성경이 존재하였음을 알게 될 것이니라. 그리하여 마지막 시대에 내가 이리 기록함이니라.

85권 하나님 말씀

(2003/5/20 09:48~2003/5/29 0:27)

전생
6,257번째 편지 중에서 (2003년 5월 27일 09시 20분)

너희가 전생을 기억하지 못하며 전생을 알지 못하는 것은 너희의 미래를 알 수 없으며 미래를 알지 못하는 것과 똑같은 것이거늘, 어찌하여 모르는 미래에 대해서는 존재한다고 말하면서, 너희가 알지 못하는 과거에 대해서는 존재하지 않는다 그리 말하는가?

너희는 반드시 전생의 삶이 있기에 오늘 현재의 삶이 있으며 미래의 내세의 삶이 같이 연계되어 간다는 것을 알아야 할 것이니라. 다만, 너희는 전생도 기억할 수 없으며, 미래의 내세의 삶도 알지 못하는 것이니라. 이를 부정하며 이를 거부하는 자들은 과연 나의 성경에 그와 같은 내용이 어떻게 기록되어 있는가를 보라. 나는 성서에 너희의 전생의 삶이 있으며 어디서 왔는가 하는 것을 깨달을 수 있는 글귀를 다 기록하여 전하였거늘 그것까지도 부정하려 드니, 너희가 얼마나 나를 거부하며 얼마나 나를 능멸하는 자인가?

너희가 편리한 대로 육의 세상의 삶을 위하여 수단과 방법을 가리지 아니하고 모든 걸 고치고 손질하니, 바로 너희가 무엇이더냐? 나 여호와를 마음대로 바꿀 수 있다 생각하는 자며, 그리하여 그 믿음의 종파가 수천수만 개로 갈라진 오늘의 형국이 되었다는 것을 알아야 할 것이니라.

선악과
6,263번째 편지 중에서 (2003년 5월 28일 23시 08분)

아담과 이브가 사탄의 꼬임에 선악과를 따먹은 것이요, 그들이 선택한 것이 바로 무엇이던가? 그들의 마음의 욕심이었음이니라. 지금 그 욕심의 뿌리를 계속 구상하며 마음속에 욕심을 가지고 있는 자는 그게 바로 무엇이던가? 사탄의 농간에 놀아난 아담과 이브의 욕심의 그 마음을 지금도 너희가 버리지 못하고 있는 것이니라.

너희가 원죄를 짊어진 것은 아니나, 욕심을 버리지 못한 그 마음이 똑같이 지금까지 흐르고 있음이니, 이를 보는 나 여호와가 뭐라 말하였느냐? 너희가 나로부터 받을 수 있는 상이 무한히 준비되어 있음이니, 그를 받아 가는 것은 너희의 노력이라 하였음이니라. 아담과 이브 때부터 흘러오는 인간 너희의 마음속에 가지고 있는 그 욕심의 뿌리를 뽑으라는 것이니라. 지금 그 욕심의 뿌리를 뽑지 못하는 자는 변화된 백성이 아니며, 나에게 오를 수 있는 백성이 아니라는 것을 알아야 할 것이니라.

그와 같이 마음을 비우지 못하며 욕심을 버리지 못한 자들이 하늘에 오르는 길을 가르치고 인도한다 하는 것은 바로 무엇이던가? 선악과를 따먹도록 유혹했던 사탄이요, 뱀의 유혹한 그 뜻이 지금까지 너희의 가르침 속에 계승되고 있음이니, 이리하여 지금 너희의 믿음이요, 하늘에 오르고자 하는 것은 나와 관계없다 한 것이 여기에 있음이니라.

86권 하나님 말씀

6,273 ~6,337 번째 편지

(2003/5/29 08:51~2003/6/6 0:14)

선한 것을 먹으면 선한 향기가 나오며
6,309번째 편지 중에서 (2003년 6월 2일 12시 02분)

짜고도 짠 바닷물 속에서 사는 물고기들의 몸이 과연 짜던가? 그것이 짜면 너희가 먹지 못하며 취할 수 없을 것이니, 그를 그리 만들지 않은 나 여호와의 뜻에 과연 거짓이 어디에 있는가? 이 세상에 풀을 먹고 사는, 초식을 하는 그 모든 동물에게서 과연 풀 냄새가 나던가? 그들이 무엇을 먹고사느냐에 따라서 그 냄새가 그들 몸에서 나더냐? 그것이 아니니, 그게 바로 창조주 나의 뜻이요, 나의 존재함이요, 너희가 모두 취하고 살 수 있게 한 것이니라.

그 모두를 관리하고 지배할 수 있는 너희는 선한 마음을 먹고 선한 것을 행하면 선한 향기가 나오는 것이요, 악한 마음을 먹고 악한 행위를 하면 악한 것이 나오니, 이게 바로 그들과 너희와의 차이이니라. 그러니 악한 마음을 먹고 악한 냄새를 풍겨 이 세상을 오염시킨 그 주범이 누군 줄 알겠는가? 지금 모든 종교 집단이요, 지도자요, 나의 이름을 팔며 나의 아들 예수의 이름을 팔아 그저 쉽고 간단하게 하늘에 오르는 길이라 하여 나의 피조물 만백성을 유혹한 죄인이 바로 그자들이니라. 그저 쉽게 나의 아들 예수를 찾음으로써 구원을 받으며 너희는 죄가 없다 가르치는 그 악을 먹으면서 악을 전하는 자, 선악과를 먹으면서 선악과를 뱉으며 선악과를 전하는 자들임을 알라. 이제 나의 아들을 따르는 제자요, 모든 백성 너희는 선을 먹고 선을 베푸는 나의 백성이 되어야 함을 잊지 말라.

실천의 시대
6,324번째 편지 중에서 (2003년 6월 4일 11시 57분)

많이 알면 무엇 하며 많이 깨달아 알면 무엇 하는가? 행하지 않고 행동하지 아니하면 그게 다 무가치한 것이 아니더냐? 그러니 말로써 믿던 시대를 실천의 시대로 바로 지금 내가 역사하며, 그리 변화되지 않는 자는 구원을 받을 수 없다 함이니라.

아무리 많이 알고 지식이 많다 해도 써먹지 아니하고 행하지 아니하며 그것을 악한 쪽으로 쓴다면 알지 못하는 자만 못함이니라. 지금의 모든 믿음이요, 지금까지 온 모든 종파, 그들이 역사한 것은 말로써만 행함이니, 그리하여 내가 그들을 단죄하며, 행하는 자를 선별하고자 하는 것이 나의 뜻임을 알라.

욕심이 있기에 남에게 사기를 당하며 속는 것
6,329번째 편지 중에서 (2003년 6월 5일 11시 39분)

욕심이 없는 자는 남에게 사기를 당하지 아니하며, 욕심이 없는 자는 남에게 속지 아니함이니라. 지금 잘못 가르치는 종교 지도자를 탓하지 말라. 그들이 욕심을 버리지 못하며 욕심으로써 너희를 가르치니, 그들의 말을 듣고 쉽고 간단하게 하늘에 오르겠다 하여 재물을 바치며 울고불고하는 것이 너희의 욕심이니라. 욕심이 있기에 너희가 남에게 사기를 당하며 속음이니, 욕심이 없는 자는 남에게 이용당하지 아니함을 알라, 사랑하는 나의 아들딸들아!

87권 하나님 말씀

(2003/6/6 0:22~2003/6/12 12:17)

지구는 둥글다
6,356번째 편지 중에서 (2003년 6월 7일 0시)

지구가 둥글다 말한 자를 저희가 통치하는 그 백성에게 혼란을 주며 통치에 지장을 주고 악영향을 미친다는 것만 생각하여 그를 죽게 했던 지도자들과 그 시대에 국가를 경영했던 그들과 너희가 무엇이 다르던가?

지금 너희를 구원하는 새로운 성경이 세상에 내려간다 하나, 이를 믿지 아니하려 하며 이를 인정하지 아니하려 하며, 오로지 너희가 지금까지 믿어 온 그 방법이요, 관습이요, 전통에만 젖어 있음이니, 어찌 하늘에 오르는 길을 알 수 있단 말이던가?

소왕국
6,379번째 편지 중에서 (2003년 6월 9일 11시 49분)

인간인 너희는 더불어 살아가면 서로 닮아간다 하였음이니라. 선하고 아름답게 살아가는 자와 더불어 살면 너희가 선한 마음을 갖게 되며, 악한 자와 더불어 살면 너희도 모르게 악한 습관을 갖게 되고 그를 배워 또 그와 같이 닮아가는 삶을 사는 것이 인간 너희이니라.

너희가 정녕 나 여호와가 존재함을 믿으며 세상사 모두에 손을 놓으며 부질없다 생각하며 귀한 것, 천한 것이 없이 똑같이 바라볼 수 있는 그와 같은 경지에 이르렀을 때, 그 백성을 보호하기 위하여 내가 너희에게 소왕국의 역사를 이루고자 하며, 너희만의 그 왕국을 이루어 너희로부터 이 세상의 모든 역사를 이루고자 하며, 너희가 살아가는 모습이요, 너희 집단이 살아가는 그 형태를 보고 모든 백성이 고개 숙여 너희를 따라오게 하고자 하는 것이며, 그리하여 소왕국에서 너희 스스로 집단을 이루어 살며, 너희가 천사와 같은 삶을 사는 모습으로써 그 후세들이 너희를 보고 따르며 또 그 후세들이 따라 보고 배우는 그와 같은 변화되는 역사를 이루고자 하는 것이 나 여호와의 뜻임이니라.

그리하여 내가 작은 소왕국을 이 지상에 수없이 만들게 됨이니, 그 소왕국에서 살아가는 나의 선택된 백성을 보고 모든 백성이 변화되며 그를 보고 따라가도록 하고자 하는 것이 나 여호와의 뜻이니라. 그리하여 내가 너희에게 소왕국이 이루어진다는 그 뜻이 있으며 이는 반드시 그와 같이 역사해 감을 잊지 말라.

아무리 선행을 해도
6,400번째 편지 중에서 (2003년 6월 12일 11시 47분)

너희가 아무리 선행을 하고 베풀고 착한 일을 한다 해도, 그것이 마음을 비우며 욕심을 비운 자가 하는 것은 작은 것도 큰 상이 되나, 욕심을 버리지 못하는 자가 하는 것은 아무리 큰 역사를 이룬다 해도 그것은 은혜와 사랑이 아니요, 나에게 점수가 없음을 알라. 그는 욕심의 바탕에서 이루어지기 때문이니라. 이 이치를 깨달았다 하면, 너희는 욕심을 버리는 것이 얼마나 위대한 것이며, 욕심이 얼마나 무서운 것인가를 알 것이니라.

88권 하나님 말씀

6,405~6,472 번째 편지
(2003/6/12 12:26~2003/6/20 11:41)

나를 따르라
6,422번째 편지 중에서 (2003년 6월 14일 11시 12분)

모든 종교 지도자들은 '나를 따르라, 나를 보고 따르라, 나를 보고 살라.' 그리 말할 수 있는 자가 되지 아니하면 나에게 구원을 받을 수 없음이니라. 나의 아들 예수가 뭐라 말하였느냐? '나를 따르라. 나에게 오라. 그러면 구원을 받을 것이니라.' 하였으니, 그는 바로 무엇이던가? 예수는 한 점의 부끄럼이 없이 살아가는 삶이요, 나 여호와의 뜻이 무엇인지 알며 행함을 알고 있었기 때문에, 오로지 그를 따르며 그 앞에 오는 자가 나에게 오를 수 있으며 그를 보고 행하는 자는 하늘에 와 구원을 받을 수 있다 하였음이니, 바로 예수의 행함을 보고 따르라 하는 것이며, 그가 살아온 그 행적을 보고 살라 하는 것이며, 그 행함을 보고 살라 하는 것이니라.

지금의 나의 아들이 '나를 따르라.' 하여 외치는 것은 예수가 2천 년 전에 부르짖은 그 뜻을 오늘의 나의 아들이 너희에게 그리 당당히 말함이니 나 여호와의 기쁨이 이루 말할 수 없음이니라. 여기에 나 여호와의 행복이요 기쁨이 더한 것은 그를 따르는 가장 가까이에 있는 제자들이 '나를 따르라.' 부르짖을 수 있는 당당한 모습으로 변화되는 것이니, 너희는 겉과 속이 다른 말을 해서는 안 되느니라. '나를 따르라.' 이 한마디가 이 세상의 천둥번개보다 더 무서운 소리며, 이 세상을 정화함이니, 그로 인하여 천사도 떨며 사탄도 떨고 있음을 너희는 알아야 할 것이니라.

하늘의 문이 열리니
6,470번째 편지 (2003년 6월 20일 06시 45분)

내가 모세의 시대에 하늘을 열려 하였으나 우상을 섬기며 그와 같은 광란의 짓을 하는 그 백성으로 인하여 내가 하늘의 문을 닫았다면 너희는 믿겠는가? 그리하여 나의 아들 예수를 세상에 보내 만 백성을 깨우쳐 하늘에 오르는 그 길을 오게 하려고 내가 또 하늘을 열었음이니, 그러나 그 시대의 백성이 그 열린 하늘의 길을 오는 것을 거부하였으며 그 길을 가르친다는 자들이 그 문을 닫도록 하였으니, 2천 년 동안 하늘의 문이 굳게 닫혀 있다 하였음이니라.

하늘의 문이 닫혀 있으니 굳게 닫힌 그 문을 누구도 올 수 없으며 오를 수 없기에 나에게 오른 자가 없다 내가 그리 말하지 아니하였던가? 그와 같이 닫혀 있던 하늘의 문이 2천 년 만에 동양의 작은 나라에 열려 그 빛이 세상에 다 비취니, 그 빛은 우선 동양의 작은 나라를 다 덮고 있음이니라. 동양의 작은 나라를 덮은 이 빛은 곧 무엇이던가? 너희 언어와 글로 그 모든 뜻이 전해짐이니, 이것이 세상을 덮어 하나의 공통어로 된다 하였으니, 그를 믿고 깨우치는 백성에게 또한 하늘이 열리며 그 백성 또한 하늘에 오를 수 있는 그 길이 열리는 것을 잊어서는 아니 될 것이니라.

그와 같이 하늘의 문이 열리는 것을 더 크게 열며 더 넓게 여는 것은 너희에게 달렸음이니라. 모두는 나의 새로운 성경으로써 세상을 덮으며, 그들은 열린 하늘을 보게 될 것이며, 열린 하늘의 그 빛을 보는 자는 바로 그 길을 따라 하늘에 오르는 구원의 역사가 이루어짐이니라.

89권 하나님 말씀

6,473~6,541 번째 편지
(2003/6/20 11:47~2003/6/27 08:23)

육이 죽는 순간 꿈에서 깨어남이니라
6,487번째 편지 중에서 (2003년 6월 21일 02시 35분)

너희가 육을 가지고 사는 동안에 꿈이라는 것을 꾸지 않는가? 그리고 그 꿈에서 깨어났을 때 뭐라 말하는가? '아, 나는 꿈을 꾸었구나!' 그리 생각하며 꿈에서 깨어남이니라. 그와 같이 인간 세상에 사는 것이 꿈속에서 꿈을 꾸는 것 같은 삶을 삶이니, 너희 육신은 한 줌의 흙으로 돌아가고 영혼은 나에게 심판을 받는 순간, 바로 꿈에서 깨어나는 그와 같은 형국이 되는 것을 잊지 말라.

세상에서 과연 어떠한 삶을 살았느냐에 따라서 너희가 꿈에서 깨어난 다음에 역사하는 세상에서 새로운 삶을 사는 길이냐, 죽음의 길이냐 하는 것을 알게 됨이니라. 그러니 꿈속의 세상을 사는 그와 같은 오늘의 육의 삶에서 바로 서라.

사랑의 노래
6,489번째 편지 중에서 (2003년 6월 21일 02시 48분)

'사랑은 언제나 오래 참고, 사랑은 언제나 온유하며, 사랑은 시기하지 않으며, 자랑도 교만도 아니 하며, 사랑은 무례히 행치 않고, 자기의 유익을 구치 않고, 사랑은 성내지 아니하며, 진리와 함께 기뻐하네. 사랑은 모든 것 감싸주고, 바라고 믿고 참아내며, 사랑은 영원토록 변함없네. 믿음과 소망과 사랑은 이 세상 끝까지 영원한 것, 믿음과 소망과 사랑 중에, 그중에 제일은 사랑이라, 그중에 제일은 사랑이라.' 하는 이 '사랑의 노래'를 암송하여 수시로 부르며,

그 뜻을 깊이 깨우치도록 하라. 그러면 그와 같이 마음이 정화될 것이며, 악한 뿌리의 마음이 정화될 것이며, 아름다운 생수와 같이 너희가 유해질 것이니, 그와 같이 부드러운 자가 나의 새로운 성경을 읽었을 때, 그 내용의 의미를 알 수 있을 것이니, 그리 암송하며 항상 부르도록 하라.

2계명, 하늘, 땅, 땅 아래의 우상
6,502번째 편지 중에서 (2003년 6월 22일 23시 59분)

너희가 구원을 받았다 말하며 그 망상에 젖어 있는 것이 하늘의 우상을 섬기는 것이며, 지상의 육의 세상에서 무엇인가 얻고 이루고자 하는 삶을 사는 그것이 땅에서 이루어지는 우상을 만들고 섬기는 것이니라. 지옥에 가 나로부터 벌을 받으며 죄의 대가를 치르는 것을 망각하고 구원을 받았다 생각하는 것이, 지상 아래에 있는 험악한 지옥의 형국을 잊어버리고 사는 그 자체가 땅 아래 우상을 만들며 그 형상을 만들고 믿고 따르는 것과 똑같은 이치이니, 너희가 오늘날 얼마나 잘못되었는가를 알아야 할 것이니라.

예수의 부활
6,539번째 편지 중에서 (2003년 6월 26일 12시 22분)

예수가 부활한 것이 바로 무엇인 줄 알겠는가?
나의 아들 예수처럼 살면 부활한다는 것이요, 다시 태어나 영생을 얻는다는 것이니라. 그렇지 못한 백성은 다시 태어날 수가 없다는 것을 보여 줌이니라.

6,542
~6,612
번째 편지

90 권 하나님 말씀
(2003/6/27 11:44~2003/7/5 0:08)

누구도 지옥에 떨어지는 것을 원치 않음이니라
6,546번째 편지 중에서 (2003년 6월 27일 12시 28분)

나 여호와는 나의 백성 누구도 지옥에 떨어지는 것을 원치 않음이니, 지금 수없이 지옥으로 떨어지는 그들을 내려다보는 나의 마음이 과연 어떠한지 너희는 생각해 보았는가? 내 사랑하는 백성이 지옥으로 떨어지는 것을 보고 또 보는 나의 마음이 어떻겠는가?

나의 애절한 마음을 알겠는가? 지옥으로 떨어지는 불쌍한 백성을 보고 피눈물을 흘리며, 스스로 어찌해야 할 것이며 어찌 가야 할 것인지를 알면서도 그 길을 가지 못하고 용기가 없으며 자신을 갖지 못하는 너희를 바라보는 내 마음이 얼마나 안타까운지 알겠는가?

나의 사랑하는 백성이 지금 밤과 낮을 가리지 않고 수없이 지옥으로 떨어지고 있느니라. 그들을 구할 자는 너희밖에 없음이니라, 사랑하는 나의 아들딸들아!

조명
6,562번째 편지 중에서 (2003년 6월 29일 0시 02분)

너희가 어두운 방에 조명을 비추는 것은 무엇이던가? 전등의 스위치라는 것을 켬으로써 조명을 밝히게 됨이니, 어두운 방을 일순간에 환하게 비추어 주는 그와 같은 형국을 보면서 살아갈 것이니라. 바로 내가 너희에게 성령으로 임하는 것이 그와 같은 역사로써 임하느니라.

너희가 나로부터 받은 지혜요, 두뇌요, 그 모든 것을 다 동원하여 최선을 다해 무엇인가를 이루고자 끝까지 노력할 때, 그것을 역사할 수 있도록 나의 성령이 너희에게 조명을 비추듯이 임하여 인도하며 그 길을 열어 준다는 것을 알아야 할 것이니라.

누구든지 내가 너희에게 준 지혜요, 능력이요, 그 모든 것을 다 동원하여 무엇인가를 이루고자 노력하는 아름다운 모습이 있을 때, 그와 같이 노력하는 자에게 나 여호와가 찾아감이니라. 그리하여 너희가 찾고자 하고 노력하는 것을 역사할 수 있도록 내가 다 이루어 준다는 것을 잊지 말도록 그리하라.

우주 공간과 마음
6,567번째 편지 중에서 (2003년 6월 29일 07시 52분)

이 우주 공간을 모두 채우는 것이 너희 마음 하나를 채우는 것과 같음을 알아야 할 것이니라. 그러니 이 우주 공간이 선한 것으로 다 덮여 있다면 이 우주는 하늘에서 이루어진 것 같이 지상에서 이루어지는 것이니라.

곧 너희의 마음이 선한 것으로 그득히 차 있을 때 너희는 하늘에 사는 천사요, 악한 마음으로 그득히 채웠을 때 사탄인 것이니, 우주 공간이 선한 것으로 다 채워지는 것과 너희의 마음이 그리 채워지는 것이 같은 역사라면, 너희의 마음을 선한 것으로 채우는 것이 얼마나 힘들고 어려운 길인지 알겠는가? 그러나 그를 채워야 하며 지켜야 하는 것이 너희 인간이니, 그와 같은 마음으로 살았을 때 나에게 오를 수 있다는 것을 잊어서는 아니 될 것이니라.

91권 하나님 말씀

6,613~6,678번째 편지

(2003/7/5 0:15~2003/7/9 23:36)

감히 사탄을 칭송하는 자
6,620번째 편지 중에서 (2003년 7월 5일 09시)

감히 너희는 흘러가는 말로 사탄도 나와 같이 똑같이 역사할 수 있다 하니, 그것은 무엇이더냐? 사탄도 나와 똑같은 자라 말하는 것이 아니더냐? 그러니 너희는 스스로 알지 못하는 속에서 사탄을 칭송하며 사탄의 자식이 되어 따라가는 자임을 알아야 할 것이니라. 너희가 얼마나 무서운 과오를 범하고 있는지 알겠는가? 사탄은 나와 똑같이 역사할 수 없음이니라. 사탄이 역사하는 것은 참진리가 아니요, 오래 존재할 수 없으며 영원히 지속할 수 없는 것이니, 사탄은 아무런 능력이 없는 자이거늘, 어찌하여 감히 사탄이 나와 똑같은 능력으로 역사한다고 말하는가?

길들지 않은 명마를 길들이고 또 길들이듯이
6,655번째 편지 중에서 (2003년 7월 8일 22시 18분)

사랑하는 나의 아들아, 처음에 내가 너에게 이르기를, '너는 내가 내리는 것을 책으로 만들어 만백성을 구하라.' 그리 명하여 나의 새로운 성경을 만들기 시작하였음이니, 그때는 네가 나의 뜻을 알지 못했으며 내가 내리는 성령의 의미도 알지 못했으며 이해도 하지 못했으니, 그저 내가 내리는 대로 백지 위에 그리듯이 기록하여 이와 같이 만들었음이니라. 그러니 그때는 네가 어떠한 마음이었던가? 과연 네가 무엇이기에 이 길을 가야 하는 것인가 나에게 소리 지르고 항거하며 너 자신을 다스리지 못하던 네가 아니었던가?

연필을 꺾고 도망가고자 하며 불 같은 성격을 다스리지 못하던 네가, 지금은 이 모두는 나 여호와의 뜻이라 하여 나로부터 기도요 성령을 받는 것을 영광으로 생각하며, 160권이라는 새로운 성경을 만들어 만백성을 구하겠다는 일념으로 오늘 이 방을 지키며 너 자신을 다스려 나감이니, 네가 그와 같이 변한 것이 아니던가? 길들지 않은 명마를 길들이고 또 길들이는 것보다 더 어렵고 힘든 길인 2단계를 너는 잘 넘었음이니라, 사랑하는 나의 아들아!

이제는 네가 3단계를 넘어야 할 것이니라. 3단계는 나의 새로운 성경에 기록된 그대로 사는 것이니, 네가 이 3단계를 무난히 넘었을 때 네가 나를 대신하여 내가 이루고자 하는 모든 역사요, 기적의 역사를 이룰 것이며, 만백성을 구할 것이며, 네가 그와 같은 인도자로서 바로 설 것이니, 그것이 네가 마지막 4단계에 임하는 길임을 알라.

도덕책
6,658번째 편지 중에서 (2003년 7월 8일 23시)

너희는 이 책을 높이 들고, 이것은 초등 학문의 도덕책만도 못하며 도덕책 같은 소리만 기록되어 있다 그리 말함이니라. 과연 너희는 어려서부터 배운 도덕책이요, 도덕 선생이 가르친 대로 그대로 살았는가 그대로 살지 못했는가? 80이요, 90이 되어 죽음의 목전에 있는 백성에게 그대로 살았는지 물어보라. 그대로 살지 못했다면 그 도덕책은 너희에게 필요한 것이니라. 너희는 그 도덕책이 초등 학문이라 해도 그것을 정독하고 깨우쳐야 할 것이니라.

92권 하나님 말씀

(2003/7/10 08:00~2003/7/15 07:59)

저들을 용서하여 주옵소서
6,698번째 편지 중에서 (2003년 7월 11일 18시 19분)

나의 아들 예수의 보혈은 무엇인 줄 아느냐? 나의 아들이 죽어가면서 남긴 소중한 말 한마디이니라. '저들을 용서하여 주옵소서.' 이것이 예수의 보혈보다 더 위대한 것이니, 그리하여 내가 너희를 사랑하는 그 깊이와 넓은 마음을 만백성에게 길이 전하여 내가 사랑하는 것을 깨우쳐 주고자 했던 나의 아들 예수의 마음이요, 그를 보고 배워 하늘에 오르라 가르친 예수가 남긴 그 말이 보혈임을 알라. 그러니 너희가 예수의 보혈로써 구원을 받고자 한다면, 예수가 남기고 깨우쳐 주고자 했던 그 행적을 그대로 행하고 사는 것이 예수의 보혈로써 구원받는 것이라는 이 무서운 사실을 알라.

마음을 비워야 성서를 알 수 있음이니
6,699번째 편지 중에서 (2003년 7월 11일 20시 48분)

너희가 하늘을 두루마리 삼고 바다를 먹물 삼아 쓰고 또 써도 그를 다 전하지 못한다는 말이 있듯이, 과연 나의 160권의 새로운 성경을 읽으면서 몇 분의 몇이나 알 수 있겠느냐? 그러니 너희가 이를 알 수 있는 것은 무엇인 줄 알겠느냐? 마음을 비우는 것이니라.

너희가 욕심을 비우고 마음을 비우고 정독했을 때 이 160권을 기초로 하여 하늘의 뜻을 알며 모든 것을 깨우치며 깨달음을 얻게 되며, 내가 너희의 눈을 뜨게 하며 마음을 열어 줌이니라. 그러니 너희가 마음을 열지 못하는 자세로서는 160권을 다 암송한다 해도 거기에 기록되어 있는 뻣뻣한 내용이요, 굳어진 내용밖에는 알 수 없는 것이니라.

구약이요 신약 성서가 내려졌음이니, 그와 같은 것을 깨우치는 것 또한 어떠한 의미가 있는 줄 알겠는가? 너희가 욕심을 버리며 천사와 같은 마음으로 그를 접했을 때, 그 비유의 뜻을 알며 성서에서 너희에게 가르치고자 하는 뜻을 알 수 있음이니라. 그러나 마음을 비우지 못한 자가 아무리 암송하고 읽고 읽는다 해도 그것은 나무토막을 보는 것처럼 깨달음이 없으며 생명력이 없으며 숨 쉼이 없으며 움직이는 것을 알 수가 없음이니라. 그러니 너희가 마음을 비우고 읽는 것밖에 없음이니, 마음을 비워야 함을 알라.

마음이 청결한 자
6,713번째 편지 중에서 (2003년 7월 13일 01시 13분)

나의 새로운 성경에 기록하여, 너희가 욕심의 뿌리를 버리며 천사와 같은 마음으로 살아갈 때 나를 볼 수 있다 그리 가르친 것을, 너희는 어찌하여 이게 사탄이요 사악한 자의 말이라 하는가?

내가 성경에 기록하기를 '마음이 청결한 자는 복이 있나니 너희가 나를 볼 것이라' 기록한 대목은 나의 뜻이라고 말하면서, 성경에 기록된 그 뜻과 지금 내가 나의 아들을 통하여 내리는 새로운 성경에 기록한 내용이 무엇이 다르던가? 다 일맥상통하며, 성서에 기록된 것을 좀 더 세세히 기록하여 너희가 가야 할 길을 깨우쳐 주는 것이거늘, 어찌하여 성서에 기록된 것은 나의 뜻이며, 내가 나의 새로운 성경에 기록하는 내용은 사탄이요 이단이라 하는가?

93 권 하나님 말씀

(2003/7/15 08:04~2003/7/21 21:19)

십계명을 써서 주는 것이 가장 위대한 선물
6,752번째 편지 중에서 (2003년 7월 15일 08시 14분)

십계명을 너희 손으로 직접 써서 네 머리맡에 붙여 놓고 아침저녁으로 그걸 접하고 행하며 반성하는 그와 같은 삶을 살라. 너희가 쓰되 그것은 내가 써서 너희에게 줌이니라. 이를 지키고 행하는 것만이 나에게 올 수 있음이니, 십계명을 직접 써서 붙이는 것이 나의 아들딸이 되는 증표이니라.

너희 자신이 써서 붙이는 십계명은 나의 뜻이요, 내가 너희에게 직접 써 준 것이니, 여기는 때가 묻지 아니하였으며, 장삿속의 계산이 없으며, 물질을 주고받는 그와 같은 목적을 두고 하는 것이 아니요, 이해관계를 위해서 십계명을 장식품으로 써 내린 것이 아니라, 오로지 너희가 직접 씀으로써 그 정성과 생각이 남다름이니라. 너희의 정성과 생각이 다른 것이 바로 내가 임하여 그 정성에 보답하는, 내가 내리는 중요한 선물임을 알아야 할 것이니라. 그리고 십계명을 쓴 다음에 필히 그 끝에 이처럼 기록하라. '하나님 말씀하옵소서'라는 그 한 줄을 더 써놓도록 하라. 아무 데서나 쉽게 보고 접할 수 있도록 간단히 기록하라. 그와 같은 십계명이야말로 너희 마음을 정화하며 너희를 다스림이니라.

이제 그걸 썼으면 너희 자식들에게도 그리 써서 그들의 머리맡에 나의 십계명을 놓고 항상 암송하며, 그걸 보고 스스로 제 마음을 다스리도록 그리하라. 이는 내가 직접 써 내리는 나의 선물이니, 나 여호와가 직접 써 주는 선물이기에 사랑하는 사람이요 친구에게 그보다 더 소중한 선물이 없을 것이니, 십계명을 직접 써서 선물하는 그와 같은 풍습을 이루도록 하라. 그리하여 나의 피조물 만백성이 십계명을 써서 주는 것이 가장 위대한 선물이요, 고귀한 것이라는 것을 깨달을 때, 너희가 인간의 본성을 찾을 수 있으며 나로부터 받아 나간 원초적인 사랑하는 마음을 알게 될 것이니라.

천 년 왕국과 휴거
6,808번째 편지 중에서 (2003년 7월 21일 11시 41분)

지금 모든 종교 집단이요, 믿음의 길을 가는 백성이 뭐라 하느냐? 그들은 천 년의 왕국이 이루어진다 하느니라. 나는 너희에게 가르치기를 천 년 동안 변화되는 역사이며, 그 왕국은 영원히 지속되며 존재한다 하였으나, 그들은 천 년 후에 왕국이 끝나는 것처럼, 천 년 후면 이 지상이 덮이고 멸망하는 것처럼 그리 착각하는 속에서 어느 것이 진리요 나 여호와의 뜻인지를 모르느니라.

나의 진리요 나의 뜻은 영원히 존재하며, '하늘에서 이루어진 것 같이 이 땅에서 이루어지는 것'이 내 뜻이요, 너희의 소망일진대, 천 년에 걸쳐서 완벽한 나의 백성이 뿌리를 내리도록 하는 것이 내가 준비한 천 년이라 그리 말한 것을, 너희는 천 년의 왕국을 이루고 모두 다 끝난다 하며, 그때 너희는 '휴거'라는 것을 받으며 부름을 받아 하늘에 오른다는 억지를 쓰며, 나의 아들을 통하여 내가 내리는 그것이 잘못되었으며 이는 상대할 자가 못된다 그리 말하니, 얼마나 답답하고 괴로운 일이더냐?

94 권 하나님 말씀

(2003/7/21 21:28~2003/7/28 11:35)

한 번의 기회
6,836번째 편지 중에서 (2003년 7월 24일 0시 03분)

나의 모든 백성은 나이가 먹고 물러난 자는 다시는 재기할 수 없으며 무엇인가를 할 수 없는 것처럼 제 인생의 남은 소중함을 그저 흘려보내고 접어두는 사람이 많이 있음이니, 나이를 탓하지 말라.

너희가 나이 먹어서 다시 시작하는 것은 그만큼 경륜이 쌓이고 경험이 풍부함이니, 항상 너희는 시작할 때 모든 것을 이룰 수 있느니라. 그리하여 너희가 육의 세상에 사는 것은 항상 한 번의 기회가 있다 함이니라. 그 한 번의 기회는 너희가 다시 시작하는 그때가 항상 한 번의 기회이니라. 또한, 믿음도 마찬가지이니라. 너희가 시작하는 것이 중요한 만큼, 얼마나 참진리요 하늘에 오르는 길을 바로 가느냐가 가장 중요함이니라.

거짓 선지자를 삼가라
6,854번째 편지 중에서 (2003년 7월 25일 23시 52분)

성경에 거짓 선지자와 참진리를 가르치는 자를 구분하는 방법을 기록하여 전하였음이니라. 거짓 선지자는 어떠한 자더냐? '거짓 선지자를 삼가라.' 했음이니라. 거짓 선지자는 양의 옷을 입고 너희에게 다가오니, 그들은 무엇이 다르다 하였느냐? 나의 백성에게 노략질하는 것을 서슴없이 행하는 자들이라 하였으며 잘못된 자들이라 그리 전하였음이니라. 이 대목은 우리 부자의 이름을 팔아 너희의 모든 재물을 노략질하며 약탈하는 지금의 종교 집단이요 지도자의 형태가 이처럼 이루어질 것을 미리 예고하여 그리 전한 것이니라.

지금의 종교 집단보다 더 노략질하고 약탈하는 자가 이 세상에 어디에 있던가? 나의 백성에게 아무것도 주는 것 없이 재물을 약탈하며 노략질하는 것이니라. 그저 보이지 않는 허공에 대고 구원을 받으며 천국에 가는 길이라 헛공약을 남발하며 나의 피조물 만백성에게서 거둬들이는 재물의 수를 헤아릴 수 없으며, 그 방법의 가짓수를 헤아릴 수 없으니, 그들이 얼마나 사악한 자들이더냐? 바로 그들이 양의 옷을 입고 노략질하는 거짓 선지자요, 사탄이니, 이제 모든 백성은 스스로 평가하여 너희가 갈 길을 가며 너희 자신을 돌이켜보며 행할 길을 바로 찾아 구원의 길에 오르도록 하라.

아버지의 뜻대로 행하는 자
6,856번째 편지 중에서 (2003년 7월 26일 0시 12분)

'하늘에 계신 내 아버지의 뜻대로 행하는 자만 구원을 받을 수 있으며 하늘에 오를 수 있다.' 하는 것을 나의 아들 예수가 명확히 기록하여 전하였건만, 그걸 배우고 들었다는 지금의 백성의 마음은 어떠하던가? 너희는 '삼위일체'라는 허구만 부르짖느니라. 그러면서 나의 아들 예수를 '주'요, '구세주'라 찬양하고 부르기만 하면 구원을 받는다는 그 허상에서 아직도 헤어나지 못하며, 더욱이 나의 아들의 보혈로써 구원을 받았다는 그 자체가 얼마나 잘못되었는지 그것도 모르는 자들이니라.

95권 하나님 말씀

(2003/7/28 11:43~2003/8/1 23:38)

> 예수님께서 전해 주신 말씀입니다.
> 6,900번째 편지 중에서 (2003년 7월 29일 09시 59분)

"나는 예수입니다.

감히 아버지가 내리시는 새로운 성경의 한 구절에 나의 뜻을 이리 전함이니, 모든 백성에게 전하여 주시기를 바랍니다.

'창조주이신 아버지와 나와 성령이 같다 하여 삼위일체라 부르짖으니, 이 세상을 창조하신 분이요, 이 모두를 역사하시는 하늘의 지배자요, 이 세상 만물의 지배자요, 이 우주공간을 다 창조하고 통제하는 분은 한 분이시거늘, 어찌하여 셋이요, 둘이라 감히 그리 말하는가! 오로지 이는 하나님 아버지 한 분이시거늘, 어찌하여 두 임금이 있는 듯이 나를 찬양하여 주 예수요, 구원의 예수라는 그와 같은 말들을 하는가! 그게 바로 두 임금을 섬기고자 하는 그와 같은 사악한 자들의 마음이라는 것을 어찌 깨우치지 못하는 것인가! 창조주는 한 분이시며 통제하는 분은 한 분이시거늘, 두 임금을 섬기고자 하는 그 간신과 같은 뜻을 이제는 저버리라.' 그리 전하여 주셔야 할 것입니다.

지금 저질러진 죄악이 너무 사악하며 너무 잔인하며 그들이 끝을 모르고 그저 뻗어나가니, 그리하여 창조주 아버님께서 노여움을 푸실 길이 없을 정도로 지금 사악한 형국으로 살아가는 백성입니다. 오로지 새로운 성경을 만들어 세상에 전하는 것만이 창조주 아버님의 노여움을 푸는 길이니, 새로운 성경이 세상에 하얀 눈처럼 덮이는 역사를 위하여 모두 최선을 다해 주시기를 바라며, 이 책을 읽고 깨우치는 자, 아버님께서 내리시는 강론을 듣는 자, 여러분은 모두 어떠한 역사요 어떠한 소중한 기로에 서 있는가를 알고, 이제는 나와 같은 전철을 밟는 아버님의 아들이 되지 않도록 내가 그리 바라는 바입니다.

　모두가 천사와 같은 마음으로 변하는 것만이 여러분이 모든 역사를 이룰 수 있다는 것을 결코 잊어서는 아니 되며, 내가 십자가에 못 박혀 피 흘려 죽어 온 것보다도, 창조주 아버님과 저를 똑같다 말하며 두 임금, 세 임금이 하늘에 존재하는 것처럼 그리 말하는 자들의 간악한 언동에 나의 고통이 이루 말할 수 없으며, 더는 견디기 어렵다는 것을 전하여 주기를 바랍니다."

너희 옆의 불쌍한 자부터 도우라
6,938번째 편지 중에서 (2003년 8월 1일 0시 25분)

　너희가 정녕 남을 위하여 봉사한다 하여 재물을 거둬들였다면, 거둔 그 금화를 한 닢도 너희 혓바닥에 대지 말고, 너희와 같이 공부하는 자매요, 형제요, 한 교회에서 공부하는 불쌍하고 어려운 자, 끼니가 어려운 자, 자립할 수 없는 자, 노인으로서 어렵게 살아가는 자, 그리고 병마 속에서 허덕이는 너희 주변에 있는 사람부터 살 수 있는 길을 열어 주라. 생색내지 말고, 힘을 합쳐 그들을 살게 한 다음에 그대로 나가서 그보다 더 어렵고 힘든 자를 구원하라. 어찌하여 너희 옆에 있는 불쌍하고 가난한 자를 모르면서, 그 가난하고 불쌍한 자의 고혈을 빨아서 그들보다 나은 자를 도와준다 하는가?

96권 하나님 말씀

(2003/8/1 23:47~2003/8/5 21:33)

6,950~7,005 번째 편지

이제 지도자 중심이 아닌 신도들을 중심으로
6,995번째 편지 중에서 (2003년 8월 5일 15시 59분)

이제 신도를 중심으로 하여 모든 역사가 이루어지며 나의 뜻이 전하여지며 새로운 시대가 열릴 것이니라. 그리하여 내가 지금 160권의 대장정의 새로운 성경을 기록하여 한 권 한 권 내보내니, 이가 곧 선생이요, 스승의 역할을 한다 함을 너희는 알아야 할 것이니라.

지금의 형태에서 반대의 형국으로 가지 아니하면 진정한 믿음의 기초마저도 다스릴 수 없으며, 내가 지금 역사하는, 2천 년이 흐른 오늘날 시대의 변화에 따른 그 계획을 전혀 모를 것이며 내가 행하고자 하는 것을 모를 것이니라. 지금 나의 새로운 성경을 만들어 한 권 한 권 전하니, 이를 보는 백성이 그 자리에서 깨달음을 얻어 행하고 살면 그것이 모든 백성의 인성이 바뀌며 아름다운 형국으로 바뀌는 것이니라.

종파가 생기면 생길수록 하나가 멀어지고 또 하나의 집단이 생기면 생각하는 것이 다르며 가는 길이 다름이니 이를 다스릴 수가 없음이니라. 그리하여 모두를 다 다스릴 수 있는 나의 새로운 성경을 내려보내니, 내 뜻이 무엇인 줄 알겠느냐? 새로운 시대를 역사함이니라. 종교 지도자를 중심으로 가는 그와 같은 믿음의 역사가 아니라 그 반대의 현상으로, 신도를 위주로, 나의 백성을 위주로 하여 모두 깨우쳐 가는 그와 같은 변화의 역사로 새로운 모델이 탄생한다는 것을 알라.

진실은 항상 승리하게 되어 있느니라
7,001번째 편지 중에서 (2003년 8월 5일 20시 57분)

인간 세상에서 진실은 항상 승리하게 되어 있으며, 진실은 언제나 밝혀지게 되어 있음이니라. 사람 앞에 진실이 묻히며 힘을 못 써 쓰러지는 일이 있으며 진실이라는 것이 악을 이기지 못하며 거짓을 이기지 못하고 지는 듯하나, 세월이 흐른 다음에 진실은 밝혀지게 되어 있으며 그 원인과 결과 또한 알게 되어 있는 것이 인간 세상의 삶이니라. 하물며 인간 세상의 것도 그러하거늘, 너희는 하늘에 오르는 길이요, 나에게 오르는 참진리의 길을 가지 아니하며, 비진리의 길을 진리라 하며, 거짓을 거짓이라 하지 아니하며, 거짓되지 아니한 것은 거짓으로 둔갑시키는 오늘의 믿음으로 가고 있음이니라.

이제는 너희가 나의 새로운 성경을 접하고 읽어 볼 때가 되었음을 알라. 이를 읽어 보지 않고 접하지 않으면 너희는 구약과 신약의 비유의 뜻을 모르며, 창조주 나 여호와가 역사하고자 하는 내용이요 그 뜻을 정녕 알 수 없느니라. 그러니 나의 새로운 성경을 읽는 현명함을 얻어 눈을 뜨도록 하라. 그리하여 내가 너희를 구하려고 160권의 새로운 성경을 세상에 만들어 전함이니라.

160권 중에 어떠한 것을 읽든 한 권을 읽음으로써 너희가 평생 믿음의 길을 가며 구하지 못하고 얻지 못했던 것을 여기서 얻을 것이니라. 너희가 믿음의 길을 가면서도 정녕 구원을 받을 수 있는지 불안하고 초조하고 공허한 마음이요, 그와 같은 삶에서 벗어날 수 있으며 두려움에서 벗어날 수 있는 것이 여기에 모두 기록되어 있음이니, 이를 읽고 깨우쳐 하늘에 오르는 길을 얻도록 그리하라.

7부

재앙, 너희보다 나은 자가 너희를 지배하는 것

너희가 나의 뜻을 거역하며
내 뜻을 따르지 아니하여
내가 너희에게 재앙을 내린다면

너희보다 더 나은 자,
너희를 지배할 수 있는 그와 같은 형체로써
내가 이 세상에 내려보냄이니,

그들로 하여금 너희를 지배하게 하는
그와 같은 역사가 바로
재앙임을 알아야 할 것이니라.

7,338번째 편지 중에서
(2003년 8월 31일 22시 28분)

97 권 하나님 말씀

(2003/8/5 23:31~2003/8/8 22:22)

공동묘지
7,012번째 편지 중에서 (2003년 8월 6일 10시 55분)

내가 나의 아들 예수를 세상에 내보내 그를 통하여 부르짖은 것이 무엇이더냐? 성전을 짓지 말라 하였으며 그를 헐라 하였음이니라. 각자의 마음속에 깨달음이요, 마음속에 교회를 짓고 성전을 지으라 함이지, 너희 인간 세상에 성전을 지으라 함이 아니라 그리 가르쳤음이니라. 그리하여 너희가 독침보다 더 독한 방법으로 나의 아들을 그리 죽게 하지 아니하였느냐?

예수가 교회를 짓지 말며 성전을 짓지 말라 명했을 때 짓지 않았다면 지금처럼 열 발짝마다 교회라는 것이 생기지 아니하였을 것이니라. 동양의 작은 이 나라는 나 여호와의 뜻이 들어온 것이 백 년도 안 되고 믿음이라는 것을 안 것이 백 년 세월밖에 되지 않는데 이 작은 강산을 지금 얼마나 상처투성이로 만들어 놓았는가? 그 교회를 하나 지음으로써 지상에 상처를 입히는 것이며, 내 발등에 상처를 만든다는 것을 너희는 잊지 말라.

2천 년 전에 나의 아들 예수가 성전을 헐라 하였거늘, 너희가 지금 그를 거역하고 온 세상을 다 십자가로 불을 밝혀 밤에 비추는 그것을 내려다볼 때, 이 아름다운 지상이 공동묘지가 되어 있으며, 그중에서도 가장 많은 공동묘지로써 죽은 자가 득실거리는 것이 내가 선택하여 미래를 열어 가고자 하는 동양의 이 작은 나라이니라. 백 년이 흐른 역사가 공동묘지를 이리 만들어 놓았음이니, 천 년이 흐른 다음에는 과연 어찌 되겠는가?

  너희가 교회를 짓는 것, 성당을 짓는 것은 육으로 짓는 것이 아니라 함을 잊지 말라. 그러니 그 모두는 나의 뜻을 거역하는 자들이며, 이 아름다운 지상에 공동묘지를 만드는 것이 종교 집단이요, 기독교요, 교회를 짓는 자들이라는 것을 잊지 말라. 너희가 죽음의 공동묘지를 만들어 나의 백성을 죽음으로 몰아넣는 거기에 일조한 그 죄가 얼마나 큰 것인가를 죽어 내 앞에 왔을 때 알 것이니라.

죄 없는 자
7,063번째 편지 중에서 (2003년 8월 8일 16시 32분)

  내가 너희에게 하늘의 성씨를 명함이니, 하늘의 성씨는 무엇이더냐? 나의 뜻을 따르는 나의 아들딸이요, 나의 뜻을 따라 행하는 너희의 성씨는 '죄 없는 자'이니라. 죄 없는 자, 그것이 너희가 가진 나로부터 받은 성씨라는 것을 잊지 말라. 그러니 죄를 짓는 자, 양심에 부끄러운 짓을 하는 자는 나의 성씨를 받을 수 없는 백성이라는 것을 너희 제자들은 알아야 할 것이며, 너희가 나의 성씨를 받고자 한다면 과연 어떠한 형태로 살아가야 하는지를 알라.

  나로부터 나의 성씨를 받을 자격이 없는 자들은 나의 유산을 받을 자격이 없는 자요, 나의 유업을 계승할 자격이 없음이니라. '죄 없는 자'라는 그 성씨를 받지 못하는 자는 어떠한 행위를 하든 어떠한 길을 가든 나와는 관계가 없음이니라. 그러니 나로부터 성씨를 받고자 하는 자는 '죄 없는 자'라는 말과 같이 죄가 없는 자만이 나의 성씨를 받을 수 있으며 나의 아들딸이라는 것을 절대 잊지 말라.

98권 하나님 말씀

(2003/8/8 23:29~2003/8/14 05:02)

영적인 귀족 병에 걸려 있는 자들
7,101번째 편지 중에서 (2003년 8월 11일 11시 25분)

나의 성령은 무엇이더냐? 아름답게 조화를 이루어 너희가 평등하게 살아가는 세상이요, 그와 같은 백성이 존재하도록 하기 위함이거늘, 지금 종교 집단의 지도자들이 봉사자라는 자세를 저버리고 저희가 영적 귀족이라는 그 환상에 빠져 있는 한 나의 피조물 만백성은 성령으로써 하나를 이룰 수 없으며, 이 세상의 교파가 하나가 될 수 없음이니라. 영적인 귀족이요 나 여호와의 혈통이라 부르짖는 그들로 말미암아 조화를 이룰 수 없으며 하나가 될 수 없으니, 그들을 이제는 단죄하며, 그들이 이 세상에서 뽑혀 나갔을 때 나의 사랑하는 순수한 백성이 조화를 이루며 영적으로 하나가 되어 내가 원하는 아름다운 세상이 이루어진다는 것을 알라.

하늘에서 이루어진 것처럼 이 지상에서 이루어지는 것은 영적인 귀족 병에 걸려 있는 그들부터 먼저 단죄하고 뽑아내야 함이니, 그곳에 앞장서는 자가 나의 전사요, 일꾼이 됨을 잊지 말라, 사랑하는 나의 아들딸들아!

앗! 하나님, 이것이었사옵나이다
7,123번째 편지 중에서 (2003년 8월 13일 10시 00분)

너희가 거짓말하지 아니하고 살 수 없거든 목숨을 내걸고라도 거짓말을 하지 않는 훈련으로써 그것 하나만 지켜 보라. 그리했을 때 너희는 모두를 다 깨우칠 수 있으며, 모두를 다 깨달아 십계명 정도는 차 한 잔 마시는 것보다 쉽게 지킬 수 있다는 그 깨달음의 변화가 있음이니라.

　거짓 하는 것, 도적질하는 것, 남을 시기하는 마음, 남을 음해하는 마음, 너희의 가장 나쁜 악습 하나를 목숨을 내거는 각오로 고쳐 보라. 새로운 성경에 기록한 내용대로 너희가 단 한 가지만이라도 지키고 행했을 때, 너희 가슴이 열리지 않으며 하늘의 빛이 무엇인지, 나 여호와가 역사하고자 하는 것이 무엇인지 네 가슴에 와 닿는 것이 없고 깨달음을 얻지 못하며 '앗! 하나님, 이것이었사옵나이다.' 그 말이 나오지 아니하거든 그때 가서 너희가 나를 원망하며 모두를 다 저버려도 말하지 아니할 것이니, 하나만 실천하고 한번 행해 보도록 하라. 그것이 과연 무엇이 밑지고 무엇이 손해더냐?

　너희가 수십 년 동안 믿음의 길을 가면서 바로잡지 못하며 고치지 못한 그 습성 하나를, 나의 새로운 성경을 보고 읽고 깨우쳐 그것 하나를 실천해 보면 세상의 이치를 알 것이라 했으니, 그것 하나도 행하지 아니하고 구습이요 폐습에 젖어 세뇌된 대로 그저 맹종맹신하며 울고불고 나를 찾는다는 것은, 너희는 지금 나를 찾는 것이 아니라 사탄을 찾는 그 길을 가고 있음이니, 그것이 죽은 자의 삶이요, 그 죽은 자의 삶이 곧 지옥으로 연결되는 삶이라는 걸 절대 잊지 말라, 사랑하는 나의 아들딸들아!

99권 하나님 말씀

(2003/8/14 08:58~2003/8/19 11:24)

나 여호와를 사랑하는 증표
7,137번째 편지 중에서 (2003년 8월 14일)

나 여호와에 대한 극진한 애정이요 사랑의 증표가 무엇인가? 너희가 바르게 살아가는 것이라는 것을 절대 잊지 말라. 너희가 고통스럽고 힘들어 좌절하고 싶은 길, 포기하고 싶은 길, 그리고 돌아서고 싶은 마음을 나 여호와가 존재함을 위하여 참고 인내할 때, 그것이 그 누구도 따를 수 없는 극진한 애정으로써 나를 사랑하는 것이요, 너희가 나를 사랑하는 증표이며 그것이 증거함이니라.

참진리와 비진리가 부딪치니
7,137번째 편지 중에서 (2003년 8월 14일)

이 세상의 어떠한 백성이든지 나의 새로운 성경 한 권을 3회 이상 읽는 자는 반드시 눈을 뜨게 되며 귀가 열릴 것이며, 오늘날 어떠한 형태에서 무엇이 잘못되고 잘되었는지 그 모두를 다 알게 됨이니라. 나의 새로운 성경을 접하여 정성을 다해서 한 번을 읽든 두 번을 읽든 세 번을 읽든, 이 세상에 이를 읽는 백성이 수없이 늘어날 것이니라. 그리하여 내가 일찍이 너희가 정녕 승자라 한 그 말을 잊지 말라.

참진리를 이 세상에 내려보내니, 그를 읽고 깨우친 백성으로 말미암아 지금의 종교 지도자들이 이제는 조롱을 당할 것이며, 그들이 참고 견디기 어려운 모욕을 당하게 될 것이며, 저희가 단죄될 날이 서서히 다가오고 있음을 사탄이요 잘못된 자들이 다 알고 있음이니라. 그리하여 그들은 저희의 모든 능력과 힘을 다 동원하여 기존의 틀을 끌고 가려 할 것이며, 그를 파괴하는 자를 이단이요 사탄이라 하여 너희에게 갖은 고난과 고통을 다 줄 것이며, 지금 저희가 가는 그 길에서 조금도 양보하지 아니하려 할 것이니, 참진리와 비진리가 서로 부딪치고 부딪치는 그와 같은 무서운 결과를 한 번은 겪고 넘어가야 할 것이니라. 그리하여 내가 가장 적은 피해요, 가장 적은 마찰로써 깨우쳐 가려고 나의 새로운 성경을 서서히 세상에 전함을 너희는 알아야 할 것이니라.

이를 읽고 깨우쳐 공부한 백성, 너희는 겸손하고 사랑하는 마음으로 만백성의 인성을 되찾는 데 어떠한 고통의 대가를 치른다 해도 중단해서는 안 되며 포기해서도 아니 됨이니라. 그러니 1초의 시간이 얼마나 소중하고 귀한가? 그를 낭비해서는 아니 됨이니라.

믿지 않는 자는 구원을 받지 못한다
7,179번째 편지 중에서 (2003년 8월 19일 09시 05분)

인간 세상에 아무리 좋은 스승이요, 좋은 부모요, 좋은 이웃으로부터 배운다 해도 살아가는 세월 속에서 무너지고 지워지게 되는 것이 인간이 하는 교육이니라.

참진리를 연구하며 나 여호와가 내리는 십계명이요 나의 율법이요 나의 새로운 성경을 지키고 사는 그 바탕 위에서 인간이 육성하는 교육을 더불어 받아 나간다면, 너희는 흐트러지지 아니하며 공허함이 없으며 무너지는 일이 없을 것이니라. 그리하여 믿음을 갖지 않는 자는 구원을 받지 못한다는 뜻이 여기에 있음이니라.

100 권 하나님 말씀

(2003/8/19 11:30~2003/8/22 12:04)

성령을 기록한 두루마리의 주인
7,212번째 편지 중에서 (2003년 8월 20일 09시 53분)

창조주 나 여호와가 하늘의 뜻을 모두 기록하여 너희를 사랑하기에 너희를 구원하고자 나의 성령을 글로써 기록하여 세상에 내려보냄이니, 이게 곧 하늘의 이치요, 하늘의 뜻이요, 하늘에서 내리는 성령을 기록한 두루마리라 생각하고 나의 새로운 성경을 받아들여야 할 것이니라. 그와 같은 뜨거운 열정으로 나의 새로운 성경을 가슴에 안고 정독할 때, 나의 뜻을 알 것이며 내가 원하는 것을 알게 될 것이니라.

하늘의 나 여호와의 성령이요 나의 뜻을 두루마리에 기록하여 너희에게 내려보냄이니, 나의 아들을 통하여 책으로 만들어 전하나, 이를 읽고 접하는 순간에 너희가 직접 받은 것임을 알라. 그러니 이 두루마리에 기록되어 있는 나의 성령의 뜻이요 하늘에 오르는 모든 참진리의 주인은 각자 너희임을 알아야 할 것이며, 주인 의식을 갖고 이 새로운 성경을 관리하며 읽고 깨우쳐야 함을 알라.

사랑하는 아버님 전상서
7,225번째 편지 중에서 (2003년 8월 20일 11시 56분)

너희는 나에게 사랑의 편지를 수시로 써서 수없이 전하도록 하라. 너희가 사랑하는 여인에게만 사랑한다는 편지를 전하지 말고, 사랑하는 아버지인 나 여호와에게 사랑의 편지를 수시로 써서 네 마음을 전하며 나를 사랑함을 표현해 줄 수는 과연 없겠느냐?

너희가 나에게 사랑의 편지를 매일 수시로 써 보낸다면, 너희 마음을 다스리는 길이 여기에 있음을 알라. 그러면 너희는 천사가 될 것이며 그 마음의 문이 열릴 것이며 너희에게 기적의 역사가 이루어질 것이니, 사랑의 편지를 듬뿍 쓰라.

사랑의 편지를 쓰라 함은, 너희가 쓰는 사랑의 편지를 내가 받아주겠다 함이니, 이것이 내가 너희에게 내리는 사랑이니라. 그리하여 사랑이 그득 담긴 편지를 쓰고 또 써서 하늘나라에 전하여, 너희가 내 앞에 왔을 때 너희가 보낸 그 사랑의 편지를 꺼내놓고 나에게 보냈던 그 어렵고 힘들었던 이야기요, 그 사랑의 이야기를 되짚어 보면서 너희와 내가 웃는 그와 같은 삶을 영위하며 그 역사를 길이길이 간직하도록, 그 역사를 많이 쌓도록 그리하라, 사랑하는 나의 아들딸들아!

'사랑하는 아버님 전상서'라 하여 사랑의 편지를 수없이 써서 보내도록 하라, 사랑하는 나의 아들딸들아! 그러면 고통을 이길 것이며, 시련을 이길 것이며, 나의 새로운 성경이 하얀 눈처럼 세상을 덮었을 때, 육에서 영광을 얻을 것이며, 그리고 죽어서 왔을 때는 그 사랑의 편지를 읽으며 너와 내가 아기자기한 그 아름다운 대화를 할 수 있는 그날을 위하여 희망을 버리지 말고 살라.

사랑하는 나의 아들딸들아, 내가 너희를 사랑함이니라.

101 권 하나님 말씀

(2003/8/22 12:09~2003/8/30 08:15)

내가 변화된 것을 세상에 내린다면 그게 우선
7,266번째 편지 중에서 (2003년 8월 23일 14시 21분)

 너희는 한 자도 빼거나 더해도 안 되는 것이 성서라 말하나, 모두 나 여호와가 내린 것이니, 그걸 고치고 더하고 빼는 것을 나 여호와는 얼마든지 할 수 있으며, 나는 그것을 다스릴 수 있음을 알아야 할 것이니라. 지금 나의 아들을 통하여 내리는 새로운 성경도 또한 마찬가지니라. 내가 내리는 것이요 나의 뜻이기에 내가 가감할 수 있으니, 그 모두를 다스리고 손질하며 고치고 또 변화시키는 것을 누구도 할 수 없으나 나 여호와는 할 수 있음을 알아야 할 것이니라.

 지금 나의 새로운 성경이나 나의 성경도 모두 책으로 나와 있으니, 그건 책일 뿐이며 너희를 가르치는 지침서일 뿐이니라. 지침서가 되어 너희를 가르치고 책으로써 너희에게 읽게 하여 깨우침이니라. 그러나 그 모두를 나 여호와가 변화시키고자 하며 역사하고자 하면 그는 내가 얼마든지 시정하며 다시 다스릴 수 있음이니라.

 너희는 여기서 들어야 할 것이니라. 책으로 기록되어 전하는 그 내용보다 내가 직접 나의 아들에게 내리는 것, 그리하여 그에게 명하는 그것이 얼마나 우선되어야 하며 선행되어 이루어져야 하는지를 너희는 모르느니라. 인간 너희는 넘으려야 넘을 수 없는 선이 있기에 알아듣지 못하고 듣지 못하나, 내가 내리는 명이요 그 뜻을 예수도 들었으며 지금의 나의 아들도 듣고 있음이니라. 그러니 그를 통하여 내가 변화된 것을 세상에 내린다면 그게 나 여호와의 뜻이요, 그게 바로 법이며, 그게 질서이니, 너희는 그걸 향하여 가는 것이 우선이라는 것을 알아야 할 것이니라. 그러나 너희는 그와 같이 생각하지 아니하며 그걸 인정하려 하지 아니하니, 돌리고 다스릴 수 없는 것이 너희가 가진 그 마음이니라. 내가 나의 뜻을 나의 아들에게 직접 전하는 것, 아들 선지자에게 새로 명하여 그 뜻을 이루도록 하는 그것보다 더 귀하고 소중하며 위대한 것이 없으니, 그게 우선이라는 것을 너희는 알아야 할 것이니라.

사랑의 편지는 변조하지 못하느니라
7,301번째 편지 중에서 (2003년 8월 28일 08시 30분)

세상에 나가 있는 모든 아름다운 말들을 인간의 말로써 전하는 것은 인간의 책에 기록되는 것이요, 나의 아들이 그중에서 내 뜻을 받아 나의 새로운 성경에 기록한다면 나의 백성을 구원하기 위하여 세상에 내보낸 것을 내가 추려서 전하는 것과 같음이니라. 그러나 나의 새로운 성경에 기록되어 있는 160권의 내용을 가지고 인간들이 나로부터 제가 직접 받았다고 말한다면 그것은 인간의 가르침이요 사탄의 가르침으로 변조된다는 이 무서운 사실을 알아야 할 것이니라. 그러니 나의 새로운 성경을 가지고 제가 직접 받았으며 직접 역사했다는 사악한 백성이 세상에 나와서는 아니 됨이니라.

이미 그와 같은 역사가 이루어지기 시작하지 아니하더냐? 그와 같은 자들이 수없이 일어날 것이니, 그를 다스리고 통제하며 그와 같은 것을 구분하는 모든 역사는 너희가 사랑의 편지를 기록하여 전하는 것이니 그리 알라, 사랑하는 나의 아들딸들아!

7,321
~7,396
번째 편지

102 권 하나님 말씀
(2003/8/30 08:21~2003/9/4 11:34)

말씀이 육신이 되어
7,329번째 편지 중에서 (2003년 8월 30일 11시 43분)

성서에 '말씀이 육신이 되어서 너희와 같이한다.' 하는 가르침은 무엇이던가? 나의 뜻이요 나의 '말씀'을 이해하는 것, 그리고 너희가 깨닫는 그와 같은 변화를 이루는 것이 '말씀이 사람이 됨'이라는 것을 알아야 할 것이니라. 너희가 나의 뜻을 깨닫고 의미를 알았을 때, 그걸 깨닫는 자가 곧 말씀이 사람이 되는 자이기에 육으로써 사람이 되는 것이 아님을 알라. 나의 말씀으로써 너희가 사람이 되며 형체가 되며 무엇이 이루어지는 것이 아니라, 형체가 있고 육을 가진 너희가 나 여호와 하나님의 말씀이요 나의 뜻을 받아들여서 그걸 완전히 이해하고 깨달았을 때 너희가 사람이 되며 내가 너희와 같이한다는 그 의미를 알겠는가?

나의 아들 예수가 무엇이 너희와 다른지 알겠느냐? 나의 아들 예수는 내가 명하는 것을 받아 움직였기 때문에 내 뜻을 100퍼센트 알고 이해하고 따르고 행한 것이 너희와 차별화되는 것뿐이니라.

재앙, 너희보다 나은 자가 너희를 지배하는 것
7,338번째 편지 중에서 (2003년 8월 31일 22시 28분)

너희가 나의 뜻을 거역하며 내 뜻을 따르지 아니하여 내가 너희에게 재앙을 내린다면 너희보다 더 나은 자, 너희를 지배할 수 있는 그와 같은 형체로써 내가 이 세상에 내려보냄이니, 그들로 하여금 너희를 지배하게 하는 그와 같은 역사가 바로 재앙임을 알아야 할 것이니라. 너희가 지금 모두를 다스리며 모든 동식물을 관리하고 그것들이 너희의 지혜를 넘지 못하는 형국으로 살아가듯이, 너희의 지혜로 감히 넘을 수 없으며 통제할 수 없는 그와 같은 무서운 능력을 갖춘 자요, 너희를 지배할 수 있는 형체로써 내가 세상에 내려보내 그들로 하여금 너희를 지배하도록 하는 것이 재앙임을 알아야 할 것이니라.

아버지께서 내 안에, 내가 아버지 안에 있는 것 같이
7,343번째 편지 중에서 (2003년 8월 31일 23시 06분)

내가 나의 아들을 통하여 성서에 이미 기록하였느니라. '아버지께서 내 안에, 내가 아버지 안에 있는 것 같이 저희도 다 하나가 되어 우리 안에 있게 하려 하는 것'이 나 여호와가 이루고자 하는 뜻이며, 그리 기록하여 전하였으나 너희는 어찌하여 그를 소홀히 그저 읽어 넘기는가? '세상으로 아버지께서 나를 보내신 것을 믿게 함'이요 하나가 되고자 하며 내 뜻에 동참하는 그와 같은 백성을 만들려고 내려보냈다는 것을 내가 일찍이 기록하여 너희에게 깨우쳤음이니라.

나 여호와가 하나를 이루고자, 나의 뜻에 동참하게 하고자 나의 아들 예수를 내려보내어 그와 같이 역사하였거늘, 너희가 과연 나의 뜻을 이루고 행하는 백성이더냐? 너희는 수천수만 개로 갈라져 있으며, 나의 뜻을 거역하는 일만 수천 년 동안 행하였으며, 그를 역사하는 그와 같은 집단으로 흘러왔음을 알아야 할 것이니라.

103 권 하나님 말씀

7,397~7,462 번째 편지

(2003/9/4 11:58~2003/9/8 12:43)

우편에 있는 예수와 무엇이 다르겠느냐
7,411번째 편지 중에서 (2003년 9월 4일 15시 09분)

예수가 역사한 것을 그대로 따라 행한다면 예수와 다를 것이 무엇이 있겠느냐? 그러니 예수가 행하고자 한 그 역사를 그대로 한다면 너희는 곧 예수와 하나가 되는 것이 아니더냐? 내가 나의 아들 예수와 같이 있음이니, 너희가 예수와 하나가 되는 그와 같은 역사를 이루었을 때, 정녕 너희가 나와 더불어 하나가 되며, 너희는 영원히 나를 아버지라 부를 수 있는 것이니, 나의 우편에 앉아 있는 나의 아들 예수와 무엇이 다르겠느냐?

나의 아들 예수가 복음을 전하고 역사하고자 했던 것, 행하고자 했던 것, 그 가르침을 그대로 행하는 것만이 너희가 예수와 하나가 되며 나 여호와와 하나로 일치됨이니, 너희가 나의 분신이며 나를 영원히 아버지라 부를 수 있는 자격을 얻게 됨이니라.

정녕 나 여호와 자체가 될 수 없으니
7,413번째 편지 중에서 (2003년 9월 4일 15시 26분)

너희 개인이 하나의 육신으로 존재함이니, 그 속에 얼마나 많은 세포가 속해 있는가? 그 세포 하나하나가 존재하여 너희의 육신이 이루어지고 그 육신 속에 세포가 존재할 것이니라. 그러나 하나의 세포가 독단적으로 저만 영원히 존재하며 저만 특별하다 그리 말하면 되겠느냐? 그 세포와 더불어 헤아릴 수 없이 많은 세포가 존재하여 하나의 인간의 형태가 이루어짐이니, 너희가 깨달아 나의 뜻이요 예수의 뜻대로 사는 자는 바로 내가 이루는 전체 속에 하나의 세포처럼 그 자리를 지키고 역사하는 것이지, 이 세상을 관리하며 이 세상을 창조하고 모두를 주관하는 나 여호와와 똑같이 능력을 발휘하고 역사하는 것이 아님을 알아야 할 것이니라.

너희는 정녕 나 여호와 자체가 될 수 없음이니라. 나의 아들 예수도 나 여호와 자체가 될 수 없으며, 또한 나의 백성 너희가 깨달았다 하여도 나 여호와 자체가 될 수는 없는 것이요, 오로지 나를 보좌하며 나의 뜻에 따라 내 전체의 틀 속에 들어오는 내 일부이니, 그리하여 너희가 나와 같다는 뜻이니라. 그와 같이 가르친 그 뜻을 종교 집단의 지도자들이 잘못 깨달아 '삼위일체'다 또 무엇이다 그리 말하고 있음이니라. 이것이 얼마나 어리석은 자들이요, 하늘의 뜻을 모르며 나를 욕되게 하는 것인가를 모르고 있음이니라.

애완동물
7,435번째 편지 중에서 (2003년 9월 6일 11시 07분)

나의 피조물 만백성이 말 못 하고 그저 주는 대로 눈치로써 꼬리를 치는 동물에게 정을 주며 그를 더 믿으며, 그를 제 부모보다 더 사랑하며, 제 형제요, 아내요, 남편이요, 자식보다도 더 소중히 아끼는 그와 같은 형국이 되었음이니라. 이는 너희 마음이 삭막해졌으며, 너희가 세상에 믿을 자가 없으며 세상에 아무도 마음을 줄 수 없는 것이 인간 대 인간이라는 생각으로 최악으로 타락되었으며, 너희 마음이 황폐해진 그 증거가 아니겠느냐? 그러니 이를 바라보는 나 여호와의 마음이 과연 어떠하겠는가?

104 권 하나님 말씀

7,463~7,536 번째 편지

(2003/9/8 12:49~2003/9/17 11:43)

높을수록 겸손한 삶을
7,501번째 편지 중에서 (2003년 9월 14일 07시 19분)

 인간 세상에 살아가면서 조직의 단체요 윗사람이 자신의 불쾌감으로 온종일 인상을 쓰고 있다면, 같이 일하는 모든 부하는 자연히 조바심할 것이며 마음이 편하지 아니하며 하루의 삶을 고통 속에서 살아가는 것이 아니던가? 권력 있는 자, 가진 자가 모두 베풀며 사랑으로 다스려 나가면 그 모든 분위기는 화기애애하며, 그들은 어떠한 일이 닥쳤을 때 목숨을 바쳐 모두를 역사하는 그와 같은 변화를 이룰 수 있는 것이니라.

 그러니 믿음의 길을 가는 자요, 나의 아들을 따르는 제자, 너희도 그러하니라. 능력이 있는 자, 가진 자, 깨달은 자가 마음을 비우며, 제 앞에 큰 밥그릇을 놓고자 하지 아니하며, 제가 우선이요 저를 먼저 생각하는 그와 같은 마음을 가져서는 아니 될 것이니라. 그리하였을 때 나의 성전에서 나의 새로운 성경을 만들어 만백성을 구하는 데 선택된 그들에게 행복이요, 즐거움이요, 하루의 삶을 즐겁게 살 수 있으며, 모두 스스로 역사할 수 있는 그와 같은 행복 속에서 살아갈 수 있는 것이니라.

 그러니 능력 있고 나은 자가 항상 겸손한 삶을 살며, 그들이 베풀고 나누며 살아야 한다는 그 법칙을 저버리지 말고 생활 속에 적용하여 그리 살아가도록 해야 할 것이니 잊지 말라.

일곱 번씩을 일흔 번이라도 용서하는 것
7,517번째 편지 중에서 (2003년 9월 15일 21시 17분)

내가 너희에게 너희 자신을 생각하지 말며 '나'를 버려야 한다는 것을 성경에 얼마나 많이 기록하여 전하였더냐? 형제가 너에게 잘못했을 때 과연 몇 번에 걸쳐서 그를 용서해야 하느냐고 나의 아들 예수에게 물었음이니라. '일곱 번이라는 숫자로써 용서하면 되겠나이까?' 하고 예수에게 그리 물었음이니라. 그러나 나의 아들 예수는 뭐라 대답하였느냐? '일곱 번이 아니고 일곱 번씩을 일흔 번이라도 용서하는 것'이 너희가 가야 할 길이라 하였음이니, 과연 그와 같은 역사함으로 살아가는 것이 자기 자신을 앞에 두고 자신을 먼저 생각하고 살면서 역사할 수 있다고 생각하느냐?

이제는 나의 새로운 성경을 읽고 깨우친 백성이요, 나의 아들에게 선택된 제자, 너희는 이와 같은 모든 성경 구절을 하나하나 정리하여 그 속에 담겨 있는 뜻을 깊이 깨우쳐 행하도록 하라. 너희 각자가 '나'는 없어야 하며, 너희 자신이 먼저 존재하면 이와 같은 것을 너희가 다 거역함이니라. 그리하여 내가 너희에게 '죽은 자'라 하였으며, 너희는 죽은 자로서 다시 거듭나는 삶을 살라고 내가 명한 것이 여기에 있음을 명심하고 또 명심하도록 그리하라.

자기 자신, '나'를 버림이 얼마나 소중하고 위대하면 내가 성경에 수없이 기록하였으며 나의 새로운 성경에 또한 그와 같은 내용을 수없이 기록하여 너희에게 전하는 역사를 이루겠는가를 깊이 깨우쳐, 그 소중함을 알아야 할 것이니라.

105 권 하나님 말씀

(2003/9/17 11:51~2003/9/22 12:00)

의에 주리고 목마른 자는 복이 있나니
7,550번째 편지 중에서 (2003년 9월 18일 09시 05분)

성서에 '의에 주리고 목마른 자는 복이 있나니, 저희가 배부를 것이라' 하였음이니라. 너희가 나 여호와의 진리요 나의 뜻에 따라 살아갈 때, 육의 세상에서 고달프고 어려워도 진정한 진리의 길을 가는 자는 두려움이 없으며 부끄러움이 없음이니라. 진실을 가지고 사는 자는 세월이 지날 때 그 진실은 위대하고 빛이 나며, 거짓은 아무리 화려해도 세월이 지나면 퇴색하며 그 모두가 등을 돌림이니, 참진리에 목마른 자와 같이 의를 지키고 살 때, 오늘은 너희가 배고플지라도 최후에 배부른 승자가 된다는 것이니, 남을 위한 삶이요, 너 자신을 죽이는 것이요, '나는 죽은 자'라는 마음을 가지고 살라는 나 여호와의 뜻임을 알아야 할 것이니라.

'마음이 청결한 자는 복이 있나니 저희가 하나님을 볼 것이라' 하였음이니라. 내가 너희에게 뭐라 말하였느냐? 자신이 죄를 짓고 안 짓는 것, 선하고 악한 것은 너희 자신이 가장 잘 아느니라. 너희가 악습을 하나하나 버려 천사와 같은 마음이 되었을 때, 깨끗한 하얀 눈보다도 더 하얘졌을 때, 내 음성을 들으며 나를 볼 수 있으며 나를 만질 수 있다 하였음이니, 바로 너희 자신을 버리고 살아가는 마음이 아니면 절대 역사할 수 없음이니라.

'화평케 하는 자는 복이 있나니 저희가 하나님의 아들이라 일컬음을 받을 것이라' 하였느니라. 구원의 완성이 결국 무엇이더냐? 사

랑이니라. 사랑만이 이 세상을 편안케 함이니, 화평케 하는 그 모두
는 나의 뜻을 행하고 실천하는 자들이니라. 그러니 너희가 나의 자
식이라 일컫는 것은 당연한 것이 아니더냐? 지금 선택된 너희가 나
의 아들딸이라 함은 바로 무엇이더냐? 너희가 바로 사랑을 실천하
고 행하고자 함이니, 남의 추하고 더러운 것, 잘못된 것은 상처라
생각하여 다스려 주고 치료해 주는 그 사랑의 마음을 갖고, 자기 자
신이 해야 할 일만 굳건히 지키고 가는 것이 바로 이 세상을 화평케
함이니, 그게 나의 아들딸이라 하였음이니라.

하늘의 법전
7,603번째 편지 중에서 (2003년 9월 21일 12시 17분)

지금 내리는 160권의 새로운 성경이요, 나의 성령을 태워서 세상
에 내려보내는 대역사요, 이것이 심판의 기준이라 하였음이니라.

너희가 이 세상에 살아가면서 잘못하고 잘하는 것을 다스리는 것
은 무엇이냐? 법의 테두리에서 '법전'이라는 그 책을 근거로 재판하
고 벌로 다스리며, 그에 의하여 모든 대가를 치르지 않더냐? 내가
나의 이 새로운 성경을 뭐라 명하였느냐? 곧 '법전'이라 하였음이니, 인간 세상의 법전이 아니요, 하늘의 법전이요, 하늘의 뜻의 법
전이니라. 그러니 이 법전에 기록된 것 외에는 정도가 아니며, 참진
리가 아니며, 하늘에 오르는 길이 아니며, 너희가 시시비비할 수 있
는 것이 없음이니라. 나의 법전에 기록되지 아니한 것, 거기에 위배
되는 그 모두는 나의 뜻이 아니며, 너희가 역사해서는 아니 된다는
것을 믿어야 할 것이니 그리 알라, 사랑하는 나의 아들딸들아!

106권 하나님 말씀

(2003/9/22 12:05~2003/9/27 13:01)

하늘나라의 역사는 이미 지상에서
7,617번째 편지 중에서 (2003년 9월 22일 12시 14분)

이제는 하늘나라의 그 모두가 지상에 내려와 있음을 알라. 나의 새로운 성경이 세상에 내려짐이니, 하늘나라의 역사는 지상에서 이미 실현되고 있으며 이루어지고 있다는 사실을 알아야 할 것이니라. 160권의 새로운 성경이 세상에 역사할 때 모든 하늘의 법도가 지상에 내려옴이니, 지상에서 구원할 자와 구원받지 못할 자를 분류하는 심판대의 연장선상에 이미 임하고 있다는 것을 너희는 깨달아야 할 것이니라. 그러니 이제 160권이 이 세상에 다 전해질 때, 나의 새로운 성경을 읽고 깨우치는 백성이요, 나의 아들을 따르는 제자, 너희는 죽어 심판대에 서서 지옥과 천국으로 분류되는 것이 아니라, 이 세상에서 이미 지옥과 천국이 분리되어 감이니, 천국에 이르는 자는 나의 새로운 성경대로 사는 자요, 깨달음을 그대로 가는 백성이니, 거기에서 이미 심판이 시작되었다는 뜻임을 너희는 알라.

가정 예배
7,670번째 편지 중에서 (2003년 9월 26일 11시 30분)

자신의 단점과 약점을 자신보다 더 잘 아는 자 없음이니, 그를 스스로 다스리고 고쳐 나가며 그와 같이 깨우쳤을 때 너희 가슴에 교회가 설립됨이니, 그는 성령이 임함이니라. 그리하여 그와 같은 백성이 가정 예배로써 자리를 잡고 뿌리를 내려 가면서 나의 피조물 만백성이 구원을 받도록 가르치고 역사하는 것이 나 여호와의 뜻임을 알아야 할 것이니라.

　나 여호와는 너희 가슴에 교회요 성전을 지으라 하였으니, 육으로 짓는 건축물의 성전을 짓지 말며 가정 단위로 예배를 보며 가족과 대화 속에 스스로 깨우쳐 변화되는 길을 가도록 하였으며, 성서에 그리 기록하여 전하였음이니라. 그러나 너희가 나의 뜻을 거역하며 순종치 않는 큰 이유가 어디 있으며 가장 사악한 병폐의 원인이 어디 있는지 알겠는가? 종교 집단의 지도자라 하여 학업을 시작할 때부터 그들의 꿈이요 이상은 가장 큰 교회요 많은 신도를 거느리고자 하는 것이니 그것이 욕심의 뿌리요, 더 큰 교회, 더 아름다운 교회요, 더 많은 신도를 거느리는 것이 나 여호와의 뜻에 역사하는 것이며 성공한 자라 하여 그 인간의 기업을 놓고 평가하는 자들이기에, 그들은 그것이 무너질까 두려워 나 여호와가 가장 소중히 여기는 가정 예배가 실행되는 것을 역사하지 못하게 함이니라.

　나 여호와의 뜻에 순종하여 가정 예배를 실천하는 그 가정에 나 여호와의 성령이 임하며 내가 기억한다는 것을 알아야 할 것이니라. 그리하여 160권이라는 대장정의 새로운 성경을 세상에 내려보냄이니, 이를 가지고 가정 예배로써 개인이 깨우치는 역사 속에서 이를 몸소 행해야 함을 잊지 말라. 너희가 가족 단위로 나의 새로운 성경을 가지고 연구하며, 성경을 연구하며, 십계명을 지키고자 맹세하며, 율법을 가르침에 그 비유의 뜻을 깨우쳐 가족과 가족 사이에 대화가 이루어지고 화목이 이루어지는 것이 사회의 화목이 이루어지는 근본 바탕이라는 것을 잊어서는 아니 될 것이니라.

107 권 하나님 말씀

7,695~7,776 번째 편지

(2003/9/28 10:28~2003/10/4 07:24)

노력하여 얻으라
7,736번째 편지 중에서 (2003년 10월 1일 12시 23분)

100이라는 점수가 하늘에 오르는 길이라면, 60이라는 점수는 육의 세상에서 너희가 노력하는 만큼 얻고 살아갈 수 있도록 내가 너희에게 모두를 다 주었음이니라. 그러니 거기에서 또 작고 큰 것까지 나에게 은혜요 축복을 받을 것이며 받아야겠다는 그와 같은 오늘의 믿음에서 벗어나야 할 것이니라. 나는 60점이라는 그 속에서 너희가 살아가고 취할 수 있도록 모두를 다 주었음이니, 그러면 나 여호와가 이제 너희에게 줄 수 있는 것이요 남은 사랑이 무엇인지는 수학의 공식처럼 답이 나와 있지 않더냐? 나 여호와는 지옥과 천당을 관리하는 것이며, 심판의 결정을 내리며, 너희가 죽고 사는 생사에 대한 것만을 관계한다는 것을 알라. 육의 세상의 작고 큰 것까지 너희에게 이루어 주고 울고불고하면 들어준다는 그와 같은 기복 신앙의 틀을 벗어나도록 하라.

나 여호와는 너희의 모든 것을 주관하지 아니하며, 너희가 울고불고한다 하여 일일이 들어주지 아니하며, 애달파한다 해서 들어주지 아니함이니라. 나는 이미 너희에게 모든 것을 다 내려주었음이니, 얻고 못 얻는 것은 너희 탓이니라. 나에게 기도하고 울고불고하기 전에, 너희가 최선의 노력을 다하여 내가 준 그 세상에서 얻으라. 다만, 지옥과 천당을 분별하며 생사에 대한 문제를 나 여호와가 주관한다는 것을 잊지 말라.

너희는 나를 알라. 나의 뜻을 알라. 구원의 길이 어떠한 것인가를 이제는 깨달을 때가 되었음이니, 이를 깨달았다면 그대로 나의 새로운 성경을 읽고 깨우쳐 행하도록 그리하라.

나 여호와가 역사하는 증거
7,740번째 편지 중에서 (2003년 10월 1일 23시 18분)

나 여호와의 성령이요, 나의 뜻이요, 너희를 심판하는 마지막 시대인 제3의 시대에 심판의 기준이요 근본이라는 나의 이 새로운 성경이 정녕 나 여호와의 뜻이라 믿고 안 믿기 전에, 160권이 아니라 1,600권이라는 책이 세상에 나온다 해도 너희는 그것으로써 믿고 안 믿고를 말하기 전에, 너희가 믿어야 할 것이며 알아야 할 것이 있음이니라.

나 여호와가 나의 새로운 성경에 기록하여 역사한 것, 그리고 너희 제자들에게 전한 것, 내가 명한 것, 그 모든 것은 다 역사한다는 것을 알아야 할 것이니라. 그것이 나 여호와의 진리요, 나 여호와가 역사한다는 것을 증거함이요, 증표로 삼아야 함을 잊지 말라. 그것이 때와 시기가 있기에 너희에게 이루어짐이 차이가 있을 뿐, 모든 것은 빨리 이룰 것, 늦게 이룰 것을 하나하나 이루어 가는 것이 나 여호와의 뜻이요, 그것이 바로 내가 참진리를 전하는 것이며 창조주의 뜻임을 너희는 알아야 할 것이니라.

108 권 하나님 말씀

(2003/10/4 07:33~2003/10/10 12:27)

나 여호와가 과연 존재하는가?
7,792번째 편지 중에서 (2003년 10월 5일 11시 58분)

이 세상에 존재하는 모든 생명체는 죽지 아니하는 것이 없음이니라. 그들은 죽어 가고 다시 태어나며 또 흘러가고 새로운 생명이 태어남이니라. 그러나 그 모든 것은 원천의 샘이 있으며 그를 받쳐 주는 원천의 뿌리가 있기에 그 뿌리가 모든 역사를 함이니, 너희가 말하는 신은 단 하나, 나 여호와뿐이라 함이니라. 내가 존재하고 받쳐 주기에 너희 후손이 돌아가고 또 역사하고 그와 같은 것이 이루어지며 모든 동식물이 세상에 존재한다는 것을 알라.

이 세상에 흘러가는 그 모든 것, 흐르는 강물이요, 흘러가는 구름이요, 불어오는 바람이요, 태풍이요, 그것이 모두 존재하고 역사하는 그 원천의 뿌리는 곧 창조주 나 여호와이니라. 내가 이 세상을 모두 만들었음이니, 그들은 내 손안에 있으며 내가 존재하고 그들을 다 지켜 주기에 새로운 생명이 태어남이요, 먼저 있던 생명은 또 죽어 감이니라.

나의 새로운 성경을 읽을 때 내가 너희와 같이하며, 나의 새로운 성경을 정독할 때 너희가 내 마음속에 들어옴을 알아야 할 것이니라. 다만, 청결한 마음으로 이를 읽고 접해야 할 것이며, 계산 속에서 읽어서도 안 되며 의혹하면서 읽어서도 아니 됨이니라. 다만, 오늘 내가 이 세상에 생명을 가진 모든 것은 죽어 가나, 오로지 단 하나 존재하는 것, 그 생명이 죽고 사는 것을 다 받쳐 주고 통제하고 역사하는 단 한 분이 있다 함이니, 그가 창조주 나 여호와요, 너희가 따르는 어버이인 내가 있기에 그 모든 것이 존재하고 역사한다는 것을 알라. 그러니 나 여호와가 존재함을 오늘 깊이 깨우치며, 두 번 다시 의혹하며 흔들리는 마음이 없도록 그리 가라.

5

선생과 제자가 구분되지 않는 세상
7,813번째 편지 중에서 (2003년 10월 7일 11시 43분)

나 여호와가 이루고자 하는 세상이 무엇인 줄 알겠느냐? 나의 참진리는, 선생이 따로 없으며, 가르치는 자가 따로 없으며, 배우는 자가 따로 없으며, 제자가 따로 없으며, 이처럼 구분되지 아니하고 서로 토론하고 가르치는 그와 같은 세상이 열리는 그것이 바로 나 여호와의 참진리요 진정한 것이니라.

너희가 참진리를 깨우치는 것은 인간의 공부로써 깨우치는 것이 아니요, 인간의 배움으로써 모두 열리고 깨우치는 것이 아니니라. 그리하여 나 여호와가 내리는 참진리요 나의 새로운 성경을 너희가 읽고 받아들이는 것은 선생이 따로 없으며 제자가 따로 없으며, 다 같이 가르치는 자요, 다 같이 듣는 자요, 그리하여 열매를 맺어 가는 그와 같은 세상을 역사함이니, 이것이 참진리요, 나 여호와의 뜻이니라.

109 권 하나님 말씀

(2003/10/10 12:35~2003/10/15 18:06)

예수의 영적 상태까지
7,913번째 편지 중에서 (2003년 10월 14일 0시 37분)

지금 너희는 유아의 영적 상태에서 세상에 태어났음이니, 어리고 어린 유아의 영적 상태에서 서서히 자라 하늘에 오르는 길은 무엇이더냐? 예수의 영적 상태까지 성장하는 것이며 거기까지 도달하는 것이니라. 그것이 바로 구원의 길이요 구원의 길을 볼 수 있으며 나에게 올 수 있으며 너희가 그리도 갈구하는 천국의 문을 들어설 수 있으며 비단길을 밟아 나에게 올 수 있는 것임을 알라.

분신
7,946번째 편지 중에서 (2003년 10월 15일 14시 16분)

너희가 나의 분신으로서 그 자리를 지키고자 피나는 노력 끝에 나에게 오겠다는 그 애정의 노력으로 끝없이 나를 향하는 마음과 나의 진리를 따르며 내가 원하는 것이 무엇인가를 노력하는 백성이 아니면, 아무리 구약과 신약에 통달하며 나의 새로운 성경에 통달한다 해도 정녕 하늘의 뜻을 볼 수 있는 눈이 뜨이지 아니함을 알라.

너희는 구원을 받았다는 망발이요, 어리석은 소리를 하지 말라. 이제 그와 같은 말을 할 수 있는 자는 하늘의 비밀을 아는 자만이 그 말을 할 수 있는 것이요, 나로부터 직접 성령을 받으며 나의 뜻을 받으며 하늘의 비밀을 받아 행하는 자가 아니면 절대 누구도 구원을 받았다 안 받았다 말할 수 없으며, 누구는 하늘에 오르는 자다 못 오르는 자다 하는 그 이름을 말할 수 없으며, 너희 자신이 그리 말할 수 없는 것이니, 너희가 얼마나 어리석은 백성인가를 알라.

너희는 나의 분신으로서 결합함이 우선이니, 나와 결합하기 위하여 끝없는 애정을 가지고 끝없는 노력을 기울이는 그 속에서만 모든 구원의 길을 볼 수 있다는 것을 잊지 말라.

사랑의 바탕에서
7,947번째 편지 중에서 (2003년 10월 15일 14시 20분)

창조주 나 여호와의 본체가 사랑이면, 나의 분신인 백성 너희는 과연 어떠한 마음을 가지고 이 세상을 살아가야 하겠는가? 너희는 사랑을 떠나서 생각해서는 안 되며, 사랑을 떠나서는 어떠한 것도 진실이 있을 수 없음이니라. 그리하여 사랑을 저버리고 어떠한 생각을 하는 것, 어떠한 연구를 하는 그 속에는 진실이 없다는 것을 알아야 할 것이니라. 그리하여 내가 사랑이 소중함이라 함이니라.

사랑을 갖고 생각할 때 그 속에 참진리의 싹이 트게 됨이니, 너희는 사랑의 바탕 위에서 생각하는 그와 같은 삶을 살아야 할 것이니라. 나 여호와의 뜻이 사랑이기 때문이니라.

사랑이 없는 모든 행함은 나의 뜻이 아니기 때문에 너희가 어떠한 역사를 한다 해도, 무엇을 이룬다 해도 나는 너희를 모른다고 대답함을 알아야 할 것이니 그리 알라.

7,953~8,044번째 편지

110권 하나님 말씀
(2003/10/15 18:11~2003/10/20 12:13)

예배의 형식, 기도의 형식
7,986번째 편지 중에서 (2003년 10월 17일 11시 29분)

예배의 형식은 없으며 기도의 형식은 없다는 것을 알라. 가장 위대한 기도는 내가 뭐라 하였느냐? 감사하는 마음으로 '앗! 하나님!' 하고 찾는 그 한마디요, 거기에 다른 생각이 없으며 다른 신을 모시지 않는 그 마음에서 드리는 기도가 가장 소중하다 하였음이니라.

너희와 나는 어떠한 관계라 했느냐? 아버지와 자식이니라. 고향에서 멀리 떠나 타향살이하는 자식이 밤에 뜬 달을 보며 부모가 그리워 눈물짓다가, 꼭 어느 장소에 가야만 부모를 생각하며 고향을 생각할 자격이 있다고 한다면, 그들은 그 장소까지 가는 동안에 그 마음이 변할 것이며 변질될 것이니라. 그러니 부모를 떠난 자식이 고향을 그리며 부모를 생각하는 마음에 어찌하여 장소가 필요하며 시간과 때를 맞춰야 한단 말이더냐? 자식이 부모를 그리는 마음은 시간과 장소가 필요 없으며 형식이 필요 없음을 너희는 알라.

나 여호와의 편지
8,013번째 편지 중에서 (2003년 10월 18일 11시 13분)

이 새로운 성경은 나 여호와가 너희 개인에게 직접 보내는 편지이니, 그리하여 한 권의 새로운 성경을 접하는 자는 나의 편지를 받는 자며, 내 잔칫집에 참석할 수 있는 시간과 장소와 방법과 예의범절과 너희가 갖추어야 할 모든 것을 다 여기에 기록하여 놓았으니, 이를 완벽하게 읽고 깨우치는 자, 그대로 예의범절을 지키는 자, 잔칫상에 와 한 점의 손색이 없는 백성으로서 그 자리를 지키는 자가 될 것이니 그리 알라.

모든 백성이 내 잔치에 올 수 있도록 그들을 초청함이니, 그들에게 보내는 초청장이요, 안내장이요, 내가 간곡히 참석해 달라 하며 참석하는 자가 갖추어야 할 예의범절이요 시간과 장소까지 모두 다 기록하여 전하는 것이 나의 새로운 성경이니, 한 사람도 이를 접하지 아니하는 백성이 있어서는 아니 되니, 골고루 모두에게 전해야 함을 너희는 알아야 할 것이니라.

잔칫상에 오지 못하는 자, 그리고 구원받지 못하는 자, 거기에 참석할 수 없는 자, 그 상세한 안내문을 받지 못한 자는 길을 몰라서 못 오며 갖추어야 할 준비가 뭔지 몰라서 못 오게 되니, 그들을 바로 깨우쳐 주고 전하는 것이 너희이니, 나의 편지를 전하는 것을 소홀히 해서는 아니 될 것이니라. 만백성에게 나의 편지 한 통씩을 꼭 전하는 그와 같은 오늘의 수고로움을 아껴서는 아니 됨이니 그리 알라, 사랑하는 나의 아들딸들아!

짐승의 표를 받는 백성
8,019번째 편지 중에서 (2003년 10월 18일 11시 54분)

내가 내린 친필인 십계명이요, 나의 아들을 통하여 직접 써 내린 나의 새로운 성경을 그대로 행하고 지키고 살 수 없으며, 인간이기 때문에 그리 역사할 수 없다고 말하는 자들은 다 인간이 되기를 포기한 자들이며, 그 순간에 '짐승의 표'를 받는 것임을 알아야 할 것이니라.

111 권 하나님 말씀

(2003/10/20 12:21~2003/10/24 12:13)

새로운 말씀이 내려옴을 알고 있는 자들
8,087번째 편지 중에서 (2003년 10월 22일 11시 33분)

오늘의 모든 종교 집단에 깨달음이 있는 자들에게 내가 명하였음이니라, 새로운 시대가 열리며 새로운 말씀이 내려온다는 것을. 그리하여 내가 새로운 시대를 역사하는 것은 누구나 읽고 깨우치도록 간단하고 편안하며 쉬운 방법으로, 너희가 오해하지 아니하며 오판하지 않는 방법으로 깨우치는 그 역사를 이룸이니, 바로 내가 개인에게 직접 명하는 시대요, 나 여호와가 세상에 직접 내려와 주관하는 시대가 열린다는 것을 깨닫고 아는 자들이 있으며, 그들이 숨을 죽이고 말을 하지 못하고 있으나 그를 들어 알며 그리 역사한다는 것을 알고 있느니라.

그러나 그들 또한 눈이 어두워 제가 대장이요, 제가 왕이요, 각자 왕의 자리를 차지하고자 함이니, 나의 새로운 성경이 내려가는 것을 앞에서 인도하지 못하며 이를 앞장서서 부르짖지 못하는 어리석은 백성이 되어 있음이니라. 지금 저희가 한계에 부닥치며 더는 능력이 없으니, 나의 새로운 성경이 세상을 덮었을 때, 그제야 저희가 앞에서 선전하는 역할로 미리 예언된 것이라는 것을 알게 될 것이니라. 그들은 알고 있음이니라, 새로운 성령이 내려오며 나 여호와가 직접 내려와 개인 대 개인으로 너희를 구원할 자와 버릴 자를 선별하는 시대가 온다는 것을. 그것이 바로 지금 역사하는 시대라는 것을 너희는 알라.

버리라, 모든 것을 다 감싸라
8,105번째 편지 중에서 (2003년 10월 23일 23시 24분)

너희에게 '버리라.' 함은 모든 것을 다 감싸라 함이니라. 감싸되 사랑으로 모든 것을 다 감싸고 사랑으로 녹여 버린다면, 그것으로써 다 버리는 그와 같은 경지에 오르는 것보다 더 위대함이요, 그것이 내가 너희에게 원하는 길이라는 것을 알라.

너희는 감싸는 것보다 더 위대함이 없음을 알라. 너희가 버린다 하여 하나씩 둘씩 다 떼어 버린다면 네 주변에 남는 것이 무엇이 있겠느냐? 너희가 자식이 여러 명이 있으니 그 자식들이 잘못되고 잘못 간다 하여 하나씩 떼어 버리고 나면 과연 누가 남겠느냐? 네 주변에 남는 것이 없으며 아무것도 역사하는 것이 없음이니라. 그 자식들을 내가 버리라 한다 해서 버리는 것이 아니요, 그를 깨우쳐 다스려서 네 품에 안는 것이 바로 버림이요, 모두를 다 놓음이니라. 이 세상의 모든 만물을 다 똑같은 사랑으로 볼 수 있는 마음을 갖는 것이 깨달음이요, 그게 너희가 경지에 오르는 길이요, 나에게 오름이니라.

모든 것을 다 버리고 혼자서 가는 것은 황폐한 마음이요, 거기에는 사랑이 없으며, 나눔이 없으며, 자신의 고독함만 있음이니라. 그러니 나 여호와가 버리라 하는 것은 사랑으로써 모두 다 녹이라 함이니라. 그리하여 똑같이 보라는 것이니, 네 주변에 아무것도 없으며 사랑으로 모두 녹여 감쌀 때, 네 주변에 없되 그득히 쌓인 것이며 그득히 쌓여 있되 그것이 없는 것이니라. 이것이 너희가 가야 하는 길이라는 것을 잊지 말라, 사랑하는 나의 아들딸들아!

112권 하나님 말씀

(2003/10/24 12:17~2003/10/31 12:01)

성령의 불 칼
8,135번째 편지 중에서 (2003년 10월 25일 07시 42분)

내가 구약과 신약을 내렸음이니, 그 모두를 내린 의미가 무엇이더냐? 나의 아들 예수의 고통이요, 욥이요, 모세요, 아브라함의 그 역사함도 모두 다 무엇인 줄 알겠느냐? 너희 육의 눈으로 보이는 역사를 하고 깨우친 그 이유는 바로 무엇이더냐? 너희가 육을 가지고 살아 있는 이 세상에서 어찌 사느냐에 따라 거듭나고 못 나는 것, 구원을 받고 못 받는다는 것을 증거하려는 것이니라.

육으로 볼 수 있는 이 세상 세속의 삶에서 그 모든 역사가 이루어졌거늘, 지금의 종교 집단이요, 잘못된 그들이 어찌 가르치느냐? 그 모든 의미 하나도 알지 못하면서 육으로써 행하고 지상에서 역사하는 것은 아무것도 아니라고 가르침이니, 그것 하나만 바로 서도 지금 내가 새로운 성경의 불 칼로써 가지를 치고 다스리며 너희를 잘라 내는 그와 같은 아픈 역사는 이루지 아니할 것이니라.

내가 지금 나의 새로운 성경을 내려보내 칼로써 베는 것은 잘못된 종교 집단 그들부터 다스릴 것이며, 그리하여도 나의 피조물 만 백성이 오늘처럼 마음을 돌리지 못하며 깨닫지 못할 때 내가 그들을 다스리는 그 아픈 역사가 이루어지니, 이를 막고자 하며 이를 사전에 예방하고자 하는 것이 나의 애절한 뜻이니라.

내가 너희에게 무릎 꿇고 간절히 눈물로써 하소연함이니라. 나의 새로운 성경을 읽고 깨우쳐, 내 칼로써 그들을 다스리고 내 앞에서 내 자식이 죽어 가는 그와 같은 전철을 보지 아니하려 함이니, 이는 나의 아들 예수가 모든 것을 안고 죽어 가는 고통을 바라보는 것보다도, 직접 내가 검으로 벨 자와 베지 아니할 자를 선별하는 마음이 얼마나 아픈지, 내 칼에 피를 묻혀야 하는 그와 같은 아픔을 보라.

육의 세상에서 자식을 베야 하는 부모라면 과연 벨 수 있는가? 그 부모는 자식을 안고 마지막까지 눈물로 하소연할 것이며, 자신의 목숨을 대신 줄 테니 바르게 곱게 살아 그 범죄의 소굴에서 인간으로 거듭나기를 애원할 것이니라. 그보다 천배 만배 더한 모습이 오늘의 나 여호와의 모습이니, 너희는 이를 그대로 믿고 생각하라.

새로운 시대의 대변화
8,175번째 편지 중에서 (2003년 10월 29일 11시 47분)

이제는 새로운 시대의 대변화가 열린다는 것을 머지않아 보게 될 것이니라. 너희는 상상할 수 없는 나의 새로운 성경의 그 위대함을 보게 될 것이니라. 이제 나 여호와가 더 이상 너희를 볼 수가 없어, 너희가 뽑지 못하는 사악한 마음의 뿌리를 내가 뽑아 줄 것이며, 오늘의 믿음의 낡은 관념과 관습이요, 기복 신앙에 뿌리깊이 젖은 것을 모두 태워 버리고 뽑아 버리는 역사가 이루어질 것이니라. 그 회오리바람 앞에 견딜 자 과연 얼마나 있다 생각하는가? 바로 서지 아니하고 '아버님! 정녕 저의 죄를 용서하여 주옵소서. 아버님 뜻대로 역사하겠습니다.' 하고 무릎 꿇고 기도하는 백성 외에, 지금까지 제 소원을 이루어 달라, 회오리를 멈춰 달라 울고불고하는 자는 거기에 스스로 다 쓰러져 날아간다는 것을 잊지 말라.

8부

하늘을 두루마리 삼고
바다를 먹물 삼아

나 여호와의 진리는
하늘을 두루마리 삼고 바다를 먹물 삼아
쓰고 또 써도 다 못 쓴다 함은 무엇이더냐?

그는 곧 사랑이니,
살아가면서 베풀 수 있는 사랑은
끝이 없음이니라.

그러니 끝이 없는 사랑의 베풂이 하늘의 뜻이요,
하늘에서 가지고 있는 사랑이니,
너희가 60년을 살든 100년을 살든,
과연 그것을 얼마나 베풀고 행하고 산다
할 수 있겠느냐?

9,055번째 편지 중에서
(2004년 1월 2일 08시 38분)

8,217~8,305번째 편지

113 권 하나님 말씀
(2003/10/31 12:12~2003/11/07 11:59)

움직이는 꽃
8,247번째 편지 중에서 (2003년 11월 3일 07시 58분)

세상에 움직이는 꽃이 있다면 얼마나 아름답고 좋겠느냐? 너희가 움직이는 꽃이요, 그저 미운 사람 좋은 사람을 다 안을 수 있는 인간의 꽃이 되면 되느니라. 아무리 깊은 산 속에 피어 있는 꽃의 향기가 아름답다 해도 인간 꽃의 향기만큼은 못할 것이니라.

인간의 향기는 무엇이더냐? 너희가 직접 사람을 살리는 일이 있는가 하면 죽고 사는 그와 같은 길을 같이 갈 수 있으며 또한 어렵고 불쌍한 사람을 도와 그들에게 몸과 마음으로 그 은혜를 입히는 것이니, 그것이 꽃이 보내는 향기보다 못하겠느냐? 너희가 한 송이의 꽃을 피웠음이니, 두 송이의 꽃을 피우며 세 송이의 꽃을 피우며 열 송이의 꽃을 피우면 이 세상이 아름다운 꽃이 되는 것이니라.

자연의 소리에 귀 기울이라
8,248번째 편지 중에서 (2003년 11월 3일 08시 05분)

자연이 말하는 모든 것, 자연이 움직이는 것을 들을 수 있는 경지에 오르면 너희는 두 번 다시 실수하지 않는 삶을 살 수 있는 것이니라. 이 세상의 모든 자연이 하는 것에 귀 기울이는 그와 같은 삶을 살아야 할 것이니라. 너희가 정녕 자연의 소리를 듣지 못하겠거든 이 세상에 돌아가는 모든 형태요, 자연의 자리에서 역사하고 변함없이 움직이는 모든 것을 보고 연구하고 공부하면 자연의 소리를 들을 수 있는 것이니라. 너희가 자연의 아름다운 소리만 들을 수 있다 해도 오늘과 같이 험악한 세상이요, 인간이 인간을 두려워하며 오로지 저만 생각하며 저만 역사하고자 하는 그와 같은 마음의 형태로는 절대 가지 아니할 것이니라.

남에게 상처를 주는 말로 훈계하는가?
8,276번째 편지 중에서 (2003년 11월 6일 05시 39분)

부족하고 모자란 백성을 흉보고 탓하며 그를 나무라지 말라. 그것이 또한 사랑이요 나눔이요 베풂을 실천하지 못하는 자와 똑같기에 그를 탓하고 시비하는 그와 같은 일이 있는 것이니라. 화목이요, 사랑이란 무엇이더냐? 기다려 주는 것, 용서해 주는 것, 그리고 이해하는 것이니라. 남을 비평하는 것은 모두 시기 질투요 그와 같은 마음을 버리지 못하는 것에서 이루어짐이니, 진정한 사랑이라는 것은 시기와 질투가 있어서는 아니 되며, 남의 단점을 보살펴 주고 쓰다듬어 줄 수 있어야 하느니라. 장점을 칭찬해 주고 단점을 격려해 주고 갈 때 그는 그 단점을 보완하고 고칠 수 있는 것이니라.

너희는 남에게 훈계할 때 가시 돋친 말로, 남에게 상처를 주는 말로 훈계하는가? 그것은 훈계의 가르침이 아니라 상대방의 감정을 상하게 하며 그가 더 비뚤어지게 하는 길이지 않던가? 남에게 약하게 보이는 자, 실수를 많이 하는 자, 너희 앞에 용서받지 못할 짓을 하는 자, 그와 같은 자를 변호하고 보호해 주며 감싸 주고 다스려 주는 그 속에서 그가 사랑을 느끼며 진정 사랑의 고마움에 눈물을 흘렸을 때, 그는 이미 깨우친 사람이 되며, 그게 곧 너희가 나의 복음을 전하는 그와 같은 역사를 하는 것이니라.

8,306~8,385번째 편지

114 권 하나님 말씀
(2003/11/7 12:03~2003/11/13 08:00)

큰 사랑
8,331번째 편지 중에서 (2003년 11월 8일 12시 15분)

이 세상에 부모의 마음은 하나의 음식을 입에 넣기 전에 그 자식을 생각하는 마음이 있느니라. 그러니 그 자식들 또한 어떤 마음을 가지고 살아가는 것이 도리겠느냐? 좋은 음식이요 좋은 것을 접할 때마다 부모를 생각하는 그와 같은 자식이 있다면 얼마나 그 자식은 평소에 부모를 사랑하며 공경하며 그 마음이 얼마나 갸륵하고 소중하겠느냐?

너희는 음식을 접하거나 좋고 아름다운 것을 볼 때 부모를 떠올리듯이 나를 생각하는 것이 아니라, 사람과 대화할 때 아름다운 말을 듣는 것 그리고 아름다운 멜로디를 듣는 그와 같은 모든 것을 다 나 여호와에 대비하여 생각하도록 그리하라.

누가 너를 사랑한다 하거든, 그가 사랑하는 표현만큼 바로 그 자리에서 나 여호와를 사랑하는 마음으로 열배 백배로 승화시켜서 나를 그리며 하늘을 그리며 그리 생각하도록 하라. 그러면 마음이 행복하고 기쁠 것이며, 큰 사랑이 무엇인지 그 의미를 알며, 되돌려 그 사람을 생각할 수 있는 마음이 네 마음에서 이루어질 것이니라.

석가가 누구더냐
8,370번째 편지 중에서 (2003년 11월 12일 08시 43분)

석가가 누구더냐? 그도 나의 백성이니라. 그가 무엇을 원했더냐? 참진리요, 만백성을 참진리의 길로 깨우치고 인도하고자 기도하고 경배했으니, 그 또한 나를 찾았음을 너희는 알아야 할 것이니라.

너희가 오로지 구세주라 하며 너희를 구원한다는 나의 아들 예수는 과연 무엇이더냐? 석가가 그 고통스러운 기도 속에서 진리를 깨닫고자 애썼듯이, 나의 아들 예수도 광야에서 기도하며 사탄과 싸워서 이겼음이니, 그것은 무엇이더냐? 그 또한 나 여호와를 알며 나 여호와의 진리의 길을 알고 그것을 만백성에게 깨우쳐 주기 위하여 그 고통스러운 역사의 길을 견뎌 내지 아니하였던가?

깨달음이 높으며 참진리의 길에 근접하여 가까이 가고자 하는 자, 세상을 향하여 한 점의 부끄럼이 없는 삶을 살고자 노력하는 백성은 모두 나의 아들딸이니, 나의 아들딸이 깨우침을 위하여 어떠한 길을 가든 그 길을 가는 것으로써 문제가 됨이 아니니라. 그러니 석가다 예수다 갑론을박하지 말며, 내 것 네 것을 따로 구분 지으며 그와 같이 하나가 될 수 없다는 생각을 하지 말라. 그도 나의 아들이요, 또한 예수도 나의 아들임을 알라.

사람이 어떠한 형태로 이 세상에 태어났느냐가 중요한 것이 아니라 그가 어떠한 길을 갔으며 어떠한 뜻을 가르쳤는지가 중요하니, 참진리의 길이요 나 여호와의 뜻에 의해 살고자 했던 것, 그리고 나 여호와의 뜻을 만백성에게 전하고자 했던 것이 가장 중요한 것이니라. 또한 그와 같은 것을 깨달으며 그를 추종하는 자들이 나 여호와의 뜻에 따라 어찌 살아가며, 선생들이 지시하고 가르친 것을 얼마나 따르고 행하는가 거기에 가장 중요함이 있다는 것을 잊지 말라.

115 권 하나님 말씀

8,386~8,478 번째 편지

(2003/11/13 08:06~2003/11/19 07:40)

교회 경영학의 책자로 전락된 성서
8,444번째 편지 중에서 (2003년 11월 16일 01시 03분)

내가 오죽이나 가슴이 아프고 답답하면 구약과 신약이 너희 인간 교회를 육성하는 데 경영학의 책자로 전락되어 인간 세속에 떨어졌다 그리 말하겠느냐? 그러니 타 종교를 핍박하며, 예수가 재림한다는 그것만을 부르짖는 것이 오늘의 믿음이 아니던가?

이제 구약과 신약을 더는 욕되게 하지 말며, 그를 더 타락시키지 말며, 그를 함부로 짓밟는 그와 같은 사악한 행위를 하지 말라. 그리고 인간의 경영학의 교본으로 쓰지 말며, 육의 세상에 너희가 재물을 거둬들이는 그와 같은 도구로써 구약과 신약의 성서요 나의 아들 예수가 역사했던 그 모두를 오도하지 말라. 내가 이를 너희에게 명함이니, 이를 거역하고 제 마음대로 그와 같이 살아온 자, 그 죄가 얼마나 무섭고 두려운가를 알 날이 머지않았음을 내가 여기 새로운 성경에 기록하여 전함이니, 이를 소홀히 들어 한쪽 귀로 듣고 한쪽 귀로 흘리는 그와 같은 어리석은 나의 백성이 되지 말라.

아브라함의 자손 VS 성령으로 잉태한 예수
8,456번째 편지 중에서 (2003년 11월 17일 12시)

너희는 아브라함부터 다윗까지 14대가 흘렀으며, 또한 다윗부터 바벨론까지 14대가 흘렀으며, 바벨론부터 예수가 태어날 때까지가 또 14대라 하여 14대요, 14대요, 14대라며 신기하게 생각하고, 그와 같은 역사 속에서 나의 아들 예수가 태어났다 그리 말함이니, 14

로 나누는 것이 무엇이더냐? 그저 아브라함에서부터 예수가 태어날 때까지 그것을 40대요 50대요 하면 될 것을, 그를 잘라서 14요 14요 하며 그것도 신기한 것처럼 만들어 내니, 이것이 바로 성서를 가지고 장난치는 것이요, 너희 인간의 생각으로 했음이니, 이것이 바로 너희가 우매한 것이니라.

너희는 여기서 결정을 지으라. 지금의 믿음의 길을 가는 종교 집단의 지도자, 너희는 그와 같은 후손이 나의 아들 예수라 말한다면 성령으로써 잉태한 나의 아들이라는 말을 하지 말 것이며, 성령으로써 잉태한 나의 아들이라 말한다면 육으로 14대가 그리 지났다는 것을 말하지 말아야 할 것이니, 둘 중의 하나만 선택해서 가도록 하라. 사람의 자식으로서 사람에게서 잉태한 나의 아들이라면 그리 14대손이라 할 것이며, 성령으로 잉태한 나의 아들이라면 성령으로 바로 태어난 1세대로 보라.

나는 여기서 나의 아들을 통하여 너희에게 명하여 전함이니라. 모든 나의 피조물 만백성 너희는 나로부터 다 1세대이니라. 너희는 나로부터 구원을 받을 수 있으며 나에게 오를 수 있는 나의 아들딸이요, 모두는 바로 나를 아버지라 직접 부름이니 1세대이며, 나의 아들 예수도 그와 같이 1세대였음을 잊지 말라. 어찌 하늘의 나 여호와의 아들이라 하며 성령으로 잉태한 그것을 인간의 족보요 인간의 역사에 견주어 따지는가? 그리 따지고 계산하는 그와 같은 것이 얼마나 잘못된 것인가를 모르면서도 그를 강조하고 울고불고 '옳소, 맞습니다.' 하며 손뼉 치는 것이 너희의 어리석음이니라.

116권 하나님 말씀

8,479~8,567번째 편지

(2003/11/19 07:44~2003/11/27 0:39)

영원히 죽지 않고 살 수 있는 양식
8,486번째 편지 중에서 (2003년 11월 19일 09시 10분)

나는 너희에게 영원히 죽지 않고 살 수 있는 양식을 내렸음이니 그건 무엇인 줄 아느냐? 사랑이라는 양식이니라. 너희가 사랑을 먹고 살며 사랑으로써 살아가는 백성이라면 죽지 아니하고 영원히 살 수 있거늘, 너희는 이를 먹지 아니하며 이를 저버리고 거부하며, 이를 쓰러뜨리고자 하는 악을 먹고 살기에 오늘의 너희가 죽음이요, 고통이요, 병마요, 그 시련 속에 살아간다는 것을 알라.

시작도 끝도 없는 진리
8,514번째 편지 중에서 (2003년 11월 21일 11시 31분)

시작도 없으며 끝도 없는 것이 나 여호와의 진리요, 내가 너희에게 깨우쳐 주는 것이며, 이 세상의 모든 진리는 다 내가 하늘에서 땅으로 내려보냈음이니라. 바람이 스쳐 가는 것처럼 나의 진리와 나의 참뜻이 너희와 항상 같이하고 있으며 네 주변에 있음이니, 그를 찾아 바르게 쓰느냐 못 쓰느냐에 따라서 변하고 못 변하는 것이니라. 그러니 너희는 여기서 깊이 깨우치라.

인간사 스승이요, 부모요, 이웃이요, 형제로부터 세상사에서 배우고 또 바른 것을 듣는 것은 모두 나 여호와의 진리요, 나의 뜻임을 알아야 할 것이니라. 세상 인간사에서 바르게 알고 바르게 가르치는 것은 너희 인간이 역사했다 해도 곧 하늘의 뜻이요, 나 여호와가 역사하는 것을 대신하는 것이며, 나의 가르침을 듣는 것임을 알라.

나의 성서에 기록되어 있는 것은 몇 가지가 아니 됨이니라. 그러나 이 세상에 내려와 있는 진리는 그 수를 헤아릴 수 없으며 시작이 없고 끝이 없다 하였음이니, 그것을 저버리고 오로지 성서에 기록된 것만 가지고 모든 것을 다 역사하며 내 뜻이라 그리 얽매이고, 그것이 구원의 기본이요, 구원을 받고 못 받는 것을 결정하는 것처럼 그리 어리석은 삶을 살지 말라. 어찌하여 갇혀 있는 방 안의 산소요 공기만이 전부인 것처럼 그리 어리석은 삶을 사느냐? 그는 밖에 대자연의 끝없는 산소요 공기의 위대함을 모르는 자들이니라.

세상의 인간관계가 그냥 이루어짐이 없음이니
8,540번째 편지 중에서 (2003년 11월 24일 09시 01분)

아무런 인연의 관계가 없는 자가 같이 있지 아니함이거늘, 너희는 그 소중함을 모르느니라. 세상의 모든 인간관계가 너희와 관계된 것이며, 얼마나 소중했던 사람이요, 귀했던 사람이요, 너희가 그리 애원하고 찾던 사람이었는가를 모름이니, 세상사 모두를 다 그와 같은 마음으로 보라. 그러면 세상에서 누군가를 원망하고 탓하는 마음이 얼마나 무서운 것인가를 알게 될 것이니라.

세상에 태어나 젖꼭지를 물려 보지도 못한 자식이 먼저 죽음이니 그 애통한 마음을 평생 가슴에 안고 살며, 똑똑한 자식이 먼저 숨을 거두니 죽을 때까지 그 자식을 그리워하여, 내가 그 정성이 가련하여 다시 만나는 인연을 만들어 주었을 때, 너희가 그를 원망하고 욕하고 탓하고 구박하며, 제가 좀 더 가졌다 해서 그의 어려움을 돕지 아니한다면 내 가슴이 얼마나 아픈가를 너희는 모름이니라.

117권 하나님 말씀

8,568~8,659번째 편지

(2003/11/27 0:43~2003/12/6 11:51)

극약도, 독충도
8,573번째 편지 중에서 (2003년 11월 27일 06시 51분)

너희 생명을 앗아 가는 극약도 적소에 적절한 양을 사용할 때 생명을 구하는 귀한 것으로 쓸 수 있다 했듯이, 어떠한 사람도, 어떠한 악연도, 도저히 용서하지 못할 사람도 극약을 쓰는 것처럼 조심스럽게 다루고 그들을 잘 깨우쳐 쓴다면 그가 바로 모든 역사를 이룰 수 있는 전사로서 나의 아들딸로 거듭날 수 있음이니, 인간관계의 만남을 그리하도록 하라.

성인의 시대
8,636번째 편지 중에서 (2003년 12월 3일 06시 27분)

아기가 성장하는 과정에는 상상할 수 없는 각종 유혹이 있느니라. 그리하여 어린 과정을 지나면서 그 모든 유혹을 뿌리치며 곱게 자랐을 때, 그 아이는 세상에 필요하며 만백성을 위하여 역사할 수 있는 사람으로 성장하지 않더냐? 그러니 성장하는 과정에서 모든 유혹을 견디고 자라는 그것이 필요한 것이며, 또한 그를 위하여 부모요, 사회의 선배가 온갖 정성을 들여 그를 지켜 주지 아니하면 아니 되느니라. 한 사람이 성장하는 데 온갖 유혹을 받으며 불완전한 상태에서 살아가고 성장하듯이, 오늘날 너희의 믿음 또한 그런 것이니라.

구약 시대의 백성은 구약의 시대가 완벽한 시대요, 모든 것을 역사하는 시대라 그리 말할 것이며, 또한 신약 시대의 백성은 신약 시대가 완벽하며 모두 거기서 역사하는 것이라 그리 말할 것이니라. 그러나 너희는 알아야 할 것이니라. 구약과 신약의 시대는 불완전한 시대요, 미완성의 시대이니라. 어린아이가 모든 유혹을 뿌리치며 조용히 필요한 사람으로 성장해 나가듯이, 구약과 신약은 어린아이와 같이 불완전하며 미완성의 시대이니, 그 시대의 성장하는 과정에서 오늘의 제3의 시대가 역사함을 알아야 할 것이니라.

　내가 뭐라 말하였느냐? 구약의 시대는 그저 듣고 깨우쳐 역사하는 것이나, 지금 나의 아들을 통하여 내리는 성인의 시대는 '예', '아니요' 그 답이 정확함이니라. 그러니 이제는 성인의 시대를 지켜야 할 너희이기에 지금 제3의 시대에 새로운 성경은 '예', '아니요'가 확실히 구분되어 너희가 모든 것을 알고 깨우칠 수 있도록 그와 같이 답이 내려가며 결정문이 내려가는 것이 다름을 알라.

스승
8,644번째 편지 중에서 (2003년 12월 4일 06시 27분)

　스승이 제자를 가르침에 학문의 지식을 가르치는 것도 중요하니라. 그러나 그보다 제자가 스승을 존경하고 따르는 것은 무엇인 줄 알겠느냐? 스승의 행함이요, 스승이 살아가는 모습이요, 인자함이요, 스승이 역사하는 모든 것을 보고 그와 같은 것을 제자가 머릿속에 기억한다면, 그는 죽을 때까지 스승의 가르침과 스승의 인자한 모습이요 살아가는 것을 지울 수가 없음이니라. 그러나 학문이라는 것은 세월이 지나면 지워질 수 있으니, 스승의 삶이 얼마나 소중하고 귀한 것인가를 알아야 할 것이니라.

118 권 하나님 말씀

(2003/12/6 11:55~2003/12/14 22:56)

동물의 왕, 인간
8,675번째 편지 중에서 (2003년 12월 8일 08시)

나는 너희의 마음을 천사와 같이 만들었음이니라. 너희가 욕심을 버리며 나의 아들을 통하여 역사하고자 한 그대로 배우고 따랐더라면, 자연의 순리요 아름다움보다 더 곱고 아름다운 것이 너희의 본성이니, 그 마음이 세상을 지배하고 다스렸을 것이니라.

너희는 여기서 알아야 할 것이니라. 이 지상에 동물의 왕이요, 너희가 이 모든 것의 왕이라 하였으며 모두를 다 지배하고 통솔하도록 하였음이니, 이것은 바로 무엇이더냐? 이는 내가 너희에게 높은 지혜만을 주어서 이 세상을 통제하라 한 것이 아니니라. 덕과 사랑과 인자함이요, 용서함이요, 모든 본심을 그들보다 몇 단계 높게 주고 아름다운 마음을 주어 그들에게 근본이 되도록 하며, 자연이 어울려 살아가는 그 아름다움보다 더 곱고 아름다운 마음으로 살아갈 수 있도록 너희의 가슴에 그리 심어 세상에 내보냈다는 것을 알라. 그저 지혜만을 주어 이 세상에 동물의 왕이요, 이 세상을 지배하는 왕이라 한 것이 아니니라. 높은 지혜를 주었듯이 너희에게 높은 사랑의 한계를 주었거늘, 오늘의 너희는 그것을 저버리고 살아감을 알아야 할 것이니라.

각자가 1세대
8,683번째 편지 중에서 (2003년 12월 8일 11시 39분)

손자도 나를 아버지라 부르며, 아들도 나를 아버지라 부르며, 할아버지도 나를 아버지라 부르며, 누나도 나를 아버지라 부르며, 어머니도 나를 아버지라 부르며, 할머니도 나를 아버지라 부르니, 각자에게 내가 아버지이니라. 모두 나 여호와가 각자 세상에 태어나도록 그리하였으며 모두 나와 1세대의 관계임을 알라. 그러니 육의 죄를 지은 부모에게서 태어난 그 죄로 자식에게 원죄가 있다 하지 말라.

너희 육의 행동은 아무것도 아니라고 가르치는 자들이 부모와 2대를 합쳐서 또 3대를 합쳐서 육의 죄를 지은 자에게서 태어났기에 원죄가 있다 그리 가르치니, 이를 과연 믿고 따를 수 있으며, 과연 그 말이 이치에 맞으며 그 가르침이 맞느냐? 그러면서 너희는 '아멘, 할렐루야!' 하며 눈물 콧물 흘리며 은혜를 받았다 말하느니라.

나는 너희와 일대일의 관계로, 너희는 자유롭게 나로부터 1세대로 태어났다는 것을 알라. 너희가 잘못 가르침을 받은 것을 버리지 아니하면 나를 알 수 없음이니라. 그러니 너희가 나를 아버지라 부르며 창조주라 부르는 것은 나와 너희가 1세대이니, 부모와 자식 사이가 아니더냐? 그러니 너희가 육의 부모의 죄를 따진다면, 육의 2세대, 3세대에서는 나를 아버지라 부를 수 없는 것이거늘, 하늘의 이치와 인간의 이치를 혼동하여 너희가 필요할 때 악용하는 그와 같은 방법으로 써먹지 말라.

119권 하나님 말씀

8,751~8,835번째 편지
(2003/12/14 23:01~2003/12/20 09:27)

무덤 속에 있는 자
8,794번째 편지 중에서 (2003년 12월 17일 11시 41분)

나는 성서에 그리 가르쳤느니라. '이를 기이히 여기지 말라. 무덤 속에 있는 자가 다 그의 음성을 들을 때가 올 것이며, 듣는 자는 살아날 것이라' 그리 말한 것은, 이 세상이 무덤이라 하지 아니하였더냐? 너희가 참진리요 하늘의 뜻을 모르고 사는 지금 이 세상에 너희가 짓고 지은 죄악이요, 썩고 썩은 그 악취가 구름처럼 벽을 만들어 하늘을 볼 수 없으며 하늘에 오를 수 없게 되었으니, 이 지상이 모두 무덤이며 죽음의 암흑이라는 것을 알라.

또한, 무덤 속에 있는 자가 다시 산다는 것은, 지금의 지상이 무덤으로 되어 있으니 너희가 비록 살아 있으나 죽은 자이니라. 그러니 죽은 자, 뼈가 삭은 자가 감히 음성을 듣는다 생각하지 말라. 살아 있는 너희가 나의 새로운 성경을 강론하는 나의 아들의 음성을 들을 것이며, 나의 새로운 성경을 듣고 깨우쳐 책장을 넘길 때마다 내가 같이한다 하였음이니, 이를 보고 나 여호와의 마음이 얼마나 답답하고 괴로우면 이리 써 내렸을까, 새로운 성경을 내렸을까 하는 애절한 마음을 가지고 이 책장을 여는 자, 너희 마음에 느낌이 있을 것이며 내가 너희 마음에 임함이니라. 그러니 그것이 바로 너희가 나의 음성을 듣게 되는 그 영광의 은혜를 얻는 것임을 알라.

선한 일을 행한 자는 생명의 부활로
8,795번째 편지 중에서 (2003년 12월 17일 11시 45분)

성서에 기록하기를, '선한 일을 행한 자는 생명의 부활로 거듭난다.' 했음이니, 이는 나에게 오르는 길을 가는 것이요, 그러니 선함이 중요한 것이요 선행으로 거듭남이니라. '악한 일을 행하는 자는 심판의 부활로 나오리라.' 그리 전했음이니, 악한 자도 부활로 오는 것이 아니라 악한 자가 심판을 받을 때 그 대가를 치르는 것이며 지옥으로 감이니라. 그러니 다시 생명으로 가되, 인간의 생명이나 하늘에 오르는 구원의 길이 아니라, 그 죄에 따라서 벌레요, 짐승이요, 지옥이요, 그와 같은 형국으로 거듭난다는 것이니, 이 뜻을 안다면 과연 어찌 살아가야 할 것인가 그 선택은 너희의 자유이니라.

혈통, 하늘의 족보
8,825번째 편지 중에서 (2003년 12월 19일 11시 37분)

나 여호와가 나의 피의 혈통을 지금 160권의 책에 기록하여 내려보내는 대역사가 시작됨이니, 이는 천지개벽을 하는 것보다 더 무서운 역사이니라. 하늘의 족보를 정리하며 하늘의 족보를 역사하고자 하는 것이 나 여호와의 뜻이니라.

혈통의 피로 역사하고자 하며 혈통의 참진리의 교리를 역사하고자 하며, 내 피로써 모두를 다스려 나가며 내 피를 받은 자만이 이 세상에 존재하여, 하늘에서 이루어진 것같이 지상의 낙원을 이뤄 너희들이 나에게 오르는 그 역사를 이루고자 함이 나 여호와의 뜻이라는 것을 알아야 될 것이니라.

120권 하나님 말씀

(2003/12/20 09:35~2003/12/26 13:34)

요한계시록
8,836번째 편지 중에서 (2003년 12월 20일 09시 35분)

사랑하는 마음이요, 나의 아들 예수와 같은 마음이요, 천사와 같은 마음이 아니고는 너희는 성서의 내막을 알 수 없으니, 요한 계시록을 아무리 풀어서 백성을 구한다 하여 제가 나로부터 명 받은 자라 하며 제가 성인인 체해도 그를 풀 수가 없는 것이니라.

너희는 요한계시록이라는 것을 풀어서 그것으로써 백성을 구한다는 거기에 젖어 있어서는 아니 될 것이니라. 계시록에 얽매이는 것, 그 모두가 부질없는 삶이니, 그 이치를 아무리 붙잡고 깨닫는다 해도 사랑을 모르며 사랑을 베풀지 아니하면 그 의미를 알 수 없으며, 나의 백성을 죽이는 역할만 하게 되어 있음이니라.

들림 받음의 두 길
8,883번째 편지 중에서 (2003년 12월 24일 06시 45분)

너희는 죽어 나에게 부름을 받으니 그것이 들림을 받는 것이며, 그것 또한 두 길이 있음을 알아야 할 것이니라. 그저 들림을 받는 것만이 영광이요 축복이라 생각하지 말라.

너희가 악한 생활을 하는 속에서 들림을 받았을 때, 한 번 들어가면 영원히 나오지 못하는 지옥으로 들림을 받아 가는 것이요, 천사와 같이 아름다운 마음으로 행하고 사는 자가 들림을 받았을 때, 그는 나에게 거듭나는 영광의 역사를 얻는 것이니라.

죽기 직전 믿기만 하면 구원받을까?
8,896번째 편지 중에서 (2003년 12월 24일 11시 33분)

너희들이 인생을 살다 숨을 거두는 순간에 잠깐 회개하면 구원을 받는다는 것은 무엇을 의미하는지 알겠느냐? 너희들이 천 년을 살아도 간교한 마음을 가지고 사는 자보다, 단 1분을 살더라도 천사와 같은 마음을 가지고 깨끗하게 산 자, 그가 더 값지다는 것이요, 그와 같은 자가 구원을 받을 수 있고 나에게 오를 수 있다는 것이니라. 평생 동안 간교하고 진리를 벗어나서 사악한 삶을 산 자, 그와 같은 자가 죽음 직전에 기도한다 해서 얻는 것이 아니니라. 간교하게 천 년을 사느니, 차라리 한 시간을 살다 죽어 나에게 와도 아름답고 고운 마음으로 살다 오라는 그 가르침임을 알라.

예수의 태어남을 경축하는 것
8,912번째 편지 중에서 (2003년 12월 25일 05시 06분)

나의 아들 예수가 태어나 아기 예수의 경축 받는 날을 가르쳐 주었음이니, 그날을 기리는 행사로 어려운 백성을 돕는 자선냄비를 채우는 그와 같은 경건하고 아름다운 마음이요, 베풀고 사랑을 실천하는 행사로써 지키고 행하도록 하라.

오늘에 휘황찬란한 불빛이요, 나무에 장식해 놓은 그 모든 것이 다 부질없다는 것을 이제 서서히 알게 될 것이며, 그 모든 것은 나의 아들 예수의 태어남을 경축하는 것이 아니라 인간들의 계획된 행사라는 것을 알고 너도나도 들고일어날 것이며, 세월이 지날수록 그와 같은 행사는 서서히 줄어 갈 것이니 그리 알라.

8,924
~9,003
번째 편지

121 권 하나님 말씀
(2003/12/26 23:41~2003/12/30 11:59)

오늘에 만족하는 삶, 범사에 감사하라
8,968번째 편지 중에서 (2003년 12월 29일 11시 58분)

매사에 만족함을 얻고 만족하다 생각하는 자는 욕심이 없는 자요, 또한 무엇인가를 제 앞에 더 쌓아 놓고자 하는 그 마음을 지울 수 있음이니 그것이 먼저 너희에게 소중함이니라. 그러니 만족함을 얻지 못하는 백성은 무엇이더냐? 아무리 하늘에서 빗물처럼 내려 제 앞에 재물을 쌓아 준다 해도 만족하지 못하는 자는 불행한 자요, 그는 죄 속에 살게 되는 자이니라. 그것이 무엇이더냐? 끝없는 욕심이니, 끝없는 욕심을 가득 채우기 위하여 그는 이루 말할 수 없는 행위를 하게 됨이니, 그것이 얼마나 불행한 것이며 저 스스로 파멸로 가는 것이더냐?

너희가 만족함을 느끼고 있을 때 욕심이 없어지며, 욕심이 없어 백조와 같이 아름다운 마음이 되었을 때, 진정 범사에 감사하는 마음이 스스로 나올 것이니라.

악은 선을 공격하나, 선은 악을 공격하지 않는다
8,980번째 편지 중에서 (2003년 12월 30일 06시 58분)

악은 선을 공격하며 선을 무너트리려 하나, 선은 악을 공격하지 아니하며 그를 탓하지 아니한다 내가 그리 말하였음이니라.

나의 새로운 성경이 인간으로서는 버틸 수 없는 무서운 태풍으로서 세상을 다 휩쓸고 덮을 것이거늘, 거기에 거부하려는 자, 버티려는 자, 어리석은 생각을 하지 말라. 거기에 순응하여 완벽한 대비를 하는 그와 같은 삶밖에는 너희들이 살아날 길이 없음이니라. 그러니 지금 너희들에게 완벽한 사람이 되라 함은, 모두를 다 쓸어 낼 수 있는 힘이요, 모두를 감쌀 수 있는 힘이요, 그리고 모두를 사랑할 수 있는 힘이요, 선이 악을 공격하지 않는 그와 같은 마음의 자세로써 되어야 되기 때문이니라.

모두를 다 버리고, 너 자신을 비워서 내가 원하는 참진리의 길이요, 선이 악을 탓하지 않는 선한 길로만 가는 네가 되어, 모두를 가슴에 안는 그와 같은 변화를 빨리하라.

포용과 사랑
8,986번째 편지 중에서 (2003년 12월 30일 10시 08분)

포용이 없는 곳엔 사랑이 없으며 사랑이 없는 곳엔 포용이 이루어질 수 없음이니, 너희는 파벌 싸움이 있어서는 아니 되느니라. 어떠한 종파든 어떤 것이든 다 나의 아들딸로서 생명을 받아 나간 것이 소중한 것이니, 다 가슴에 안으라. 오늘날 전쟁으로 사람이 죽고 사는 그 원인을 분석해 보라. 그것도 종파요 종교 집단에서 파벌을 조장한 데에서 모두가 역사하며 비참한 결과가 이루어지고 있음을 알라. 작은 종교 집단이요 그 미비한 자들이 보이지 않는 파벌 싸움이요 종파 싸움을 지금도 끊임없이 하고 있음이니, 그것이 좀 더 덩어리가 커졌을 때는 국가와 국가 간에 피비린내 나는 전쟁이 되는 것이니, 이와 같은 파벌을 조장하는 자, 그리고 울타리를 치는 자, '너'와 '나'를 구분하는 자는 나의 백성이 아님을 알라.

122 권 하나님 말씀
(2003/12/30 12:05~2004/1/3 12:09)

원수를 사랑하는 마음보다 더 소중한 것
9,007번째 편지 중에서 (2003년 12월 30일 22시 35분)

원수를 사랑하는 마음보다 거짓된 행동을 하지 아니하는 것이 더 소중하고 귀함을 알아야 할 것이니라. 너희가 철천지원수를 사랑하는 마음보다도 거짓된 행동을 하지 않는 것이 더 어렵고 힘든 길이라 하였음이니, 거짓된 행동을 하지 아니하는 자는 어떤 것도 이 세상에서 용서하지 못할 것이 없으며, 다스려 나갈 수 없는 것이 없다는 것을 알아야 할 것이니라.

나 여호와가 너희에게 말하기를, '거짓은 살인과 같다.' 하였음이니라. 그러니 원수를 사랑하는 마음보다도 더 소중하고 귀한 것이 거짓되지 않은 마음이니, 곧 정직한 마음을 가지고 사는 것, 그리고 자기 자신을 다스려 나가는 그것보다 더 위대함이 없음이니라. 그러니 너희는 거짓이 없는 정직한 생활이요, 정직한 삶을 살아가는 데 모든 것을 다 바쳐야 할 것이며, 거기에서 한 치의 양보도 있어서는 아니 될 것이니라.

하늘을 두루마리 삼고 바다를 먹물 삼아
9,055번째 편지 중에서 (2004년 1월 2일 08시 38분)

나 여호와의 진리는 하늘을 두루마리 삼고 바다를 먹물 삼아 쓰고 또 써도 다 못 쓴다 함은 무엇이더냐? 그는 곧 사랑이니, 살아가면서 베풀 수 있는 사랑은 끝이 없음이니라. 그러니 끝이 없는 사랑의 베풂이 하늘의 뜻이요, 하늘에서 가지고 있는 사랑이니, 너희가

60년을 살든 100년을 살든, 과연 그것을 얼마나 베풀고 행하고 산 다 할 수 있겠느냐?

   너희는 말하기를, 지구의 역사에 비하면 잠깐 켜졌다 꺼지는 촛 불만도 못한 것이 인생이라 하면서, 끝이 없는 사랑이요, 아름다움 의 그 끝을 조금 더 행하고 실천하는 것이 얼마나 된다고 살아가면 서 그와 같이 죄짓고 험악한 생활을 하고 살 수 있는가!

하늘나라를 장식하는 것
9,079번째 편지 중에서 (2004년 1월 3일 07시 13분)

선한 행동과 사랑을 실천하고 베풀고 사는 것이 곧 나 여호와가 존재하는 하늘나라를 장식하는 것이니라. 사랑하는 마음이요, 선한 마음이요, 용서하는 마음을 행하고 사는 것을 내가 거둬들이며 그게 나를 기쁘게 함이니라. 또한, 나를 기쁘게 하는 것만이 아니라 너희가 나의 존재함을 믿는 것이요, 하늘나라에 돌아와서 기거할 집을 아름답게 꾸미는 그와 같은 역사가 되는 것이기에 내가 너희에게 그를 바치라 함이니라.

   선한 마음, 사랑하는 마음, 그리고 용서하는 마음, 그와 같은 것을 행동으로 실천하고 살아가는 백성이 하늘나라요 천국을 장식하는 것이며, 그와 같이 역사하는 것만이 하늘나라를 더 아름답게 장식함이니라.

123 권 하나님 말씀

9,089
~9,170
번째 편지

(2004/1/3 12:14~2004/1/14 08:11)

거짓 하는 자, 어찌 세상을 얻겠느냐
9,126번째 말씀 중에서 (2004년 1월 8일 07시 28분)

5 작은 거짓말도 살인과 같다 하였음이니, 너희는 작은 거짓말도 해서는 아니 됨이니라. 너희가 작은 거짓말을 하여 남에게 피해를 입히면 남의 모든 계획을 무너뜨리며 그를 또한 거짓된 자로 만드는 것이니 그리하여 거짓말을 하지 말라 하였으나, 또한 하나 더 깨달아야 할 것이니라. 너희가 남이 신뢰하지 못하도록 행동하는 것
10 은 가장 믿었던 사람, 같이 온 사람, 그들 스스로 눈물을 머금고 떠나도록 하는 것이며 떠나기를 바라는 것이니라. 그러니 너희에게서 모두 떠나가고 남는 자가 누가 있단 말이더냐?

너희가 자신을 다스리고 가정을 다스리고 모두를 다스릴 때 세상을 다 얻는다는 말이 있지 않더냐? 가장 가까이에 있는 한 사람이
15 떠남으로써 너 자신을 속였으니 이는 너를 버리는 것이요, 네 주변에 가장 가까이에 너와 더불어 할 수 있는 사람을 버리는 것이요, 그러니 너희가 어찌 세상을 얻을 수 있단 말이더냐?

변화되는 진리
9,144번째 편지 중에서 (2004년 1월 11일 06시 17분)

20 '혼인집 손님들이 신랑과 함께 있을 때 금식할 수 있느냐? 신랑과 함께 있을 동안은 금식을 할 수 없다.' 예수가 그리 말하지 아니하였던가? 그러니 그와 같은 융통성이요, 그와 같은 변화의 그 길이 진리요, 하늘에 오르는 길임을 너희들은 알아야 될 것이니라.

하나를 갖다가 그것으로써 고집하며 그것은 불변이라 그리 말하는 자, 그것이 바로 너희들이 미래를 보지 못하며, 초등 학문에서 고등 학문으로 변하는 그 길을 가지 못하는 자임을 너희들은 알라. 너희들은 큰 뜻으로, 하늘의 넓고 높고 깊은 뜻으로써 모두를 보고 가야 함을 알라.

그리스도의 초보를 버리라
9,152번째 편지 중에서 (2004년 1월 12일 07시 37분)

성서에 예수가 세상에 내려가 너희들에게 가르치는 초보의 가르침을 벗어나지 아니한다면 너희들이 구원을 받을 수 없다는 내용이 거기에 있음이니, 이는 바로 무엇이더냐? 중간 주자로서 역사하는 것이며, 마지막 시대에 위대한 역사가 온다는 것을 증거함이 아니더냐?

너희들이 죽음의 행실을 중단하고 회개함과, 나에 대한 신앙과 믿음의 생활로써 변화하지 아니하면 구원을 받지 못한다 내가 성서에 기록한 대목을 다시 한 번 보라.

성서를 천 번 만 번을 읽어도
9,161번째 편지 중에서 (2004년 1월 12일 08시 33분)

나의 새로운 성경 한 권을 세 번 읽고 나면 너희가 성서를 천 번 만 번을 읽어도 그 뜻을 모르고 변화를 모르며 알 수 없고 이해할 수 없었던 그와 같은 것을 모두 다 알고 깨닫는 역사가 이루어질 것이니라.

9,171~9,252번째 편지

124 권 하나님 말씀
(2004/1/14 08:18~2004/1/20 20:57)

참진리의 변화의 소용돌이
9,188번째 편지 중에서 (2004년 1월 16일 07시 45분)

참진리와 비진리의 변화가 무엇인 줄 알겠느냐? 참진리는 너희가 마음속에서 변화를 느끼며, 천사와 같이 아름다운 삶을 살아갈 수 있는 싹이 마음속에서 성장하는 변화가 이루어지는 것이니라.

나의 새로운 성경을 정성을 다하여 정독하였을 때, 너희 자신의 변화가 이루어질 것이니, 그때 그 변화의 소용돌이를 두려워하지 말라. 그리고 너희 마음속에서 일어나는 그 소용돌이의 변화를 막으려 해서도 아니 되느니라. 정녕 변화의 소용돌이가 일어나는 것보다 더 큰 나로부터 받는 영광이요 은혜가 없음이니라.

죄악으로 그득히 쌓여 있는 너희 마음을 뽑아 내고 뿜어 낸 그 자리에 상처가 있음이니, 그 아픔과 두려움 또한 인내할 수 없을 것이니라. 그러나 너희는 그와 같은 것을 겪고 견디지 아니하면 아니 되느니라. 어떠한 변화가 이루어지며 너희 자신의 소용돌이의 역사가 이루어진다 해도, 하늘을 보고 변화하고자 하는 마음, 그리고 너희가 깨닫는 마음의 변화의 그 길을 위해 최선을 다하여 달려오라.

탕자
9,207번째 편지 중에서 (2004년 1월 17일 07시 55분)

잡석으로 보이는 나의 백성이 깨달으며 하루에 하나씩 고쳐 나가 귀한 보석이요, 진주로 변화되는 그와 같은 삶을 사는 것이 너희가 나에게 오르는 길이니, 그리하여 너희는 모두를 지키고 못 지킨다

시시비비하지 말라.

  내가 백 마리의 양보다 한 마리의 잃어버린 양이 소중하다 한 그와 같은 의미를 알겠느냐? 탕자가 돌아오는 그것보다 더한 기쁨이 없다는 의미이니라. 방탕한 탕자의 인간이 거듭나는 것, 나의 아들 딸로서 변화되는 그것이 나에게 가장 큰 기쁨이요, 행복이라 함이니라.

따뜻한 말 한마디
9,229번째 편지 중에서 (2004년 1월 19일 08시 16분)

  인간 세상에 살아가면서 따뜻한 말 한마디를 전하고 위로의 말을 전해 주는 삶을 산다 하여 너희가 잃고 손해 보는 것이 무엇이 있는가? 그러나 인간 세상에 살아가면서 잃거나 손해 보는 것이 없는 따뜻한 말 한마디가 어떠한 위력을 가지고 있더냐? 적은 재물로써 보답하는 것보다도 따뜻한 말 한마디요, 따뜻한 마음을 전함이 천배 만배 위대한 사랑이요, 나눔이요, 베풂이라는 것을 알라.

  너희의 따뜻한 말 한마디가 절망적인 사람을 희망으로 바꿀 수 있으며, 때로는 절망적인 말이요, 상대방의 마음이 동요되는 말을 함으로써 인생을 망하게 하며 인생이 무너지는 길을 가게 되니, 희비가 엇갈리는 것이 인간의 말 한마디이니라.

125 권 하나님 말씀
(2004/1/20 22:03~2004/1/24 10:47)

사탄은 필요악
9,264번째 편지 중에서 (2004년 1월 21일 22시 06분)

인간 세상에 자식이 잘못 살아가며 부모의 뜻을 거역할 때, 부모는 어찌하는가? 그 자식을 바로 다스리고 바로 세우기 위하여 매를 듦이니라. 그러니 그 부모가 매를 들 때, 어떠한 마음으로써 매를 드는가? 부모는 어쩔 수 없기 때문에 그 매를 듦이니라. 그러니 부모가 사랑하는 마음속의 그 매는 무엇이던가? 무서운 회초리가 되는 것이니라.

또한 그와 같이 부모가 매를 들고 자식을 다스리고자 할 때, 그 부모의 마음은 과연 어떠하겠는가? 그 부모의 마음 아픔을 너희들은 모를 것이니라. 그러니 부모가 자식을 다스리기 위해 드는 그 매는 필요악이니라. 그것이 필요하듯이, 지금 너희들이 살아가는 그와 같은 길이요, 나에게 오르는 길이요, 믿음의 길을 가는 그 백성 너희들을 바로잡기 위하여, 너희들을 하늘에 오르는 그 영광의 은혜를 얻게 하기 위하여, 사탄이라는 그 매가 너희들에게 필요하기 때문에 그들이 존재함을 너희들은 알아야 될 것이니라.

너희들은 여기서 그를 알아야 될 것이니라. 매를 때려 아픈 것을 생각하기 전에, 매를 때리는 그 부모의 아픈 마음을 알 수 있는 자식, 그 마음을 들여다보는 자식이 되어야 됨을 너희들은 절대 잊어서는 아니 될 것이니라.

사탄을 존재하도록 놔두는 것, 사탄이 너희들을 희롱하도록 놔두는 것, 사탄이 너희들을 이끌어 가고 무너지게 하는 것, 그와 같은 것을 보면서도 참고 있는 내 마음의 아픔을 너희들은 알아야 될 것이며, 내 심정을 들여다봐야 될 것이니, 너희들이 그 사탄에게 무너져서는 아니 될 것이며, 그를 두려워해서도 아니 되며, 그 종이 되어서도 아니 될 것이니라. 사랑의 매는 매일 뿐이요, 그 부모 마음의 슬픔이요, 부모의 숨결을 보도록 그리한다면, 너희들이 어찌 살아가야 하며 어찌 서야 하는지 알 것이니라.

편애, 모두를 다 파괴한다
9,274번째 편지 중에서 (2004년 1월 22일 07시 37분)

너희들은 하나가 되어 모두를 사랑하며, 인간을 똑같이 사랑하라, 가진 자와 없는 자를 편애하지 말라는 그 뜻을 알겠느냐? 편애하는 그와 같은 사랑을 한다면, 너희들은 어떠한 결과를 초래하는지 알겠느냐?

그 모두는 작게는 한 가정의 화목이 갈라지며, 모두가 다 갈라지는 그와 같은 형국이 되느니라. 편애하는 마음으로써 이웃과 서로 갈라지며, 국가 간에 갈라지며, 그리하여 너희들의 생명을 앗아 가는 전쟁까지도 불사하는 것이 편애하는 삶에서 이루어짐이니, 그는 모두를 다 파괴하는 것임을 너희들은 알라.

지금의 종교 집단과 지도자 그들이 정녕 편애하며 편견된 사랑을 하지 않고 만백성을 가르치며 구원의 길로 인도한다 생각하느냐? 그들은 내가 원하지 않는 편견된 사랑을 지금 하고 있음이니라. 모든 세상을 갈라놓는 무서운 행위를 하고 있는 것이 그들이니라.

126 권 하나님 말씀
(2004/1/24 11:06~2004/1/31 06:57)

세상 모두와 화친하라
9,345번째 편지 중에서 (2004년 1월 25일 10시 22분)

너희는 나를 만나고자 하지 말며, 나를 보고자 하지 말며, 나를 접하려 하지 말라. 그것이 모두 다 욕심이니라. 그러니 그 마음을 비우지 아니하면 나를 만날 수 없으며 볼 수 없으며, 나의 성령이요 나의 음성을 들을 수 없다는 것을 알라. 나를 만나고 나를 접하고자 한다면 이 세상의 모든 것을 사랑하라. 이 세상 것을 모두 다 사랑하며 이 세상의 모두와 다 화친하라.

풀 한 포기와도 화친하고 그들을 사랑하며, 동물 한 마리까지도 화친하고 그들을 사랑한다면, 너희와 같은 형제요, 같이 더불어 사는 이 세상의 인간을 어찌 저주하며 미워하며 시기하고 질투하는 그와 같은 마음을 가질 수 있단 말이더냐? 그러니 너희가 나를 만나고 보고자 한다면 인간 세상에서 모두와 화친하며, 사랑으로 베풀며, 모두를 다 사랑하며 모두에게 사랑받는 사람이 되도록 그리하라. 모든 백성이요 동식물로부터 사랑을 받으며 믿음을 얻는 자가 되었을 때, 나 여호와는 내 모습을 너희에게 보여 줄 것이며, 내 음성을 들려줄 것이니라.

다만, 너희에게 갈 수 있는 것을 알려 줌이니
9,403번째 편지 중에서 (2004년 1월 30일 07시 14분)

내가 새로 내리는 성경이요, 내가 전하는 이것은 무엇이라 말하였느냐? 여기에 기록되어 있는 내용이요, 내가 전하는 그 모두는 내가 너희에게 내려보냈을 때 이미 세상의 어느 한 곳에서 그와 같은 역사가 이루어지며 이미 그 변화가 있다 하였느니라. 그러니 너희는 그를 믿어야 할 것이며 그를 보게 될 것이니라.

나는 너희에게 '너는 무엇이 될 것이며 무엇을 이룰 것이라' 나의 아들을 통하여 명하느니라. 그러나 너희는 그를 듣지 아니하며 믿지 아니함이니, 그를 절대적으로 믿고 따르는 자에게는 반드시 그와 같은 역사가 바로 이루어질 것이니라. 그러나 그를 믿지 아니하고 순박하고 순수한 마음이 없는 자는 결코 그를 이룰 수 없으며 그것을 역사할 수 없는 것이니라.

내가 나의 아들을 통하여 너희에게 나의 새로운 성경으로 10년 안에 세상을 덮으며 너희가 지상의 낙원을 만들어, '창조주 하나님의 명을 받고 인간이 만든 지상의 낙원이 이리 아름다우니, 하나님이 만든 하늘의 낙원은 얼마나 위대할 것인가!' 그리 생각하고 그 길을 가고자 노력하는 백성 하나를 만들어 놓아도 된다 하였거늘, 너희가 그를 얼마나 믿으며 그를 위해 얼마만큼 노력하고 행하느냐에 따라 역사함이니, 그 모두는 너희에게 달렸음이니라.

너희 것은 너희가 이루어야 할 것이니, 내가 이루어 줄 것이라 생각하지 말라. 나는 다만 너희에게 갈 수 있는 길을 알려 주는 것이니, 알려 준 것으로써도 너희는 나에게 감사하며 그 은혜를 갚을 길이 없거늘, 너희는 떡을 만들어 너희 손에 쥐여 주며 너희 입에 넣어 주기를 바라니, 그와 같은 것을 나 여호와는 하지 아니하며 그리 역사하지 아니함을 너희는 알라.

127 권 하나님 말씀

(2004/1/31 07:04~2004/2/5 06:57)

율법을 완성하고자 온 예수
9,424번째 편지 중에서 (2004년 2월 1일 01시 30분)

성서에 기록하여 전하였느니라, 나의 아들 예수가 율법이나 선지자를 폐하러 온 줄 생각하지 말라, 폐하러 온 것이 아니요, 완성하고자 했다 함이니, 그와 같이 완성하는 단계가 과연 얼마나 어렵고 정성스러운 시대가 되어야 되는지 아는가?

너희들이 작품을 하나 만든다 해도 기초를 다질 때는 여유가 있음이니라. 그러나 완성의 시대에 들어가면 너희들은 정교하게 해야 되기 때문에 하나만 잘못해도 모든 공이 다 무너지는 그와 같은 이치요, 뜻이 여기 있음을 어찌 모르는가?

구약의 시대는 너희들이 작품을 만들 때 시작하는 시대요, 그리고 신약의 시대는 완성의 시대요, 제3의 시대는 너희들이 나로부터 재판을 받으며 평가를 받는 시대이니, 그 평가를 받는 것이 얼마나 어렵고 힘든 시대인 줄 알겠느냐?

신약에서 '진실로 너희에게 이르노니, 천지가 없어지기 전에 율법의 일점일획이라도 없어지지 아니하고 반드시 다 이루어진다.' 한 그 뜻이 무엇을 말하는가?

구약의 시대는 너희들이 살인을 함으로 심판을 받는다 내가 그리 가르쳤음이니, 구약에는 너그러움이 있고 여유가 있느니라. 그러나 신약에서는 내가 무어라 하였느냐? 형제에게 미련한 놈이라 이야기하는 자는 지옥 불로 간다 했으니, 나의 아들 예수가 가르친 신약의 시대가 구약의 시대보다도 얼마나 무섭고 두려운 시대인가? 행함에 있어서 작은 것도 용서받지 못하며 작은 것도 용서를 해 줄 수 없는 것이 하늘의 뜻이라는 것을 명시한 것임을 어찌 모르느냐?

보이는 세상의 한계
9,438번째 편지 중에서 (2004년 2월 2일 08시 40분)

너의 제자가 너에게 물었느니라. 다른 세상에 다른 생명체가 존재하는 것인가, 과연 다른 백성은 살고 있는 것인가, 그리고 다음 세상은 있는가 하는 것을 너에게 물었느니라.

네가 뭐라 말했느냐? 보이는 인간 세상을 생각하지 말라, 보이지 않는 차원 높은 세상이 있음이라 그리 깨우쳐 주었느니라.

지금 모든 나의 백성들이 살아가는 한계가 무엇인 줄 알겠느냐? 형체가 있는 것만 보고 읽고 깨우치는 것이니, 글자가 없는 세상을 볼 줄 모르며 글자가 없는 책을 읽지 못하는 백성이 아니더냐?

너희가 말하기를, 하늘을 두루마리 삼고 바다의 그 많은 물을 먹물 삼아 쓰고 쓰고 또 써도 진리를 다 쓸 수 없으며 나의 뜻을 기록할 수 없는 것이라 하였음이니, 과연 성서에 기록된 내용이 얼마나 되며, 그것의 몇 분의 일이나 된다 하겠느냐?

너희는 '인생을 살면서 과연 새로운 성경 160권을 다 읽을 수 있을까?' 하고 생각하니, 보이는 책도 읽지 못한다면 보이지 않는 책을 어찌 읽어서 깨우침을 얻는단 말이더냐? 그러니 다른 차원 높은 세상이 있음을 알라. 너희는 그 세상에 와야 하며, 오늘의 삶을 넘는 것이 그 세상에 오는 것이니라.

128권 하나님 말씀

(2004/2/5 07:00~2004/2/11 16:15)

거듭남, 육신의 나이를 따지지 말라
9,529번째 편지 중에서 (2004년 2월 6일 20시 31분)

너희는 육의 60이요, 70이요, 80이라는 황혼기에 드는 그 나이를 가지고 늙었다 생각하지 말라. 너희는 나이를 따지지 말며, 나의 새로운 성경을 접하여 정독하고 깨우쳐 나 여호와가 원하는 것이 무엇이며 하늘에 오르는 길이 무엇이며 참진리가 무엇인지 깨닫도록 하라. 그러면 그때가 바로 너희가 젊은이로서 거듭남이며 내가 너희를 불러 씀이니, 그것이 너희가 거듭나는 은혜요 영광의 기초라는 것을 잊지 말라, 사랑하는 나의 아들딸들아!

내가 성서에 기록하여 젊은이는 거둬들일 것이며, 나이 먹고 늙은 자는 버린다는 그 의미가 여기에 있음을 알라. 그러니 인간 세상에 경륜이 있는 자, 나이 먹은 자, 육신이 찌든 자, 너희는 두려워하지 말라. 너희가 나의 새로운 성경을 읽고 접하는 그 순간에 젊은이로서 거듭나는 은혜를 입었다는 것을 알라.

아무리 육이 젊다 해도, 나의 새로운 성경을 접하지 아니하며 참진리의 길을 가지 않는 자는 내가 쓰지 못할 자이니, 곧 그는 나이가 많은 자요, 늙은이요, 내가 버리는 백성이라는 것을 잊지 말라.

만백성의 왕
9,573번째 편지 중에서 (2004년 2월 10일 07시 36분)

사랑하는 나의 아들아!

"네, 아버님! 말씀하옵소서."

2천 년 전에 나의 아들 예수가 세상에 와 '만백성의 왕'이라 함이니, 그 제자들이요, 그를 따르는 백성은 세상을 다스리는 왕으로 생각했음이니라. 권력을 쥔 자로서 권력으로 모든 것을 지배할 것이라 생각하며, 기적과 이적으로 모든 것을 다 통제하며 인간 세상을 지배하는 왕이 될 것이라 생각했으나 그렇지 아니함이니, 그 제자들이 또한 실망이 커 그에게서 등을 돌리고 그를 파는 그와 같은 행위를 했다 하지 아니하였더냐?

그러니 지금 내가 너를 통하여 말하니, 네가 나의 아들로서 만백성의 왕이라 함이니, 네가 모든 것을 통제하고 다스리는 것은 권력이요, 힘으로써 다스리는 것이 아니니라. 나의 새로운 성경을 전하여 만백성이 나의 새로운 성경을 읽고 깨우쳐서 그들 스스로 고개 숙여 너를 따르며 위로는 나를 경배하는 그와 같은 역사가 이루어지기에 너에게 만백성의 왕이라 함이니라.

또한, 이는 곧 무엇이더냐? 지금 나의 새로운 세상을 열어 가며 새로운 시대를 열어 감이니, '하늘에서 이루어진 것 같이' 이 땅에서 모두를 이루는 그와 같은 역사를 함이니, 너희는 만백성을 구하는 전사로서 나에게 선택되며 나에게 부름을 받은 백성이라는 것을 알아야 할 것이니라.

제9부

예수의 재림은 없다

'그때 사람이 너희에게 말하되
보라 그리스도가 여기 있다
혹은 저기 있다 하여 하더라도 믿지 말라.'
이는 누가 온다 하는 그와 같은 것,
나의 아들 예수가 재림한다는 것,
그 모두를 믿어서는 아니 된다는 뜻이니라.

그리스도가 여기 있으며 혹은 저기 있다 하여도 믿지 말라는 것은
나의 아들 예수의 재림이 없다는 것을
너희들에게 깨우쳐 주고 전함이니라.

10,254번째 편지 중에서
(2004년 4월 1일 23시 13분)

9,581~9,660번째 편지

129권 하나님 말씀

(2004/2/11 16:20~2004/2/19 11:49)

주기도문
9,585번째 편지 중에서 (2004년 2월 11일 20시 51분)

5   내가 나의 아들 예수를 통하여 '주기도문'을 내렸음이니라. 그 주기도문이 무엇인 줄 알겠느냐? 하늘의 뜻이며, 그대로 역사하고 그대로 지키라는 것이니, 그에 비해 너희가 구원받고자 하며 바라는 것은 거기에 어디 있는지 찾을 수도 없을 만큼 작고 미미한 것이거늘, 너희는 어찌하여 기도요, 믿음이요, 그 모두를 다 구원이라는
10 것에 맞춰 그리 가는가?

너희는 구원이라는 걸 생각지도 말며 바라지도 말며, 너희가 나에게 오를 수 있는 그 천국의 자리가 하나 있다면 그것마저도 양보할 수 있는 마음을 기르는 것이 너희가 공부하는 길이요, 나의 백성으로 거듭나는 길이니라.

15 너희가 그리 몸부림치고 애원하는 구원이라는 것은 나 여호와가 역사하는 것에 비하면 아무것도 아니라는 그 의미를 알았다면, 이제는 내가 너희에게 기도하지 말라 한 것, 그리고 내가 너희에게 어찌 기도하라 하여 내려준 것, 주기도문에 따라서 기도하라 한 그 뜻을 다시 한 번 음미해 보라. 그 주기도문은 하늘의 뜻이요, 하늘의
20 역사를 하는 것이니라. 그러니 거기에 비할 수 있는 것이 무엇이 있겠느냐? 그러니 주기도문을 역사하고 얻게 하는 것은 제쳐 놓고 백사장의 모래알만도 못한 너희 개인의 구원에 매달리는 기도요, 개인을 위해 기도하는 그와 같은 삶을 살지 말라 그리 전함이니, 나의

이 뜻을 깨우쳐 너희는 귀가 열리고 눈이 뜨여 내가 역사하는 것을 바로 볼 수 있도록 그리하라, 사랑하는 나의 아들딸들아!

검을 주러 온 예수
9,644번째 편지 중에서 (2004년 2월 18일 12시 15분)

예수가 성서에 기록하여 전하기를, '너희들에게 화평을 주러 온 것이 아니요, 검을 주러 세상에 내려왔다.' 그리 가르쳤음이라. 너희들의 잘못된 것을 자르고 베어 버리는 그와 같은 지혜를 가르쳐 주기 위하여 나의 아들 예수가 세상에 내려왔다는 것을 너희들에게 깨우쳐 줌이니라.

그러나 너희들은 무조건 예수를 믿으며 그를 찾고 부활을 인정하는 것, 그것이 구원의 길에 들어서는 것이요, 하늘에 오르는 것이라 그리 가고 있음이니, 이것이 너희들이 잘못되었음을 알아야 될 것이니라.

나의 아들이 세상에 내려가 너희들에게 검을 줌이니, 이것은 바로 지혜의 검이니라. 바로 너희들이 악과 선을 스스로 다스려 바로 서지 아니하면 그 누구도 너희들을 대신하여 역사할 수 없으며, 안내할 수 없으며, 이끌어 줄 수 없으며, 너희들의 문제는 너희 스스로 해결해야 되기 때문에, 너희들의 손에 악을 칠 수 있는 검을 주러 온 것이니라.

너희들을 구원하여 화평하고 편안한 마음으로 하늘에 오를 수 있도록 너희를 대신하여 속죄의 양으로서 온 것이 아니라는 그 무서운 뜻을 너희들이 알아야 될 것이니라.

130 권 하나님 말씀

(2004/2/19 11:53~2004/2/26 06:15)

네 것은 아무것도 없거늘
9,686번째 편지 중에서 (2004년 2월 22일 07시 56분)

이 세상에 네 것은 아무것도 없는 것이거늘, 이 세상 그 모두에 네 이름을 붙이고자 발버둥치지 말며, 네 이름을 붙여 놓고자 그리 악을 쓰지 말라. 네 것은 이 세상에 아무것도 없으며, 또한 네가 죽어 하늘나라에 가지고 올 수 있는 것도 아니니, 모두는 나 여호와의 것이거늘, 어찌하여 이 세상의 그 모두에 네 이름이요 네 명패를 붙이고자 그리 험악한 죄를 지으며 용서받지 못할 길을 가서, 구원이요 거듭나는 영광을 버리는가!

복을 받는 자, 저주를 받는 자
9,706번째 편지 중에서 (2004년 2월 23일 12시 07분)

성서에 이와 같이 전한 내용이 있으니, '네가 네 하나님 여호와의 말씀을 삼가 듣고 내가 오늘날 네게 명하는 그 모든 명령을 지켜 행하면 네 하나님 여호와께서 너를 세계 모든 민족 위에 뛰어나게 하실 것이라, 네가 네 하나님 여호와의 말씀을 순종하면 이 모든 복이 네게 임하며 네게 미치리라' 그리 기록하였음이니라. 나 여호와의 뜻대로, 나의 아들 예수를 통하여 내린 성령의 가르침대로, 그리고 성서의 골격인 나의 십계명을 지키고 살아가고 순종하는 백성이야 말로 '들어가도 나가도 복을 받는다' 내가 그리 전하였느니라.

그러나 또한 '네가 네 하나님 여호와의 말씀을 순종치 아니하고 네게 명하신 그 명령과 규례를 지키지 아니하므로 이 모든 저주가 네게 임하고 너를 따르고 네게 미쳐서 필경 너를 멸하리라.' 그리 전한 뜻을 너희는 알아야 할 것이니라.

　오늘의 종교 집단이요 지도자들이 이 모두를 인간이 지킬 수 없다 그리 가르쳐 이 세상이 이와 같이 말세요, 종말의 시대가 이루어졌으니, 그들은 그리 잘못 가르친 죄로 인하여 혀로 땅을 핥고 살아도 내 앞에 와서 용서받지 못할 것이니라. 그들은 나의 명을 지킬 수 없다 말함이니 이 재앙을 모두 받고자 하는 자들임을 알라.

밀알이 땅에 떨어져 죽어야 열매를 맺는다
9,732번째 편지 중에서 (2004년 2월 25일 16시 50분)

　밀알이 썩어져 그 자신이 없어졌을 때 새로운 생명이요 결실을 얻는다 하였음이니, 그것이 과연 무엇을 의미하느냐? 너희 자신을 희생해야 할 것이며, 희생이 아니면 결과가 없으며, 믿음 또한 희생이라는 것이니라.

　희생이 없는 사랑은 없으며, 희생이 없는 것은 진정한 사랑이 아님이니라. 그러니 너희가 사랑이 없으면 다시 태어나는 위대함을 얻을 수 없음을 알아야 할 것이니라.

　나의 아들 예수가 고통 속에 피 흘려 죽어 간 것이 무엇인 줄 알겠느냐? 그 자신이 희생함이요, 자신을 썩게 하여 자신의 새로운 생명이 역사함을 너희에게 보여 주었던 것이니라. 스스로 자신이 희생하며 스스로 썩어져 가서 다시 태어나는 역사를 이룰 수 있는 것을 본보기로 너희에게 보여 준 것이지, 나의 아들 예수의 죽음으로 보혈로써 너희를 구원한다는 것이 아님을 알라.

131권 하나님 말씀

(2004/2/25 16:31~2004/3/2 11:59)

자기는 구원받았다는 오만한 자
9,772번째 편지 중에서 (2004년 2월 29일 07시 06분)

지금 믿음의 길을 가는 백성 저희들은 죄가 없으며, 이방인들 그리고 다른 백성들만이 죄가 있는 자요, 죄 속에 살아가는 자들이라 그리 말하느니라.

너희들이 자만해서는 아니 되는 것이라, 그리고 오만해서는 아니 되는 것이라 하여 내가 일찍이 성서에 기록하여 전한 내용을 너희들은 알겠는가? '두 사람이 나에게 기도드리기 위하여 성전에 올라가니, 하나는 바리새인이요, 하나는 세리라.' 바리새인은 서서 당당히 나에게 그리 말했다 하지 않느냐? '나는 이레에 두 번씩 금식하였으며, 모든 소득의 십일조를 드렸으며, 모든 헌금을 바치며 살았나이다.' 그리 기도하였다 하였음이니라.

그러나 세리는 뭐라 말하였느냐? '멀리 서서 감히 눈을 들어 나를 바라보지 못하며 하늘을 보지도 못하고, 다만 가슴을 치며 가로되 주여, 창조주 하나님이여! 불쌍히 여기옵소서. 나는 죄인이로소이다.' 하였느니라.

너희들이 섬김을 받고자 하는 자, 그리고 저 자신이 죄가 없다는 자, 가장 낮은 자의 자세로 가지 않는 자, 그와 같은 자의 기도는 나는 듣지 아니하며 보지 아니함이니라.

너희들이 세리와 같은 자세로써 가장 낮은 자요, 자기를 낮추고자 하는 자, 그와 같은 백성의 기도는 내가 들음이니라.

'나'를 버리라
9,773번째 편지 중에서 (2004년 2월 29일 07시 22분)

'나'를 버리지 못하고 가족에게 집착하며 가족에게 하는 것으로는 너희들이 그 큰 참사랑을 보지 못하기에, 그 작은 사랑은 너희들이 소중히 하되 그 사랑 위에 더 큰 사랑이요, 위대한 참진리, 나 여호와의 사랑이 있다는 것을 깨우치도록 그리하라.

그리하여 가족이 원수요, 가족 속에 원수가 있으며, 그와 같이 너희들이 화평하지 못하도록 나의 아들 예수가 세상에 왔다 함이니, 이제 너희들이 그 상반되는 뜻을 알 수 있을 것이니라.

하늘의 별을 따려 하는 자들
9,800번째 편지 중에서 (2004년 3월 2일 14시 17분)

하늘의 별을 따기 위하여 허황된 삶을 살지 말도록 하라. 모든 믿음의 길을 가는 백성이 그와 같은 것에 허덕임이니라. 밤하늘의 별을 따겠다고 뛰고 뛰어 본들 제가 얼마나 버티겠느냐? 하늘 높이 있는 별을 따려 하지 말며, 너희 발아래 있으며 너희 눈 아래에 있는 별을 따도록 하라.

주변의 어렵고 가난한 자를 돕는 것, 그들을 사랑하는 것, 그의 어려움과 슬픔을 달래 주고 고통을 덜어 주며 기쁨을 같이 나누면서 갈 수 있는 것, 무거운 짐을 대신 짊어지고 나누어 지고 가는 것, 그것이 정녕 5리를 가자는 자에게 10리를 가 주는 백성과 같으니라.

네 발아래에, 네 눈 아래에 있는 아름다운 별을 따도록 하라. 그 별이 하늘의 별임을 알라.

132권 하나님 말씀

9,806~9,883 번째 편지
(2004/3/3 07:06~2004/3/10 11:27)

만왕의 왕, 예수의 나라
9,816번째 편지 중에서 (2004년 3월 4일 06시 25분)

예수가 그를 처형하는 자 앞에 잡혀가, '네가 과연 만인의 왕이냐?' 그리 물을 때, 나의 아들 예수가 무어라 대답하였느냐? '내 나라는 이 세상에 속한 것이 아니라' 그리 그는 명확히 대답을 했음이니라.

그는 어찌 살았느냐? 부를 축적했던가? 부를 누린 것도 아니며 오로지 그는 빈손으로써 나의 뜻이요, 나의 성령을 전하는 데 모두를 바친 것이니라. 그것이 하늘나라의 백성이요, 이 세상의 나라에 살지 않는 백성이니라.

오늘 종교 집단이요, 지도자요, 구원을 받았다 그리 말하는 백성, 너희들은 과연 가지고자, 더 쌓아 놓고자, 네 앞에 무얼 이루고자, 더 명예로운 걸 얻고자, 너희들의 창고를 채우기 위하여 모든 재능을 발휘하며 거기에 맞춰 살아가는 백성들이 아니더냐?

그러니 인간 세속에 있는 것을 벗어나지 못하며 버리지 못하는 그와 같은 백성은 이 지상의 삶에서 벗어나지 못한 자들이니, 결국 너희들은 변화된 백성이 아니요, 변화되는 길을 모르는 백성들이요, 나의 아들 예수의 보혈로써 구원을 받은 백성이 아니라는 것을 알라. 그러니 너희들은 구원이라는 것을 생각지도 말며 거듭나는 것을 말하지도 말라.

유전, 잘못된 교리로 성령을 훼방하는 죄
9,881 번째 편지 중에서 (2004년 3월 10일 07시 03분)

나는 성서에 기록하여 내가 나의 아들을 통하여 반드시 전했느니라. '하나님께서 말씀하시기를 네 부모를 공경하라 하셨으며, 그리고 아비나 어미를 훼방하는 자는 반드시 죽으리라 하셨다.' 그 무서운 내용을 기록하여 전했거늘, '네 부모를 유익하게 하는 것, 네 부모를 기쁘게 하는 것, 네 부모에게 드려야 하는 것, 그 모두를 그저 하나님께 드린다 말만 하면, 모두 너희는 부모에게 드리지 아니해도 된다.' 지금 그리 가르치고 있는 것이 오늘의 종교 집단이요, 지도자들이 가는 길이니, 이게 과연 나의 진리더냐? 이 웃지 못할 형국에 나 여호와의 분노함이 어떠하겠는가! 모두가 다 성령을 훼방하는 죄는 가장 큰 죄이니라.

지금의 모든 종교 집단과 지도자 너희가 바로 무엇이더냐? 길러 준 부모요, 그리고 낳아 준 부모는 아무런 관계도 없으며, 나 여호와에게 잘하며 나 여호와에게만 너희가 말로써 모든 걸 바친다 하기만 해도 구원을 받는다 그리 가르치고 전하는 것이니, 내가 성서에 '너희의 유전으로 하나님의 말씀을 폐하는 자들이다.' 너희에게 그리 기록하여 나의 아들 예수에게 전하게 한 그 구절을, 너희는 무서움과 두려움을 알아야 될 것이니라.

그러니 오늘의 종교 집단이요, 교회의 그 모두가 잘못되었으며 모두가 다 타락되었으며, 너희가 다 지옥의 길로 나의 백성을 이끌어 가는 것이라 함을 알아야 될 것이니라.

133 권 하나님 말씀

(2004/3/10 11:39~2004/3/17 06:59)

9,884~9,964 번째 편지

때가 이르면 비사로 이르지 않고 밝힌다
9,896번째 편지 중에서 (2004년 3월 10일 17시 29분)

나의 아들 예수가 너희에게 무어라 전했느냐? '이것을 비사로 너희에게 일렀거니와' 나의 뜻을 예수는 비사로 가르치고 전하였지만 '때가 이르면 다시 비사로 너희에게 이르지 않고 나의 아버지가 나의 아버지 뜻에 대한 것을 자세히 밝히며 모두가 깨우치는 그와 같은 시대가 올 것이라' 그리 기록한 성서의 대목을 모르느냐?

지금 제3의 시대에 오늘의 160권의 새로운 성경보다 더 알기 쉽게 깨우쳐 전하는 것이 있더냐? 그러니 나의 아들 예수가 말한 그것이 바로 제3의 시대에 오늘을 준비하도록 내가 명한 것이며 내가 준비시킨 것이니, 바로 160권이 나의 뜻이요, 내가 언약을 지키고 있다는 것을 알라.

몸이 공중으로 뜨는 경지
9,914번째 편지 중에서 (2004년 3월 13일 06시 05분)

나의 새로운 성경을 정독하며 나에게 기도할 때, 너희 자신이 들림을 받는 것처럼 공중으로 네 모든 것이 떠오르는 그와 같은 경지를 느껴야 할 것이니라.

너희가 앉아서 나에게 '아버님! 감사합니다.' 하고 기도드릴 때, 스스로 네 몸이 공중으로 뜨는 느낌을 받는 그와 같은 경지에 이르지 못했다면 너희가 아직도 다 비우지 못한 것이요, 비우지 아니하였음을 알라. 그와 같은 경지에 오른 백성, 너희는 모든 세상의 이치를 알 것이며 정녕 모든 것이 네 뜻대로 이루어질 것이니라.

휴거
9,915번째 편지 중에서 (2004년 3월 13일 06시 09분)

 나의 사랑하는 백성이요 나의 아들딸들이 공중에 들림을 받는 그와 같은 마음이요, 그와 같은 느낌이요, 그와 같은 깨달음을 얻었을 때 그가 마음을 비운 상태이니, 그와 같은 상태가 지속될 수 있도록 노력하지 아니하면 안 되며, 그와 같은 삶을 살라 하였음이니라. 너희가 그것을 '휴거'요 '들림을 받는다' 그리 말함이니 혼동치 말라.

 아무리 어렵고 힘들고 고달프다 해도 내 뜻을 실천하기 위해 목숨과 바꿀 수 있는 자세를 가졌을 때, 너희가 나에게 들림이라는 그와 같은 영광의 은혜를 얻게 될 것이니, 이는 육으로 너희 자신이 들림을 받는 것이 아님을 알라, 사랑하는 나의 아들딸들아!

꿈에서 현몽하여 답을 얻을 수 있도록
9,964번째 편지 중에서 (2004년 3월 17일 06시 59분)

 이제 너희는 꿈에서 나에게 답을 받을 수 있도록 온갖 정성과 열과 성의를 다하라. 너희가 꿈에서도 그릴 정도로 바르고 아름답게 살고자 모든 것을 바치고 또 바쳐 정성을 다한다면 그 정성을 갸륵히 여겨 내가 꿈으로 너희에게 보여 주며 그 답을 줄 것이니라.

 인간들이 집요하게 생각할 때 꿈으로 현몽하여 보인다는 것은, 너희의 그 노력함이 너무나 안타깝고 갸륵하여 내가 꿈으로써 그 답을 주며 그와 같은 것을 미리 알려 준다면, 과연 이를 믿겠는가?

134권 하나님 말씀

(2004/3/17 06:08~2004/3/24 06:03)

보혈로 편하게 구원을 받겠다는 욕심
9,983번째 편지 중에서 (2004년 3월 19일 06시 12분)

너희들이 나의 아들의 보혈로써 편안히 구원을 받으며, 그 속죄로써 모든 구원을 받았다고 편하게 생각하며 편하게 가고자 하는 것, 그것 또한 너희들의 욕심이 아니더냐? 모든 욕심에서 이루어지는 것은 바로 너희들이 다른 신을 섬기는 것과 같음을 알아야 될 것이니라.

나의 아들의 고귀한 피로써 너희들이 속죄를 받았으며 변화된 백성이라면, 너희들의 오늘의 마음속에 욕심이요, 남을 시기하고 질투하는 마음, 이와 같은 마음의 뿌리도 찾아볼 수 없는 그와 같은 백성으로 되어야 될 것이니라. 그러니 너희들이 다 부질없는 소리를 하고 있으며, 내 뜻과는 관계없는 그와 같은 길을 가고 있다는 것이니라.

예수의 보혈로 구원받는 조건
10,035번째 편지 중에서 (2004년 3월 24일 06시 15분)

성서에 '예수의 피로써 모든 죄에 대하여 너희들이 깨끗하게 속죄되었다.'는 이 구절이 있느니라. 그러니 너희들은 그 한 구절만을 가지고 그리 가르치느니라. 나의 아들 예수를 믿기만 하면 그 보혈로써 너희 죄를 사함을 받아 너희들은 속죄 자가 되었으니, 나에게 오를 수 있는 백성이라 그리 가르치느니라.

그러나 다음과 같은 조건이 거기에 있음을 너희들은 알아야 될

것이니라. 참진리요, 하늘의 빛 가운데서 너희들의 행함이 있어야
만 반드시 그와 같이 예수의 보혈이요, 나를 찾으며 울고불고하는
것으로써 구원을 받을 수 있다는 것을 내가 거기에 기록하여 두었
거늘, 너희들은 이를 버려두고 가르치지를 아니하느니라.
 너희들에게 불리한 것은 지워 버리며 유리한 대목만을 찾아 나의
백성들에게 강론하고 설교하며 가르침이니, 이것이 나의 피조물 만
백성을 지옥으로 이끌어 가는 그와 같은 행위를 너희들이 하고 있
다 함을 알라.

죽어서 받는 질문 2개
10,028번째 편지 중에서 (2004년 3월 23일 06시 27분)

너희는 나에게 불려 와 심판을 받을 때, '너의 직분을 다했으며
네 임무를 다했느냐?' 물었을 때 '네'라고 대답하며, 내가 내린 가훈
에 따라 '한 점의 부끄럼이 없는 삶을 살았느냐?' 물었을 때, '아버
님, 저는 아버님의 새로운 성경을 접하기 전까지는 그리 살지 못했
으나, 아버님의 말씀이요 새로운 성경을 접하여 깨우치고 아버님의
아들의 강론을 들으며 더불어 살아오는 그 후로는 부끄럽고 추한
모습으로 살지 아니하였습니다.' 하고 대답할 수 있어야 할 것이니
라. 그때 대답하지 못하여 지옥 불로 가는 고통보다도, 그를 바라보
는 나 여호와의 아픔이 어떠할 것인가를 생각한다면, 오늘의 삶에
한 점의 부끄럼이 없이 살도록 하라. 이 세상에 살아가면서 아름다
움이 아니요, 정의로움이 아니요, 정녕 바른길이 아니거든, 너희가
나에게 와서 '예'라고 대답하는 것과 바꾸어서는 아니 됨이니라.

135 권 하나님 말씀

(2004/3/24 17:41~2004/3/27 20:04)

기적, 이적, 초능력
10,074번째 편지 중에서 (2004년 3월 26일 11시 21분)

너희는 순수한 순금으로서 거듭나며 그 변화의 역사를 이루어야 할 것이니라. 용광로에서 끓고 끓어 순금이 될 수 있도록 그와 같은 길을 가는 것이 너희이니라. 그러니 순금을 만드는 길이 무엇이더냐? 뜨거운 불로 달구고 녹여 모든 이물질을 버리는 것이 아니더냐? 그러니 너희는 여기서 깨우치도록 그리하라.

너희는 기적과 이적이요, 그와 같은 것을 보이는 것이 참진리요 나에게 오르는 길이며 내가 역사하는 것이라고 생각지 말라. 기적은 너희가 만들고 역사할 수 있는 것이니, 인간이 노력하며 마음을 비워 초능력의 역사를 이루는 것은 인간의 노력이요, 인간의 한계의 기적으로써 너희가 역사하는 것이니라. 그것은 나 여호와가 너희에게 역사하는 것이 아니니, 그런 역사는 믿음의 길이나 하늘에 오르는 길을 인도하고 가르치는 것이 아니며, 참진리를 깨우쳐 주는 것이 아니니라. 믿음의 길은 따로 있음을 알라, 사랑하는 나의 아들딸들아!

너희가 기적과 이적의 역사요, 허황된 믿음의 길을 가고 있으며 그를 바라보고 혼동하여 참진리를 바로 보지 못하니, 참진리는 물이 위에서 낮은 곳으로 흐르듯이 그저 그 길을 흘러갈 뿐이니라. 거기에 기적이요, 이적이요, 모든 역사를 이루는 것은 진리가 아니며 하늘에 오르는 길이 아니라 함을 알라.

내가 너희에게 무엇인가를 보여 주는 것은 너희에게 상을 내리는 것이 아니라 체벌을 내리는 것이라고 하지 아니하였더냐? 그와 같은 것으로써 진리를 깨우치고 하늘에 오르는 길은 없음이니라. 너희에게 어떠한 충격을 주거나 너희가 매를 맞고 깨우치고 역사하는 것은 상이 아니니라. 진리는 진리대로 조용히 스스로 흘러가는 것임을 알라, 사랑하는 나의 아들딸들아!

사랑도 죄도 언제까지든지 떨어지지 않는다
10,084번째 편지 중에서 (2004년 3월 26일 13시 17분)

성서에, 사랑은 언제까지든지 떨어지지 아니한다 하였으며, 예언이요 방언이요 그와 같은 것은 다 폐하고 그친다 하였음이니라. 그리고 너희가 가진 지식이요 상식도 폐해지며 잊히는 것이라 내가 그리 너희에게 가르쳤음이니라. 그러니 여기서 너희는 무엇을 원하며 무엇을 역사하고 무엇을 깨우쳐야 되겠는가?

행함은 너희를 떠나지 아니하며 지워지지 아니한다 하였음이니, 알고 짓고 모르고 짓는 죄에 대한 것은 너희에게서 떠나지 아니하며 멀어지지 아니한다는 나의 가르침을 알겠느냐? 사랑이 떨어지지 아니하니, 죄지은 것도 떨어지지 아니함이니라.

예언도 폐하고 방언의 은사요, 병을 고치는 은사요, 그리고 너희가 가진 지식이요, 그 모든 것은 지워지고 떨어진다 해도 사랑은 너희에게서 떨어지지 아니함이니, 너희가 지은 죄 또한 떨어지지 않는다는 그 귀하고 소중함을 의식하지 아니하면 아니 됨을 알아야 할 것이니라.

136 권 하나님 말씀

(2004/3/27 20:10~2004/3/31 06:12)

예수의 재림=예수의 윤회설
10,133번째 편지 중에서 (2004년 3월 27일 20시 36분)

너희의 지금의 믿음이 무엇이더냐? 나의 아들 예수가 세상에 재림하여 죽은 자 가운데서 너희를 구원하며 영원토록 인도한다 함이니, 바로 윤회를 기다리며 그를 믿고 목말라 울고불고하는 행위들이 아니더냐? 그러니 오늘의 믿음은 윤회를 위하여 그를 역사해 주기를 바라면서 가는 믿음이니라.

그리하여 나의 새로운 성경에 기록하여 나의 아들을 통해 윤회설이요, 전생과 이승의 연결된 고리요, 그 어렵고 답답함을 풀어줌이니, 너희에게 그 답을 주려면 너희의 전생이요, 윤회의 역사함이요, 그리고 하늘의 뜻을 기록하여 전하지 아니하면 어찌 알고 깨닫는단 말이더냐? 세상 속에서 어찌 그를 알며 그 이치를 알겠는가?

윤회설이라는 것이 너희의 믿음의 생각 속에서 맞지 아니하며 다르기 때문에 이단시하는 것이지, 윤회설이라는 것이 진리가 아니라는 내용이 어디에 기록되어 있으며, 윤회설이 진리가 아니고 나 여호와의 뜻이 아니라는 것이 어디에 있더냐? 너희 생각 속에서 너희의 그 믿음 속에서 그를 받아들이지 아니하며, 그를 이해할 수 없으며, 그를 받아들임으로써 생기는 혼동을 막기 위하여 그 모두를 받아들이지 못하는 것이 오늘의 형국이니라.

혼인 잔치

10,173번째 편지 중에서 (2004년 3월 29일 16시 14분)

내가 성서에 기록하여 전하였느니라. 혼인집 잔치에서 신랑과 함께 있을 때 과연 너희가 금식을 해야 하는 것인가? 신랑과 함께 있는 동안에 금식할 수 없는 것이 너희 인간의 상식이요, 살아가는 도리라 하였음이니, 이는 바로 무엇을 의미하느냐? 환경이요, 순리에 따라 살아가는 그와 같은 지혜로움을 얻으라 명한 가르침이니라.

잔칫집 경사에 같이 어울리고 즐겨야 할 그 장소에서 어찌하여 금식을 하며, 금식을 하지 아니하는 백성은 사탄이요 이단이라 그리 말하는가? 너희는 금식할 때와 장소가 따로 있는 그와 같은 이치를 따라 참진리요 하늘에 오르는 길의 깨달음을 얻으면 될 것이거늘, 너희는 작은 것을 정해 놓고 거기에 모두를 다 맞추라는 그와 같은 형국으로써 무지막지하게 맹종하며 가는 것이 오늘의 믿음이니라.

너희가 순리에 따라서 환경에 따라서 깨달음을 얻어 가는 것이 진리이기에, 식사할 때 모여서 대표 기도를 하지 말라 하였음이니라. 기도는 내가 내리는 것이라 하였음이니라. 내가 내리는 걸 조용히 받아들이는 것이 기도요, 너희가 중언부언하는 것은 기도가 아님을 알라. 내가 십계명도 내려보낸 것이요, 주기도문도 내려보낸 것이요, 나의 아들이 기도하는 그 내용도 모두가 내려보냈으니, 기도는 내가 내리는 것이니라. 그리하여 내가 나의 아들에게 대표 기도를 하지 말며 각자 기도하고 각자 뜻을 전하라 그리했음이니, 이 뜻을 세월이 지난 다음에 알게 될 것이니라.

10,207
~10,288
번째 편지

137 권 하나님 말씀

(2004/3/31 06:19~2004/4/3 06:38)

예수의 재림은 없다
10,254번째 편지 중에서 (2004년 4월 1일 23시 13분)

나의 아들 예수를 통하여 성서에 기록하여 너희들에게 깨우침을 전했느니라. '그때 사람이 너희에게 말하되 보라 그리스도가 여기 있다 혹은 저기 있다 하여 하더라도 믿지 말라.' 이는 누가 온다 하는 그와 같은 것, 나의 아들 예수가 재림한다는 것, 그 모두를 믿어서는 아니 된다는 뜻이니라. 그리스도가 여기 있다 혹은 저기 있다 하여도 믿지 말라는 것은 나의 아들 예수의 재림이 없다는 것을 너희들에게 깨우쳐 주고 전함이니라.

모든 인봉된 것을 엺이니라
10,256번째 편지 중에서 (2004년 4월 1일 23시 23분)

성서에 '환란이 있으리니, 즉시 해가 어두워지며 달이 빛을 내지 못하며 또는 별들이 하늘에서 떨어지며 하늘의 권능이 흔들리는 이와 같은 변화가 일 것이라' 하였으며 그 환란이 무섭게 온다 하였으니, 바로 나의 새로운 성경이 세상에 내려오며 세상을 덮었을 때, 모든 종교 집단이 이를 거부하고 뿌리치며 이를 무너뜨리고자 하는 그 몸부림이 바로 해가 어두워지며 달이 빛을 내지 못하며 별들이 하늘에서 떨어지며 하늘의 권능이 흔들리는 것 같이 세상이 진동하는 무서운 환란이 한 번은 닥쳐오며, 그를 넘겨야 한다는 것을 내가 그와 같이 비유의 뜻으로 전했음이니라.

'그때 인자의 징조가 하늘에서 보이겠고 그때 땅의 모든 족속들이 인자가 구름을 타고 능력과 큰 영광으로 오는 것을 볼 것이라' 하였으니, 그와 같은 형국보다 더 위대한 성령이요, 나 여호와의 뜻이 내려간다는 의미이니라.

유리한 것과 불리한 것이 같이 있음이니라
10,260번째 편지 중에서 (2004년 4월 2일 06시 22분)

너희가 성서를 읽는 것, 나의 새로운 성경을 읽는 것에는 두 가지의 의미를 항상 같이 가지고 있느니라. 너희에게 선한 것과 악한 것이 항상 같이 있으며, 너희에게 유리한 것과 불리한 것이 모두 같이 있음이니라. 나의 백성 너희가 살아가는 데는 항상 그 두 가지가 있다는 것을 절대 잊지 말라.

항상 나 여호와가 명하는 것은 두 가지요, 그 이상의 의미를 가지고 있다는 것을 명심하도록 하라. 그리하여 너희에게 유리한 것과 불리한 것 중에서 너희에게 불리한 것을 선택하여 그것을 너희 것으로 만들어 행하는 삶을 살도록 그리하라.

악한 생각으로 피가 혼탁해지니
10,283번째 편지 중에서 (2004년 4월 3일 06시 08분)

너희가 마음을 악하게 먹으며, 생각을 악하게 하며, 사랑하는 마음이 없으며, 남을 용서하는 마음이 없을 때, 피가 혼탁해짐이니, 그 혼탁한 피는 너희에게 병마를 부르며, 생명을 단축하며, 너희를 쓰러지게 함이니라. 그러니 사랑하는 나의 아들딸들은 곱고 깨끗한 피가 흐를 수 있는 마음 자세요, 삶의 자세로 바꾸어야 될 것이니라.

138권 하나님 말씀

(2004/4/3 06:52~2004/4/7 07:14)

실패의 원인
10,290번째 편지 중에서 (2004년 4월 3일 06시 59분)

오만과 자만으로 모두를 네 편으로 만들지 못한 것이 너희의 실패의 원인이며, 무너지는 원인이며, 이루지 못하는 원인임을 알라. 말 못하는 미물도 누가 저를 사랑하고 미워하는지 아니, 바로 누가 제 편이 아닌지를 미물도 깨닫고 있음이니라.

모두를 자기편으로 만들 수 있는 지혜를 가진 인간이 그와 같은 것도 모르고 이루지 못하고 고통받는 것은 너희가 치러야 할 너희 죄의 대가라는 것을 알라.

모든 것에는 답이 있다
10,328번째 편지 중에서 (2004년 4월 6일 06시 04분)

이 세상에 살아가는 모든 것에는 정답이 있으며, 반드시 그 짝이 있느니라. 악이 있으면 선이 있으며 모두 반대의 짝이 있음이니라. 밝은 광명 천지의 낮이 있으면 어두운 밤이 있듯이, 모두 그와 같은 상대성이 반드시 있음이니라. 그러니 너희가 아무리 어렵고 절망적이라 해도 지혜를 짜내고 생각을 하면 거기에서 헤어날 수 있는 길이요 답이 있음을 알아야 할 것이니라.

다음 세상을 준비하는 현명함
10,342번째 말씀 중에서 (2004년 4월 6일 10시 50분)

모든 것의 주인은 나 여호와라 하였으며, 너희는 그것을 관리하고 보관하는 것이라 하였거늘, 관리하고 보관하는 자들이 어찌하여 그것이 영원히 제 것인 양 착각하며 죽어서까지 모두 짊어지고 부귀와 영화를 누릴 것처럼 손을 펴지 못하고 그와 같은 삶에서 허덕인단 말이더냐?

그러니 너희가 이 세상에 다 놓고 가는 것, 버리고 가는 것, 가지고 가지 못하는 것, 그리고 관리하다 놓고 가는 것, 그 세계에서 허덕이지 말며 높고 넓은 창공을 보라. 그리고 다음 세상의 삶을 준비하는 현명한 삶을 살라. 그를 잊고 그를 뒷전으로 하고 사는 자는 영원히 거듭나는 은혜를 저버림이니, 흙에서 새 생명으로 태어나는 그와 같은 은혜를 얻는 너희가 심판대에 섰을 때, 그 모두를 저버리게 됨이니, 흙이 흙으로 돌아가는 그와 같은 삶을 살지 말도록 그리하라.

하늘에 오르는 길은 땅에 있다
10,343번째 편지 중에서 (2004년 4월 6일 10시 55분)

너희들이 천국은 하늘의 나라요, 나의 나라는 하늘의 나라요, 그리하여 너희들이 하늘에 오르는 길은 하늘에서 모두가 역사하고 이루어지는 것처럼 하느니라. 너희들이 인간 세상을 들여다보지 아니하며, 오로지 구원이요, 예수의 보혈이요, 믿고 울고불고하는 것으로 재물을 하늘에 쌓으면 구원을 받는다 하느니라.

그러나 땅의 세상에서 살면서 너희들이 어찌 사느냐에 따라 그 삶이 너희들의 심판의 기준이니라. 하늘의 진리는 가장 낮은 곳에 있다 한 그 뜻을 안다면, 땅에서 모두를 구하고 찾도록 하라.

139 권 하나님 말씀

(2004/4/7 07:22~2004/4/10 19:47)

내가 세상 끝까지 너희와 함께할 것이니라
10,381번째 편지 중에서 (2004년 4월 7일 12시 12분)

성경에, 내가 너희에게 보혜사를 보내며 영원토록 너희와 있게 하며, 내가 세상 끝까지 너희와 함께할 것이라 하였느니라. 너희 육을 가진 백성은 그 누구도 영원히 존재할 수 없음이니라. 그러니 그 모두는 나의 성령으로 임하는 것이요, 성령과 더불어 너희가 존재한다는 것을 알아야 할 것이니라.

지금의 믿음의 종교 집단이 육신으로 나의 아들 예수가 재림하여 온다 하니, 그리 말한다면 육을 가진 자가 어떻게 너희와 영원히 함께 있겠다는 말이더냐? 그리하여 종말론이라 하여 만들고 예수가 재림한다는 부질없는 형국으로 지금 수많은 종파가 세상을 다스리고 있으니, 그 모두는 거짓 샀꾼들에 의하여 지금 이 세상이 혼란해졌음을 알라.

사도신경
10,404번째 편지 중에서 (2004년 4월 9일 06시 36분)

신앙인이라면 암송해야 하는 '사도신경'이라는 것이 있느니라. 너희는 나의 십계명은 지키기 어렵고 힘들기에 뒷전으로 밀어내고 사도신경이라는 걸 앞에다 놓았음이니라.

그 내용은 내가 성서에 주기도문처럼 내린 적이 없으며 나의 십계명처럼 내린 적이 없음이니라. 인간 너희가 이리저리 골라서 너희 생각으로 그를 만들어 붙여 놓고 지금 출처도 모르면서 거기에 매달려 신성시하니, 성경은 한 획도 빼거나 더해서도 안 된다는 너희가 오늘에 이와 같은 우를 범하고 있는 것이 아니더냐? 반드시 제일 앞에 십계명이 오며 그리고 주기도문이 오는 역사의 가르침으로 가야 할 것이거늘, 너희가 어찌 그와 같은 역사를 이루고 있느냐?

그러니 너희 손으로 너희 뜻대로 만들고 너희 마음대로 고치고 수정한 것이 성경이기에, 이를 바로잡고 바로 다스리고자 하는 것이 나 여호와의 뜻이라 함을 너희는 명심하도록 그리하라.

해탈
10,412번째 편지 중에서 (2004년 4월 9일 09시 44분)

나 여호와가 보는 세상은 모두 다 전체가 하나이니라. 모든 미물이요, 동물이요, 식물도 나의 하나 속에서 자리를 지키는 것이며, 사랑하는 나의 피조물 만백성 너희들 또한 내가 모두를 역사하는 이 넓고 넓은 끝이 없는 내 우주의 공간 속에 너희들 자신이 조금의 위치를 찾고 존재하는 것이니라. 그러니 전체가 하나라는 것을 깨달았을 때, 너희들은 진정한 사랑의 행함을 알게 되며, 모두가 소중함을 알게 됨이니라.

세상을 하나로 보는 자, 성령으로 임한 백성은 어떠한 두려움도 없으며, 부질없는 욕망이요, 욕심도 없어지며, 죽고 사는 것 그 자체까지도 모두를 잊어버리며, 벗을 수 있으며, 해탈할 수 있느니라.

하늘나라는 너희들 마음 가운데 있는 것이라 내가 가르친 그 뜻을 깊이 깨우친다면, 내가 오늘 나의 아들을 통하여 너희들에게 명하는 뜻을 알게 될 것이니라.

140 권 하나님 말씀

(2004/4/10 19:53~2004/4/14 20:37)

변질된 성경
10,492번째 편지 중에서 (2004년 4월 12일 11시 04분)

구약이요, 신약이요, 그리고 나의 새로운 성경은 모두 하나의 맥으로 이루어지며, 앞뒤가 모두 맞으며, 또한 예언이요 증언한 것이 다 이루어지고 맞는 것으로써 그것이 나의 뜻이라는 것을 알아야 할 것이니라.

나의 아들 예수가 세상에 나옴이니, 신약은 그가 직접 나의 성령을 받아 기록하고 만든 것이 아니며, 세월이 지난 다음에 그 제자의 제자들이 구전으로 듣고 들은 것을 모아서 이루고 만든 것이 아니더냐? 그러니 구전으로 전하고 전하던 것이 그대로 전해졌다 생각할 수 있겠느냐? 또한, 예수가 죽음으로써 모든 핍박의 세월이 끝난 것이 아니요, 나의 아들 예수가 죽은 뒤에도 끝없는 핍박의 세월이 너무나 길고 길게 흘렀음이니, 그와 같은 상황에서 바로잡을 수가 없었던 것이며, 구전으로는 그대로 전해질 수 없었다는 것을 알라. 그리하여 나의 아들의 뜻이 구전에 구전으로, 음지에서 음지로만 존재하고 흘러갔음이니라.

몇백 년의 세월이 지난 다음에 실력 있고 권력 있는 자들이 음지에서 음지로 전해지던, 나의 아들 예수가 전한 그 가르침을 듣고 들어보니 그가 타당하다는 것을 알게 되었음이니라. 그리하여 그 권력 있는 자가 음지에 있는 것을 밝은 세상에 꺼내어 나의 아들 예수의 뜻을 전하다 보니, 그 시대에 권력이 있고 힘을 가진 자, 그리고 지배층에 있는 자와 타협을 하지 아니하면 결코 이를 역사할 수가 없었음이니라.

　지식인들이 나의 아들 예수의 진리를 깨우쳐 그를 세상에 내보내면서 반대급부의 권력 있는 자와 타협을 하다 보니, 그들과 조율하고 또 조율하여 전해진 것이 바로 지금의 성경이며, 그 또한 지식층들이 그리 만든 것이니라.

　그러니 음지에 있던 것이 얼마나 위대하고 귀중한 것인가를 깨달은 그 지식층들이 권력 있고 힘있는 자들과 타협한 타협점에서 모두가 이루어진 역사임을 알라. 그리하여 다듬고 고치고 서로 반박이 생기지 않는 선에서 타협하여 만들었으니, 그것이 변질되지 아니하였다고 어찌 말할 수 있더냐? 그리하여 부분적인 것이 무너졌으며, 부분적인 것이 잘못되었으니, 너희가 부분적인 진리를 깨우친다 했음이니라. 지금의 성경이 바로 부분적인 것을 가르치며 부분적인 것을 역사함이니라.

　완전한 것이 오게 되면 모두 거둬들이며 지워 버린다 했느니라. 지금 나의 새로운 성경이 과연 무엇이더냐? 나의 아들이 직접 받아 너희에게 전함이니, 나의 아들이 존재하고 살아 있는 속에서 이 새로운 성경이 세상에 만들어짐이니라. 2천 년 전에는 이와 같은 역사를 할 수가 없었음이니라. 지식인이요, 지배층에 의하여 너희는 사형수가 되었을 것이니, 그게 바로 완전한 것이 만들어지지 못한 증거라는 것을 알라, 사랑하는 나의 아들딸들아!

141권 하나님 말씀

(2004/4/15 06:12~2004/4/19 13:04)

세상 만물이 다 새로운 세상을 바란다
10,610번째 편지 중에서 (2004년 4월 17일 10시 00분)

이 세상이 오염되었으며, 썩어져 있으며, 새로운 세상이 와야 되며, 거듭나는 세상이 되어야만 하며, 인간이 개조되지 아니하며 변화되지 아니하면 아니 된다고 너희 인간들만 후회하고 통곡하고 있는 줄 아느냐? 이 세상의 모든 것을 바라보라. 이 지상에 존재하는 모든 만물이 다 새로운 세상이 이루어지기를 바라며, 새로운 세상이 역사하기를 바라며, 대변화가 이루어지기를 더 바라고 있음이니라. 이 세상에 너희가 살아가는 모습을 너희는 보지 못하나, 인간들이 세상을 오염시킨 것 때문에 그들이 몸살을 앓고 있으며, 너희가 거듭나기를 바라고 있으며, 새로운 세상이 이루어지기를 바라는 것을 너희보다 더 갈구한다는 것을 알라.

예수의 죽음이 입증하는 것
10,617번째 편지 중에서 (2004년 4월 18일 06시 19분)

예수는 세상에 나와 가난하고 어렵고 힘든 삶을 살며 결국은 무엇으로써 만백성 너희에게 모두를 바쳤던가? 그가 죽음으로써 만백성 너희에게 선물하면서 바라고 원했던 것이 무엇인 줄 알겠느냐? 성령으로써 거듭나는 백성이 되도록 성령이 임하라 그리 말했으며, 성령으로 거듭나는 백성이 이 땅에 존재하기를 바랐으며, 그와 같은 세상을 이루고자 드높은 십자가에 매달려 고통의 순간을 맞이하였느니라.

그러면서 나의 아들이 그 고통의 순간에 외친 말이 과연 무엇이더냐? 그는 마지막까지 '원수를 사랑하라.' 하였음이니, 너희가 과연 그와 같은 마음이요, 그와 같은 숭고한 자세로 세상을 살아가는가?

그 아픈 생애를 바친 나의 아들 예수의 죽음은 세상에 새로운 성경으로 역사하며 새로운 시대가 역사한다는 것을 입증하며, 그리고 구약의 십계명이요, 신약의 새로운 계명이요, 그리고 나의 새로운 성경이요, 그 모든 것이 새로운 시대에 역사하는 때가 올 것이라는 것을 알려 주며 입증하기 위한 것이니, 이것이 예약된 것이며 예언된 것임을 알라.

거짓 선지자가 세상을 덮는다 했으니
10,618번째 편지 중에서 (2004년 4월 18일 06시 30분)

내가 너희에게 깨우쳐 전했으니, 거짓 선지자가 세상을 덮는다 했느니라. 지금 어떠한 종파요, 어떠한 지도자들이 세상을 덮고 있는가? 바로 거짓된 자들이 세상을 덮은 형국이 되어 있음을 너희는 알아야 할 것이니라. 그리하여 그를 바로잡고 바로 세우는 역사를 이루고자 함이니라.

내가 너희에게 약속하였음이니, 나의 새로운 성경이 하얀 눈처럼 세상을 덮으며 만백성이 이를 보고 감사 기도를 드릴 날이 머지않았으며, 모든 언어가 하나로 통일된다는 이 무서운 대역사는 나 여호와의 뜻이 아니면 이룰 수 없음이니라. 사탄이요, 마귀요, 거짓된 자들은 그 역사를 이룰 수 없음이니라.

142 권 하나님 말씀

(2004/4/19 13:07~2004/4/23 06:45)

옛것만을 숭상하지 말라
10,677번째 편지 중에서 (2004년 4월 21일 06시 23분)

옛것만을 모방하려 하지 말라, 사랑하는 나의 아들딸들아!

변화되는 역사요, 새로운 성경이요, 새로운 나의 법전이라 하여 너희의 구원의 기본이요 근본을 내려보내는 것, 이를 보고 깨우치도록 그리하라. 변화의 바람은 결코 막을 수 없을 것이거늘, 어찌하여 너희는 변화되는 그 무서운 바람 앞에서 모두를 막을 수 있으며 지탱할 수 있다 생각하느냐?

너희가 옛날에 살았던 삶과 지금 과학의 발달이요 지혜의 발달로써 만든 오늘의 세대가 얼마나 많이 변했는가? 그러니 옛것만을 가지고 그를 고집한다면 오늘날 미래를 열어 가는 젊은이들의 길을 막는 것이며 그들의 기를 꺾으며 변화되는 것을 이루지 못하게 하는 자들이 아니더냐? 그와 같이 생각하면 되느니라.

믿음 또한 그러하며, 내가 역사하는 모든 개혁을 그리했음이니라. 이제 옛것에 연연하며 옛것에 젖어 그것을 숭상하며 거기에서 무엇인가를 이루려 하며 그것만을 모방하여 가려는 것을 고집하지 말라, 어리석은 백성들아!

예언이 이루어지는 조건
10,724번째 편지 중에서 (2004년 4월 23일 06시 45분)

나 여호와의 뜻이요 하늘의 뜻이란 무엇이라 말하였느냐? 그와 같이 모든 역사가 이루어지는 것이며, 내가 말한 것은 예언이요 미래의 약속이라 하였음이니라. 다만, 내가 너희에게 이루고자 약속한 것은 그것을 지킬 수 있으며 받아들일 수 있는 백성이 단 한 사람이라도 세상에 있어야 한다는 것, 그것이 바로 내가 너희에게 모든 것을 지키고 역사할 수 있는 것이니라.

내가 구약이요 신약의 시대 속에서 너희에게 이루고자 했으며 역사하고자 한 것, 그 모든 것을 다 제대로 지키며 역사하는 것이 나 여호와의 뜻이나, 오늘의 너희가 그를 받아들이지 못하며 역사하지 못하는 그와 같은 세월 속에 흘러온 것이 있음이니, 그 모든 것을 받을 사람이요, 들을 사람이요, 행할 사람이 없기 때문임을 알아야 할 것이니라.

나의 새로운 성경이 세상을 하얀 눈이 덮듯이 덮는다 하였음이니, 그것은 너희가 단 한 명이라도 덮을 자격을 갖춘 자가 있어야 할 것이며, 그와 같은 자가 한 사람도 없다면 이는 결코 이루어질 수 없는 것이니라. 나의 아들을 따르는 제자들은 각자가 그와 같은 자격을 갖추며 받을 수 있는 사람이 되도록 피나는 노력을 하지 아니하면 절대 아니 됨을 알아야 할 것이니라. 나의 아들을 따르는 제자요, 그리고 나의 새로운 성경을 읽고 깨우친 수많은 백성 중에 그대로 행하는 자가 단 한 명이라도 있다 하면 내가 미리 약속하고 언약한 것은 기쁨으로써 모두가 이루어질 것이니라. 그러나 그것을 받아들이고 그를 알아들으며 그걸 행할 수 있는 백성이 한 명도 세상에 없다면 그 백성이 나올 때까지 너희는 이루 말할 수 없는 세월을 기다려야 한다는 걸 잊어서는 아니 됨이니 그리 알라.

143권 하나님 말씀

(2004/4/23 06:48~2004/4/27 18:34)

마지막 때에 부분적인 모든 것을 폐한다
10,750번째 편지 중에서 (2004년 4월 24일 06시 19분)

완벽한 나의 새로운 성경이 세상에 내려옴이니, 일부의 깨달음을 아는 자들의 그 모두를 폐하고 닫는 것만이 아니니라. 너희가 이적과 기적의 역사요, 방언이요, 치료의 은사요, 온갖 은사를 얻었다 하는 것, 그 모두도 다 마지막 때가 되면 폐해짐을 알아야 할 것이니라. 그 모두를 다 물리치고 지금은 나 여호와의 지혜가 있는 자가 하늘의 뜻을 알게 되며, 하늘의 뜻을 아는 자만이 빛이 될 것이며, 빛이 되어 만백성을 구하는 그와 같은 역사를 하게 된다는 것을 알라. 그러니 마지막 때가 오면 부분적인 것을 폐하는 것이니, 기적이요, 이적이요, 모세가 이루었던 것, 나의 아들 예수가 이루었던 그 모든 것은 폐해짐이니라. 그들이 이루었던 기적과 이적이 모두 폐해지며 또한 다 덮힌다는 것을 알아야 할 것이니라.

많은 사람이 왕래하며 지식이 더하리라
10,752번째 편지 중에서 (2004년 4월 24일 06시 32분)

지혜가 최고로 열리고 발달되었을 때, 그때가 마지막 시대이니, 그때가 되지 아니하면 성경의 비밀을 알 수 없음이니라. 성서에 그리 가르쳐 전했느니라. '마지막 때까지 이를 간수하고 이 글을 봉인하라 많은 사람이 왕래하며 지식이 더하리라'.

많은 사람들이 쉽게 왕래할 수 있다는 것은 무엇이더냐? 모든 교통의 수단이요, 너희들이 움직이고 동원하는 것이 가장 편안하고 마음대로 할 수 있는 그와 같은 시대로 변화되는 것이니라.
 너희들의 지식이 더할 것이라 한 것은 무엇이더냐? 너희들 인간의 지혜가 극도로 발달되었을 때, 그때 하늘의 뜻이요, 성경을 개봉함으로 너희들이 그를 바로 알아들을 수 있으며, 미달된 백성이 알 수 없으니, 오늘의 제3의 시대, 마지막 시대가 열려 간다는 내가 너희들에게 명한 그 뜻을 알겠느냐?

천국의 열쇠
10,804번째 편지 중에서 (2004년 4월 27일 11시 41분)

 새로운 시대가 열리고 있음이니, 새로운 시대의 변화를 알라. 나의 새로운 성경을 접하여 정독하면 그를 알 수 있을 것이니라. 그리하여 내가 수많은 책으로 증거하여 세상에 내보내는 그 뜻을 알겠느냐? 이는 증거해야 될 것이며 답해야 될 것이며, 거기에 물음을 했을 때 해명해 주어야 되며, 이는 영원히 존재함이니라. 말로써 전하고 말로써 역사하는 것은 진정한 나로부터 선택된 지도자가 아님을 알라, 사랑하는 나의 아들딸들아!
 이 세상에 자연의 위대함 속에 억만 분의 일도 안 되는 것이 구약과 신약에 적혀 있는 그 내용들이라는 것을 알라. 나의 법전 또한 그 역할밖에 안 됨이니라. 다만, 너희들이 하늘에 오르는 그 눈을 뜨도록 하는 것이요, 아무리 너희들이 잠겨진 자물쇠라 해도 작은 열쇠로써 모두를 열 수 있는 것처럼, 그 열쇠를 내가 너희들에게 주는 것이지, 너희들에게 하늘의 구원의 길을 역사하는 것은 아니라는 것을 알라, 사랑하는 나의 아들딸들아!

144권 하나님 말씀

(2004/4/27 18:41~2004/5/4 06:19)

10,808~10,885번째 편지

하느님이 보우하사 우리나라 만세
10,810번째 편지 중에서 (2004년 4월 27일 18시 57분)

'하느님이 보우하사 우리나라 만세'라는 이와 같은 말을 이 동양의 작은 나라에 사는 백성 중에 입으로 부르지 아니하며 입으로 역사하지 않는 자가 있느냐? 수없이 부른 것이 동양의 백성이니, 이 세상 작고 큰 나라 중에 너희보다 방대한 힘이요 능력을 가진 나라도 그 백성이 '창조주 아버지께서 보우하사 우리나라 만세요, 우리가 만세'라 부르짖고 그를 의무적으로 또한 타의로 부르고 외치는 백성이 어디 있는가? 그 뿌리가 몇천 년이 흘러왔던가? 말할 수 없는 긴 세월, 수천 년의 역사를 흘러오면서 부르짖고 암송하고 외운 것이 너희이니라.

'하느님이 보우하사 우리나라 만세'라 하였음이니, 바로 나의 성령으로써 이 동양의 나라에 임함이니라. 그리하여 성령으로 임하여 모든 세상을 다스리고 역사하는 일이 여기서 이루어짐이니, 내가 예언한 것이요, 약속한 것이 실현되고 있음을 알라.

너희가 고난과 시련을 겪은 것도 너희의 힘으로는 견딜 수 없었음이니라. 너희가 모든 외침을 당하고 공격을 받을 때마다 오뚝이처럼 일어나 지키며 단련되고 훈련되어 고통과 인내 속에 오늘의 이와 같은 백성으로 되었으니, 내가 너희를 쓰고자 다스리고 준비하지 아니하였다면 너희는 이 세상에 존재하지도 아니하며, 너희의 흔적도 이미 없어졌을 것이니라. 그 모든 것을 돌이켜 생각해 본다 해도 나 여호와에게 선택된 나라요, 준비된 나라요, 언약된 나라이기 때문에 지금의 나의 아들이 세상에 내려와 나의 새로운 성경을 동양의 작은 나라의 언어요 풍습으로써 세상에 전함이니라.

수혈
10,818번째 편지 중에서 (2004년 4월 28일 06시 52분)

지금 나 여호와가 6천 년 동안에 감춰 놨던 그 비밀을 모두 너희들에게 보내니, 이는 하늘의 뜻이요, 마지막 너희들이 이루는 길이요, 마지막 백성들이 지키고 역사할 것을 내가 내려보냄이니라.

나 여호와가 너희들에게 말하기를, 마지막 나의 성령을 태워서 내려보낸다 함이니, 너희들이 이 말을 소홀히 듣지 말라. 나의 피를 녹여 너희들에게 수혈함이니, 이를 받는 너희들이 어떠한 마음 자세로 살아갈 것인가?

하늘의 법도요, 하늘의 이치를 얻어 너희들이 살아갈 것인가, 인간 세상의 생각이요, 똑같은 삶을 벗어나지 못하고 거기서 너희들이 헤어나지 못하는 평범한 백성으로서 살다 그냥 나와 인연을 끊고 너희들이 그저 그 대가를 치르는 길로 갈 것인가?

너희 자신을 다시 보라. 오늘의 삶이 과연 너희들이 하늘의 뜻에 의하여 한 점의 부끄러움이 없는 삶을 사는 나의 아들딸인가? 그렇지 아니하며 인간 세속에 얽히고설켜 그것을 벗어나지 못하고 있지는 아니한가?

10부

천 년의 상과 벌

두 개의 굳건한 힘줄이
지금 서로 팽팽하게 달려가고 있느니라.

하나는 악을 위하여 악의 세상을 만들기 위하여,
하나는 선의 세상을 만들어
이 지상을 아름다운 곳으로 꾸미기 위하여
지금 둘이 힘차게 서로 경계하며
서로 시기 질투하며 서로 힘을 겨루며 가고 있으니,

나의 백성이 어느 쪽에 많이 서서
어디에 힘을 실어 주느냐 하는 것은
너희의 선택에 달렸음을 알라.

11,415번째 편지 중에서
(2004년 6월 3일 07시 06분)

145권 하나님 말씀

(2004/5/4 06:28~2004/5/7 12:17)

10,886
~10,966
번째 편지

모두를 다 내려보냈으니
10,886번째 편지 중에서 (2004년 5월 4일 06시 28분)

나 여호와는 사랑하는 나의 아들딸, 너희를 위해 모두를 예비하여 모두를 다 내려보냈으며, 내가 재물을 쌓아 놓은 것이 없으며, 내가 너희에게 축복의 영광을 내릴 것을 쌓아 놓은 것이 하나도 없음이니라. 그러니 나에게 기도하고 소원하며 무엇을 이루어 달라 애걸복걸하지 말라. 나는 너희에게 줄 것이 없음이니라. 다만, 내가 모두를 다 주었음이니, 너희가 거기서 깨우쳐서 나에게 오르고 못 오르는 것은 너희의 과제요, 너희 손에 달렸으며, 너희 모두의 자유의사에 달렸다는 것을 잊지 말라.

샛별처럼 반짝거리는 삶을 살라
10,888번째 편지 중에서 (2004년 5월 4일 06시 39분)

얼마나 이 세상이 아름다우며, 이 자연이 아름다우며, 내가 예비해 놓은 것이 얼마나 위대하더냐!

사랑하는 나의 아들딸들아, 너희가 취하고 구하면 모두를 다 그 속에서 얻을 수 있거늘, 어찌하여 너희가 그와 같은 바른 삶을 살지 못하여 고개 숙인 자요, 맥없는 자요, 그리고 부끄러워 하늘을 바라보지 못하는 그와 같은 삶을 산단 말이더냐?

이제는 너희가 샛별처럼 반짝거리는 삶이요, 아름답고 명랑한 삶이요, 그리고 환한 웃음을 지을 수 있는 구김살 없는 삶을 살도록 그리하라.

160권의 새로운 성경
10,927번째 편지 중에서 (2004년 5월 5일 06시 50분)

만백성 너희는 160권의 나의 새로운 성경을 두려워하지 말며, 이를 정독하여 너희 것으로 만드는 마음에 당황하지 말라. 160권의 새로운 성경이 무엇이 그리 많으며, 그를 너희가 정독함에 무슨 시간이 그리 많이 걸린다 하느냐? 아무것도 모르는 나의 아들이 '너는 나의 뜻을 받아 기록하라.' 하는 그 한마디의 명에 따라서 지금까지 160권의 새로운 성경을 세상에 내고자 이 역사의 길을 가니, 그가 평생이 걸렸던가, 10년이 걸렸던가? 그가 죽을 때까지 모두를 다 바쳐 역사한 것이더냐? 그는 단시일 내에 이를 받아서 책으로 만들어 역사하며 이를 펴내는 그 엄청난 길을 가지 아니하였던가?

160권의 나의 새로운 성경, 그 모두를 너희가 얼마나 짧은 기간에 정독할 수 있는가? 나의 아들이 이를 만들어 내고 역사한 기간에 비하면 그 10분의 1의 시간을 갖지 아니하고도 이를 정독하고 또 정독하는 그와 같은 은혜요 영광을 얻을 수 있느니라.

너희는 누워서든 앉아서든 잠자기 전이든 쉬는 시간이든 그저 읽고 전진할 수 있으며 이를 정독할 수 있는 것이니, 나의 아들의 오늘의 역사하는 것보다 너희가 얼마나 편안하고 간단한 길로써 하늘의 이치를 알며 내 뜻을 깨우쳐 하늘에 오르는 영광을 얻는 것이더냐? 그러니 그와 같은 생각과 그와 같은 불평불만을 하여 중단하고 중간에서 포기하는 어리석은 백성이 되지 말라. 너희가 하늘에 오르고 구원을 받는 길은 이 길밖에 없음이라는 걸 명심하고 또 명심하도록 그리하라.

146 권 하나님 말씀

(2004/5/7 12:22~2004/5/13 20:45)

기름 부음
10,982번째 편지 중에서 (2004년 5월 9일 06시 56분)

내가 너희에게 내린 가훈인 '하늘을 향하여 한 점 부끄러움이 없이 살라, 아들딸들아!' 그 의미가 무엇이더냐?

"네, 아버지! 한 점의 부끄럼이 없는 그와 같은 마음이요, 그와 같은 삶을 살 때, 아버님께서 하늘의 지혜요 성령을 그저 막 부어 주시니 바로 그것이 '기름 부음'이요, 은혜를 받음이라는 것을 저는 이제야 깨달았사옵나이다. 하늘을 향하여 한 점의 부끄러움이 없는 삶을 살 때, 모든 아들딸인 저희에게 지혜요, 하나님의 성령을 바로 막 부어 주신다는 것, 기름을 붓는 것처럼 많은 깨우침이요, 그리고 쉴 새 없이 지혜와 성령의 임함을 내려주신다는 것을 깨달았으니, 바로 그것이 가훈으로 내리신 '하늘을 향하여 한 점의 부끄러움이 없는 삶을 살라' 하신 것임을 이제야 깨달았사옵나이다."

예수만이 나의 아들이 아니요
10,986번째 편지 중에서 (2004년 5월 9일 09시 56분)

나의 아들 예수가 너희에게 무어라 하였느냐? '사랑을 베풀며 그를 사랑할 줄 아는 사람이 됨으로 인하여 너희가 하늘에 계신 지극히 높으신 분의 아들딸이 된다' 그리하지 아니하였느냐?

지금 내가 마지막 시대에 나의 아들을 통하여 너희에게 전함이니, 너희가 하늘을 향하여 한 점의 부끄러움이 없는 삶을 살아야 영원히 거듭나는 그 나라에 와 나의 아들딸이 됨을 명심하도록 그리하라. 나의 아들 예수만이 나의 아들이 아니요, 지금에 내 모두를 받아 기록하는 나의 아들만이 나의 아들이 아님이니라. 너희가 그와 같이 살며 십계명을 지키는 백성이 되었을 때, 바로 나의 아들딸이 된다는 것을 알도록 그리하라.

정규 교육을 받은 백성
11,019번째 편지 중에서 (2004년 5월 11일 22시 39분)

내가 하늘에서 지상으로 콩을 뿌리듯이 수없이 뿌려 놓아 깨우친 백성들, 나름대로 경지에 오른 자, 그리고 자연의 이치요, 세상의 돌아가는 이치요, 인간의 사는 도리를 알고 깨우쳐 가는 자가 많이 있으니, 그들이 너희보다 더 높은 경지요 더 위에 있다면 과연 너희는 어찌하겠느냐?

정규 교육을 받은 백성과 정규 교육을 받지 않은 백성의 차이점이 있음이니라. 바로 너희는 정규 교육을 받은 자요, 나로부터 모든 대명을 받아 나의 아들을 통하여 역사한 백성이기에 하늘을 향하여 한 점의 부끄러움이 없이 사는 것, 그것이 바로 정규 교육을 받은 백성이니라.

내가 뿌려 놓아 깨우친 그 모든 백성을 너희가 제자로 거둬들이며 모두를 감싸 내가 이루고자 하는 역사를 그들과 더불어 역사하기 위해서는 너희가 하늘을 향하여 한 점의 부끄러움이 없는 나의 아들딸로 거듭나지 아니하면 아니 됨이니, 한 점의 부끄러움이 없이 거듭나는 것, 그것이 나의 아들딸로서 거듭나는 증표이니 그리 알라.

147 권 하나님 말씀

(2004/5/13 20:51~2004/5/17 14:58)

먼저 인간의 도리를 다하라
11,066번째 편지 중에서 (2004년 5월 14일 12시 23분)

나로부터 모두를 받아 나간 너희가 이 세상에서 인간의 도리를 다하지도 못하면서 구원을 운운하는 것이 얼마나 어리석은 줄 알겠느냐? 너희는 먼저 인간으로서 행해야 할 도리가 있으며, 그와 같은 도리에 따라서 살아가는 것이 기본이니라.

내가 너희에게 높은 지혜요, 살아갈 수 있는 생활의 방법이요, 모든 것을 다 내려주면서 너희에게는 무한한 자유를 주었음이니라. 그러니 내가 무한한 자유를 준 만큼 인간으로서 그 책임이 있는 것이며, 책임지는 행위를 하고 살아야 하는 것이지, 자유만을 받아들이며 자유라 하여 망령된 행위를 하며 책임지지 못한다면 이것은 잘못된 것이 아니더냐?

나의 사랑하는 백성, 너희는 버리고 선택하는 자유가 있음이니라. 그러기에 결단을 내리는 의지를 가지고 있는 것이니라. 선하고 악한 그 모두를 너희가 선택할 수 있는 자유가 있는 만큼, 그 모두를 결단해서 다스리고 또 다스리는 그와 같은 삶을 사는 것이 나로부터 생명이요 모두를 얻어나간 백성이 할 도리라는 것을 알라.

천 년에 걸쳐 다스리고자 함이니
11,098번째 편지 중에서 (2004년 5월 15일 07시 28분)

천 년에 걸쳐서 깨우치고 가르치려 함이니, 너희가 조급히 서둘러 바늘허리에 실을 매어 꿰매는 것 같은 성급함이요, 그와 같이 허

둥대며 경거망동하지 말며, 너희 스스로 깨우쳐 너 자신을 다스리며 네 주변에서 모든 사람이 너를 보고 경배하며 존경하는 마음이 들도록 그와 같은 모습을 보이는 것이 가장 중요함이니, 너희가 그리 터를 잡아 갈 때 너희 후손은 더 변해 갈 것이며 더 아름다운 모습으로 살아갈 것이니라. 그리하여 천 년이라는 길고 긴 역사를 내가 기다리며 또 그 길을 위하여 지금 가고 있음을 알라, 사랑하는 나의 아들딸들아!

구약 시대의 4천 년의 역사가 흘렀으며, 예수의 시대인 신약은 그 반인 2천 년이란 세월이 흘렀으며, 이제 마지막 단계는 그 2천 년의 반인 천 년으로써 모든 역사를 이룬다는 그와 같은 뜻을 알라.

좁고 협착한 길
11,131번째 편지 중에서 (2004년 5월 18일 14시 42분)

나의 새로운 성경을 접하는 너희는 이를 접하는 순간에 고통과 시련의 좁고 협착하고 어려운 길이요, 외나무다리와 같은 삶을 시작하는 것임을 알라.

너희가 무엇을 얻고 구하고 기적을 얻으며 부귀영화를 얻으며 너희 자식의 명예를 위하여, 출세를 위하여 기도하고 경배하며, 그것을 얻고자 나의 성전을 찾으며 나의 새로운 성경의 뚜껑을 연다면 이것은 아무것도 아니며 아무것도 알 수 없는 것이니라. 너희 마음만 산란해지며 너희 자신만 흔들림이니라.

그러니 너희는 나의 새로운 성경을 읽고 깨우쳐 이 길을 가고자 한다면, 너희가 허리띠를 졸라매는 각오 없이는 갈 수 없음이니라.

148 권 하나님 말씀

11,134
~11,218
번째 편지

(2004/5/18 15:03~2004/5/22 00:35)

십자가에 못 박힌 예수의 고통보다 더한가?
11,204번째 편지 중에서 (2004년 5월 21일 11시 57분)

5   나의 아들 예수가 그 무거운 십자가요, 제가 못 박혀 죽을 십자가의 형틀을 짊어지고 가는 과정에서부터 그들이 얼마나 사악하고 잔악한 짓을 했는가? 그가 가시관의 면류관을 썼으니 머리를 움직일 때마다 아프게 찌르는 가시관이요, 그리고 채찍질로 때릴 때 살점이 찢어지고 상처가 나고 피투성이가 되며, 그리고 십자가에 못 박
10 힐 때 그 못이 박히고 병사들이 창과 칼로 찌르고 그 심장부를 찌르는 것보다도 더 아픔이 있었다는 것을 너희는 생각하라. 그러면서 나에게 '아버지, 그들을 용서하여 주옵소서.' 하는 그 기도가 과연 나올 수 있겠는가? 그 기도를 하는 나의 아들 예수는 얼마나 아픈 고통이요 시련을 다 참고 인내하며 그 말을 했던가?

15 이제 나의 아들을 따르는 제자들이요, 나의 새로운 성경을 읽고 깨우친 백성, 너희는 이 한 가지요, 이 하나의 역사요, 그 한 장면의 사진을 가지고 모두를 생각하고 연계해도, 너희가 나의 계명을 지킬 수 없으며 새로운 성경을 지킬 수 없으며 아름답게 살 수 없으며 죄를 짓지 아니하고 살 수 없으며 남에게 욕된 짓을 하지 아니하고
20 살 수 없다 말할 수 있는가? 오늘의 너희의 삶이 그보다 더하더냐? 오늘의 너희의 고통이 그보다 더하더냐? 마지막 순간에 너희가 그 길을 갈 수 있는 믿음이 있더냐? 나의 새로운 성경이요, 이를 가지고 공부하는 제자, 너희는 그 모두를 넘을 수 있다 생각하느냐? 이

것이 오늘의 너희가 생각하고 연구할 과제이니라.

무(無)다, 무다
11,206번째 편지 중에서 (2004년 5월 21일 12시 11분)

인간 너희 중에 깨달음의 한계에 도달한 자, 그들이 인생을 살다 그 모두를 다 거둬들일 때 무어라 말하였느냐? '무(無)다, 무다.' 아무것도 없다 말하니, 그 말의 뜻이 무엇이며, 그가 그리 부르짖고 간 그 절규가 무엇이더냐? 제가 살아온 것은 아무것도 이룬 것이 없으며, 아무것도 얻은 것이 없으며, 지금까지 이루어 보겠다고 한 것 모두가 다 아무것도 채워지지 아니한 빈 깡통과 같은 자기 자신을 보았기에 '무다, 무다.' 그리 말하지 아니하였느냐? 아무것도 남아 있는 것이 없다는 그 아픈 절규를, 지금 사랑하는 나의 아들을 따르는 제자, 너희도 그리해서는 아니 될 것이니라.

이제 사랑하는 나의 아들딸들아! 아무것도 없다, '무다, 무다.' 하고 간 너희 선배들의 삶과 같은 빈 깡통이 되어서 나에게 와서는 아니 될 것이니, 그곳에 그득히 채울 것이 있지 않더냐? 새로운 성경으로써 너희가 그 빈 깡통을 채울 것을 주고 있으며, 성령으로써 너희에게 임하도록 하여 그 빈 깡통을 채울 것을 주니, 은혜로써 내가 모두를 다 채울 수 있는 것을 주었으니, 너희보다 더 큰 축복이요 영광을 받은 백성이 없음이니라. 너희에게 내가 모두를 채울 수 있는 것을 주었으니, 이제 담으면 되느니라. 담는 것은 너희가 이루고 역사하는 것이니, 바로 내가 내린 참진리에 따라 선함이요 아름다움을 그득히 담아 가지고 올 수 있는 너희가 되어야 할 것이니라.

목사를 비방하지 말라

11,220번째 편지 (2004년 5월 22일 0시 42분)

¹사랑하는 나의 아들아!

²"네, 아버님! 말씀하옵소서."

³종교 집단의 지도자 그들이 말하느니라. ⁴모든 심판은 하나님 창조주만 하시니, 너희들은 누구도 심판하지 말라 그리 가르치느니라. ⁵그러니 너희들이 심판하지 말라는 것은, 너희들이 이방인이요, 또 다른 종파요, 다른 백성들을 사탄이요, 이단이요, 잘못 간다 그런 말을 하지 말며, ⁶모두는 한 형제로서 사랑하는 마음으로 살아가라, 그리고 하나가 되도록 살며 남을 이해하며 살아가라, ⁷그리고 남의 것도 들여다보며 이해하는 방법으로 살아가 하나가 되도록 조율을 해서 한 백성이 되어야 한다, 그러니 남을 함부로 심판하지 말라, ⁸너희들이 이리 가르치는 것이 종교 지도자들이 할 수 있는 일이요, 그리고 너희 신도들을 가르치는 방법이 아니더냐?

⁹그러니 종교 지도자라는 자가 단상에 서서 말하기를 '누구도 심판하지 말라' 하는 것은 바로 무엇이더냐? ¹⁰권사가 장로를 비방하지 말며, 그리고 또한 장로가 목사를 비방하지 말며, 그리고 전도사가 목사의 하는 일을 비방하지 말며, ¹¹그저 목사라는 자가 어떠한 일을 하든 간에 너희들이 그를 심판해서는 아니 되며 그를 심판하지 말라, 저 자신을 심판하지 말라 하며, 저희들의 심판의 권한은 하나님께 있다 그리 말함이니라.

¹²나 여호와가 너희들에게 심판을 하지 말라는 것이 너희들이 서로 백성끼리 심판을 하지 말라 하는 것이거늘, ¹³권사가 목사를 심판하지 말며 욕하지 말며, 장로가 목사를 가지고 흔들지 말며, 전도사가 목사를 가지고 흔들지 말라, ¹⁴너희들 종교 지도자가 아무리 악한 짓이요, 사악한 짓을 해도 그를 심판하지 말라 하느니라.

¹⁵나 여호와가 인간인 너희들에게 심판하지 말며 심판은 나 여호와의 고유의 권한이라 한 것을, ¹⁶저희 종교 지도자를 흔들지 말고 저희들을 갖다 심판하지 말라 그와 같은 것으로써 가르치는 것이 오늘의 단상에 서서 설교를 하는 자들이 벌어진 입으로 하고 있는 소리이니, ¹⁷그게 얼마나 추하고 더러운 소리가, 그 썩은 소리가 세상을 오염시키고 있는지 알겠느냐?

¹⁸어찌 저희들이 그 목사를 평가하지 말라 한단 말이더냐? ¹⁹그러면서 무어라 말하느냐? ²⁰아무리 잘못되어도 너희들이 그와 같은 것은 종교 지도자를 절대 평하지 말라 하니, ²¹그러니 그것이 모두가 인간 교육을 위한 것이요, 그리고 그 목사를 위하여 너희들이 존재하는 것처럼, 너희들이 그들을 기쁘게 하며 그들을 즐겁게 하며 그 마음을 상하게 하지 말라 하는 그것이 ²²오늘의 나의 사랑하는 백성들에게 가르치고 세뇌시키는 너희들의 설교요, 강론이 아니던가?

²³그와 같은 소리를 듣지 아니한 백성이 있거든 나의 새로운 성경을 찢어 버려도 내가 말하지 아니하니라. ²⁴그러나 종교 지도자로부터 그와 같은 소리를 들었다면, 이는 나 여호와가 너희들에게 잘못됐음을 깨우쳐 줌이니, ²⁵나의 새로운 성경을 가슴에 안고 정독하여 너희들이 바른길을 보며 하늘에 오르는 길을 보도록 그리라.

²⁶그러면서 너희들은 무어라 하느냐? ²⁷왔다갔다하는 자, 결코 구원을 받지 못하니, 왔다갔다하지 말며 그저 한 곳에 있으라 하며 그저 묶어 놓는 그와 같은 잔재주만 부리고 있는 것이 아니더냐?

²⁸그러니 오늘의 모든 믿음이요, 오늘의 종교 지도자가 자격 미달이며, 너희들이 나의 백성을 구할 수 있는 자가 없다 함을 알라. ²⁹구할 수가 없으며 이끌 자가 없으며 인도할 자가 없으니, 바로 나의 백성들이 나에게 오르지 못하는 것은 당연한 것임을 너희들은 알라.

(11,220번째 하나님 말씀의 전문을 수록했습니다.)

150 권 하나님 말씀

(2004/5/25 11:23~2004/5/30 09:03)

가정교육
11,311번째 편지 중에서 (2004년 5월 26일 07시 12분)

이제 많은 백성이 나의 새로운 성경을 읽고, 새로운 가정들이 태어남이니, 너희는 어린아이의 마음을 다스릴 수 있도록 인성 교육에 마음이요, 정성이요, 시간을 투자하는 것으로 그리 가정을 이끌어 나가야 할 것이니라. 아이들에게 그 경쟁의 상처를 주지 않고 곱게 다스려 나가도 그가 세상에 나가 살아갈 수 있는 모든 역량을 다 할 것이니라.

지금 자식에 대한 열정이요, 자식에 대한 욕심으로 전쟁을 방불케 하는 부모, 너희가 자식을 다스리는 데 이제는 10분의 1이라도 인성 교육을 좀 받쳐 주는 그와 같은 가정으로 변하는 세상이 되어야 할 것이니라. 그리해야 너희가 변하는 역사가 이루어질 것이니라. 너희 가정에 지금처럼 경쟁이요, 전쟁터에 나가는 병사처럼 너희의 사랑하는 아들딸들을 그리 몰고 가고 그와 같이 정신없이 끌고 간다면 거기에 너희 아이들이 무너지며, 인간이 무너지며, 인간의 본질이 무너지며, 본성을 찾을 수가 없게 됨이니라.

이제 나의 새로운 성경을 읽는 모든 백성, 너희는 가정에서 가장 기초적인 선생이요, 지도자인 부모, 너희가 인성이 높은 그와 같은 마음의 자세로 자식을 다스리도록 그와 같은 공부에 전념해야 하며, 그와 같은 시간을 많이 가져야 할 것이니라.

제150권

사탄의 유혹
11,315번째 편지 중에서 (2004년 5월 26일 07시 45분)

사탄은 끊임없이 지금 너희들 앞에 맴돌고 있으며, 그들은 지금 악이 극에 달해 있음이니라. 어찌하면 너희들을 무너뜨릴 것이며 너희들을 쓰러뜨릴 것인가 그 모두에 그들은 집중되어 있음이니라.

그들이 어떻게 너희들을 유혹하는가? 부족한 선지자요, 그의 단점이요, 잘못 가는 것을 너희들 마음속에 생각하도록 하며 그를 물고 늘어지도록 하며 그와 같은 생각을 하도록 함이니라. 그리고 거기에 침투하여 너희들을 흔들어 놓고자 할 것이니라.

그리고 이 동양의 작은 나라의 언어요, 문자가 세계의 공통어가 되며 세계의 문자가 된다는 것을 '어림없는 소리 하지 말라, 이 모두는 다 부질없는 것이라' 하여 너희들의 마음을 의혹하게 하며 너희들의 마음을 흔들어 놓을 것이니라.

너희들이 지금 하나하나 나의 새로운 성경을 읽고 깨우쳐 너희들의 경지요, 깨달음이 높아지면 나 여호와는 즐거우며 천사들도 손뼉 치며 웃을 것이며, 사탄과 마귀들은 바로 좌불안석하며 저희들의 그 고통이요, 그 마음은 견딜 수 없을 것이니라. 곧 저희들의 모두가 무너짐이 머지않았기 때문임을 너희들은 알아야 될 것이니라.

그리하여 너희들을 유혹하며 너희들을 무너트리고자 그들이 온갖 수단과 방법을 다 동원하니, 작은 것부터 하느니라. 너희들 주변에 있는 것, 사소한 것부터 너희의 감정을 유발시키며 행동을 하게 하는 그와 같은 무서운 일이 이루어질 것이니, 여기에 결코 걸려서 넘어지는 어리석은 백성이 되지 말라.

151 권 하나님 말씀

11,391~11,488 번째 편지
(2004/5/30 09:08~2004/6/7 08:21)

천 년의 두 길
11,414번째 편지 중에서 (2004년 6월 3일 06시 59분)

사랑하는 나의 아들아!

내가 천 년이라는 그 기간을 기다려서 모든 백성이 하얀 마음이 될 수 있는 새로운 세상을 열고자 하는 그 뜻을 알고 있느냐?

"네, 아버님!

아버님께서는 천 년이라는 그 세월에 두 가지를 지금 같이 보고 두 가지를 같이 역사하고 계시는 이 무서운 사실 앞에 저희가 존재한다는 것을 알았사옵나이다. 저희가 천 년에 걸쳐서 새로운 성경을 세상에 덮어 아버님의 뜻을 역사하면 이 아름다운 세상은 더 아름다운 세상으로 될 것이며, 그렇지 못할 때는 이미 모두가 다 무너지며 생태계가 파괴되며 이 지구가 존재하지 못하는 그와 같이 무서운 벌이 같이 진행되고 있다는 것을 느끼고 있사옵나이다.

천 년 후에 새로운 성경으로 변화된 선한 백성만 이 세상에 존재하지 아니하고, 천 년 후에도 사악한 백성이 이 세상에 존재하고 지배할 때, 그때는 이미 모두가 일순간에 무너지도록 아버님께서 이 지구의 버튼을 눌러서 지금 가동이 되고 있사옵나이다. 아버님의 이 방대한 우주에 천 년에 걸쳐서 바로 서지 않으려 하는 백성이 있을 때는 그들이 존재하지 못하도록 이미 시동을 걸으셨으며, 기계를 가동하듯이 이미 그것은 가동되었사옵나이다. 그리하여 그것이 무섭고 두려워 그 뜻을 새로운 성경에 기록하지 못하며, 그 처참한 광경을 상상할 수 없기에 제가 감히 그를 기록하지 못하며 전하지 못하는 것이 여기에 있사옵나이다.

　사랑하는 나의 아들아, 너는 그 뜻을 알고 있으며 그를 행하는 것을 알고 있음이니, 이미 이 지상이 변하는 것이 시작되었음이니라. 모두는 너희에게 불리한 쪽이요, 너희가 인내할 수 없는 쪽으로 지금 서서히 다 변해 가며 생태계가 변해 가는 것을 너는 알고 있을 것이니라. 그것이 천 년의 기간에 너희가 아름다운 세상으로 재정비하여 모든 백성이 누리고 살 수 있는 천국을 이루느냐, 그렇지 않으면 모두가 견딜 수 없는 그와 같은 황폐한 세상으로 되느냐, 이것은 바로 천 년 후의 결과이니라. 그래서 같이 가는 것을 알고 있으면 그 뜻을 만백성에게 전하여 깨우치도록 그리하라.

천 년의 상과 벌
11,415번째 편지 중에서 (2004년 6월 3일 07시 06분)

　사랑하는 나의 아들아, 그러하니라. 하나만 내가 흘려 내리는 것은 공의의 하나님이 아니지 않더냐? 그러니 창조주 나 여호와가 아니지 않더냐? 그러니 두 줄기가 흐르듯이, 두 양대 산맥이 흐르듯이, 두 개의 굳건한 힘줄이 지금 서로 팽팽하게 달려가고 있느니라. 하나는 악을 위하여 악의 세상을 만들기 위하여, 하나는 선의 세상을 만들어 이 지상을 아름다운 곳으로 꾸리기 위하여 지금 둘이 힘차게 서로 경계하며 서로 시기 질투하며 서로 힘을 겨루며 가고 있으니, 나의 백성이 어느 쪽에 많이 서서 어디에 힘을 실어 주느냐 하는 것은 너희의 선택에 달렸음을 알라.

152권 하나님 말씀

11,489~11,589번째 편지
(2004/6/7 08:25~2004/6/16 20:37)

관상, 사주팔자, 운명
11,516번째 편지 중에서 (2004년 6월 11일 07시 41분)

정녕 하늘의 뜻이요, 나 여호와가 역사하는 지도자는 앞에 가는 것이 끝이 없으며, 그 제자들 또한 변하는 것이 끝이 없느니라.

지금 너희 백성 중에 만백성의 미래를 점치며 미래의 운명을 안다 하며 하늘에 오르는 길을 인도한다는 것이 평범한 나의 백성들과 단지 1밀리미터도 안 되는 그 높이의 차이를 가지고 깨달았다 하는 것이니라. 그것이 너희의 오늘의 잘못 가는 것이니라.

모든 운명을 본다는 자, 미래를 본다는 자, 그리고 제가 무엇인가를 깨우쳤다며 가르치는 백성, 그들은 하나밖에 모르는 것이니라. 저희가 인간을 평가하며, 관상을 보며, 사주팔자라는 걸 보며, 또 그가 가지고 태어난 운명을 보며, 온갖 걸 가지고 그 사람의 운명이요 미래를 아는 것처럼 하나, 그들은 자연의 위대함을 모르며 창조주 나 여호와가 역사하는 것을 모르는 백성들이니, 너희가 거기에서 무엇을 깨우치겠다 하여 그들에게 무얼 물어보는가?

그들은 첫째, 하늘에서 내가 역사하고 이루고자 하는 그 뜻을 모르느니라. 내가 나의 아들을 따르는 제자, 너희에게 운명이 없다 했듯이, 창조주 나는 어떠한 운명에 있든 그 모든 것을 바꾸고 역사할 수 있다는 것을 그들은 모르느니라. 그리고 둘째는 자연이요, 그 시대의 환경이 그와 같은 사람을 필요로 하고 원하는 것을 모르느니라. 너희 인간이 보는 관상이요, 사주팔자요, 사람의 운명이라는 것이 그 시대의 환경이 그와 같은 사람이어야만 세상을 지배하고 통제한다면 그는 바로 너희가 보는 것으로는 잘못된 자가 세상을 통제하는 것이요, 잘못된 자가 나로부터 은혜를 받은 것이 아니더냐? 그러니 그 환경이요, 이 세상의 흐름을 모르면서, 그리고 자연의 섭리를 모르면서 인간의 무엇을 보고 이렇다저렇다 하는 그와 같은 사람 앞에 가서 너희가 무엇을 알고자, 네 운명을 맡기고자 하는 어리석은 짓을 하지 말라.

나 여호와가 때에 따라서 역사하고 내가 필요하여 쓸 수 있으니, 나의 아들의 제자들에게 '너희는 운명이 없다' 한 그와 같은 뜻을 깊이 가슴에 새겨 두도록 그리하라.

부모와 형제와 이웃을 구원하려거든
11,532번째 편지 중에서 (2004년 6월 12일 06시 33분)

정녕 네 이웃과 네 형제요 그리고 네 부모를 구원하려거든 너희가 천사가 되는 그와 같은 변화되는 삶으로 사는 길밖에 없음을 알라. 너희가 나 여호와의 뜻에 따라 천사가 되는 삶을 살며 모든 악습을 버리고 살아가 그 공이 넘쳐흐를 때, 너희에게 내가 상을 주고도 남는 그 공이 있을 때, 그 남는 걸 누구에게 주겠는가? 너희가 간절히 바라고 사랑하는 자, 너희 자신이 가장 소중히 생각하는 자, 그들에게 내가 그 상을 내릴 것이니, 이는 죽은 자와 산 자에 관계없이 모두에게 내가 내릴 수 있음을 너희는 알라. 그러니 너희가 누구를 구하며 백성을 구한다며 행하는 지금의 온갖 행사와 행동, 그 모두를 중단해야 할 것이니라.

153 권 하나님 말씀

(2004/6/17 05:50~2004/6/21 12:10)

사랑이 없으면
11,599번째 편지 중에서 (2004년 6월 17일 07시 04분)

너희가 작고 큰 어떠한 일을 하든, 한 획을 긋는 위대한 일을 하든, 그 모두를 역사함에 있어서 사랑이 없으면 그 결과요 열매를 맺을 수 없음이니, 다 부질없는 것이니라. 너희가 바다를 육지로 만들며 육지를 바다로 만드는 세상을 뒤엎는 그와 같은 역사를 한다 해도, 사랑이 없이 하는 것은 아무런 의미가 없으며 나와 관계없는 길이라 함을 알겠느냐?

사랑하는 나의 아들딸들아, 그러니 너 자신을 비우며 욕심을 비우며 진정한 하늘의 사랑을 행하는 백성으로 거듭나는 삶을 살지 아니하면 아니 됨이 여기 있음을 명심하라. 작고 큰 모든 일을 다 너희가 사랑하는 마음이요, 사랑하는 것으로써 행하지 아니하면 나와 관계없으며, 다 무의미하며, 내가 거둬들일 수 없음을 알라.

아버님! 감사합니다
11,603번째 편지 중에서 (2004년 6월 18일 07시 04분)

이제 너희는 나에게 '아버님! 감사합니다.' 그 말 한마디를 한다 해도 모든 정성과 마음을 모아 너희 모두를 다 바치는 마음으로 하라. 형식적인 기도요, 흘러가는 기도는 천 번 만 번 해도 나를 욕되게 하는 것이요, 단 한 번의 기도를 한다 해도 너희가 진정 눈물 어린 감사한 마음으로 나를 찾는다면 나 여호와의 기쁨은 너희가 상상할 수 없을 것이니라, 사랑하는 나의 아들딸들아!

제153권

정성을 들이면 떡이 잘 익으니
11,606번째 편지 중에서 (2004년 6월 18일 07시 27분)

모든 백성 너희는 삶에서 정성을 다하라. 그리고 너희 몸과 마음을 다 바쳐 충성을 다하고 열과 성의를 다하라. '정성을 들이면 떡이 잘 익는다' 함이니, 정성을 다했을 때 모두를 역사할 수 있다는 그 의미를 너희는 알고 있지 않느냐? 충성을 다하고 정성을 다했을 때 너희 영혼이 너희를 도움이니, 그는 나의 허락에 의한 것이요, 내가 너희를 돕는 것이라는 그 무서운 사실을 알라. 그러니 기도하는 자, 무엇을 깨우치고자 도를 닦는 자, 그들이 마음을 비우고 정성을 다했을 때 역사하는 것은 무서운 파괴력이 있으니, 너희의 정성이요 너희가 나에게 바치는 혼을 알기에 내가 너희에게 능력을 부여해 주며 기회를 주는 것이며 그 상을 내려줌이니, 나는 누구든 구분하지 않느니라. 너희 모두가 정성을 다하고 혼을 다하여 노력할 때는 얻을 수 있음을 알라, 사랑하는 나의 아들딸들아!

좁은 문
11,608번째 편지 중에서 (2004년 6월 18일 07시 36분)

하늘에 들어오는 그 문이 얼마나 좁고 좁은 문인 줄 알겠느냐? 좁고 힘든 길이요, 협착한 길을 걸어와야만 그 문을 들어올 수 있음이니라.

그리하여 나의 아들딸들에게 작은 거짓말도 하지 말며 농담의 거짓말도 함부로 하지 말라 했음이니라. 작은 사랑 하나라도 놓치지 말고 소홀히 하지 말며 꼭 행하고 실천하는 삶을 살라 함이니라.

154권 하나님 말씀

(2004/6/21 12:15~2004/6/24 08:35)

개혁의 역사
11,714번째 편지 중에서 (2004년 6월 22일 18시 01분)

지금 명예와 명성도 없는 나의 아들을 통하여 '새로운 성경'이라 하여 개혁의 역사의 촛불을 높이 들어 160권의 새로운 성경을 세상에 내려보내니, 너희가 지금까지 왔던 믿음이요 깨우침의 그 모두를 다 다시 개혁하며 혁명을 이루는 그와 같은 역사를 이루고 있음이니, 너희는 이와 같은 변화에 대하여 지금 스스로 비웃으며 핀잔하며 이를 믿으려 하지 아니하느니라.

너희는 들어라. 과연 지금의 모든 교권에 용감히 도전할 수 있는 백성이 있으며 그런 지도자가 있는가? 너희가 과연 이를 행할 수 있으며 이를 역사할 수 있다 하는가? 정녕 한번 해 볼 자 일어서라, 그러면 내가 그에게 그 대명을 내릴 것이니라.

그러나 너희는 알아야 할 것이니라. 명성이 있는 종교 집단이요 지도자도 이를 할 수 없으며, 지식과 권력과 재력이 있는 자도 이를 절대 할 수 없음이니라. 너희가 과연 160권을 쓸 수 있겠는가? 너희는 나의 뜻을 받아 160권을 쓸 수도 없으며, 이를 세상에 낼 수 있는 그 모두가 갖춰진 자가 없음이니라. 그러니 너희는 역사할 수 없음을 알라.

그러니 너희가 역사할 수 없다면 나의 복음서를 가지고 이를 만들고 전하는 백성이요, 선택된 자들에게 시시비비를 하지 말라. 너희의 미래와 현재와 너희가 지나온 과거, 그 모두를 다 역사하는 답이 여기 있으며, 너희가 존재하는 이유가 여기 있음을 알아야 할 것이니라.

죽은 자의 아버지가 아니요, 산 자의 아버지
11,772번째 편지 중에서 (2004년 6월 24일 09시 40분)

성경에 '죽은 자의 하나님이 아니요, 산 자의 하나님이라' 했느니라. 너희는 살아 있을 때만 나를 아버지라 부를 수 있음을 명심하라. 나는 지금의 삶 속에서 누구도 구속하지 아니하고 너희 스스로 거듭날 수 있는 자유로운 시간과 공간과 그 모두를 다 주었음이니라. 그러니 너희는 지금의 삶을 어찌 살아야 하는지 깨우치라.

너희는 인간 세상에 살아가면서 부모에게 효성하며 효자로서 거듭나고자 하나 그 부모가 기다려 주지 아니하고 죽으니, 부모의 무덤 앞에서 효도하지 못함을 후회하고 통곡하는 그와 같은 삶을 사는 것이 너희가 아니더냐? 이는 또한 너희가 반대로 생각해야 할 것이니라. 너희는 죽어서 나에게 와 통곡하고 울고불고하지 말라.

지금 너희 부모가 살아 있을 때 부모에게 공경과 효도를 다하는 것이 인간 세상의 법도인 것처럼, 이제는 너희가 육의 세상에서 살아 있을 때 나 여호와에게 효도하며 효성스러운 자요, 부모를 공경하는 자식으로서 지금의 삶을 살지 아니하면 너희는 죽어 나를 아버지라 부를 수 없으며 나를 만날 수 없다는 하늘과 지상의 그 이치를 잘 음미해서 깨닫도록 그리하라. 하늘의 뜻이요 하늘의 법도를 나의 아들이 있기에 그를 통해서 내려보내며, 나의 새로운 성경이 세상에 내려가기 때문에 이 모두를 기록하여 너희에게 전하노라.

155 권 하나님 말씀

(2004/6/24 21:17~2004/6/29 06:08)

하늘의 뜻의 증거
11,799번째 편지 중에서 (2004년 6월 25일 06시 05분)

새로운 성경이 진정한 나의 성령의 뜻이라면, 너희가 지금까지 살아온 삶에서 너희의 정신적인 면과 육체적인 면, 그 모두에 변화를 체험하게 되어 있음이니라. 너희 마음이 격동하며 너희 육신이 격동하는 그와 같은 변화를 알게 될 것이니라. 그를 아는 백성은 곧 이것이 나 여호와의 뜻이요, 하늘의 뜻임을 알아야 할 것이니라.

너희가 변하는 격동의 소리, 고통의 소리, 그 모두가 너희가 변하는 하나의 단계요 과정이니라. 그러니 진통과 고통의 그 격동의 소리를 네 속에서 듣고 느낀다면 이는 너희가 제대로 믿음의 길을 가는 것이요, 하늘을 향하여 지금 그 길을 들어선 것이며, 이 모두가 참진리요, 나의 뜻이요, 나 여호와가 역사하는 것임을 알 것이니라.

그러나 변화가 없으며 느낌이 없으며 마음과 육의 격동을 느끼지 못하는 백성은 결코 깨달음이 없는 자요, 아직도 나의 새로운 성경을 알지 못함이니라.

그러니 사랑하는 나의 아들딸들아, 내가 내리는 새로운 성경이 나 여호와의 뜻이요, 내가 역사함이라는 것을 너희가 증명하고 아는 것은 오로지 네 마음과 네 행동의 변화의 소리이며, 그 격동의 소리를 듣고 느낄 때, 너희는 이미 나의 뜻에 의하여 하늘에 오르는 길에 들어선 백성이라는 것을 알 것이니라. 스스로 그와 같은 깨달음을 느꼈을 때 너희는 나의 뜻이라 하여 모두를 다 바쳐 따르면 될 것이요, 그렇지 아니한 자 떠나면 될 것이니, 그 판단은 너희에게 달렸음이니 그때 결정하도록 하라.

나는 너희를 사랑하는 아버지라
11,869번째 편지 (2004년 6월 28일 07시 12분)

사랑하는 나의 아들딸들아!

나는 너희를 사랑하는 아버지요, 인자한 아버지요, 그리고 자상한 아버지라 그리 생각하라. 그와 같이 너희가 나를 붙들면 나의 뜻을 알 것이며, 내가 역사하는 것을 알 수 있을 것이니라.

나는 인자하고, 용서가 있으며, 사랑을 베풀며, 집 나간 자식을 기다리는 인간의 부모보다도 열배 백배 더 너희를 기다리고 사랑하건만, 어찌하여 나를 무섭고 두려운 아버지로만 그리 비추며, 용서하지 않는 아버지라 그리하는가?

마음을 닫아 놓으면 내가 아무리 성령을 너희에게 내려보내도 너희가 받아들이지 못함이니라. 나를 무서운 아버지라 너희가 바라보고 생각할 때, 나의 성령이 너희에게 임할 수 없으니, 너희 마음이 닫혀 있기 때문이니라.

나는 사랑하는 아버지요, 나는 자애로운 아버지라 그리 생각하고 편안한 마음으로 나를 따라오며 내 뜻을 따라 역사하고자 할 때, 그 유하고 부드러운 너희 마음에 나의 성령이 심어질 것이며, 하늘의 지혜를 깨닫는 은혜를 입게 될 것이니라.

156 권 하나님 말씀

11,888~11,984 번째 편지

(2004/6/29 06:15~2004/7/3 18:34)

보상
11,891번째 편지 중에서 (2004년 6월 29일 21시 44분)

너희가 나를 아버지라 부르며 어버이라 부름이니, 너희가 아름답고 곱게 살다 억울하게 실패하는 것, 손해 보는 것, 그 모두는 다 나 여호와가 너희에게 그 보상을 내려주며 그를 변제해 줌을 너희는 알아야 할 것이니라.

나의 사랑하는 아들딸, 너희가 손해 보고 억울하게 살도록 둔다면 나 여호와가 공의의 하나님이 아니요, 창조주 아버지가 아니니라. 그러니 너희가 아름답고 고운 마음으로 하는 모든 것, 즉 잃는 것, 그것이야말로 하늘의 너희 창고 내 생명록에 하나하나 기록됨이니, 그 보물창고보다 더 귀하고 소중한 곳에 너희가 받을 상이 기록되며 보상받을 것이 기록됨이니라. 그것이 너희가 하늘나라에 와서 나에게 받는 보상이요, 금화요, 은화요, 그 은혜이니라.

선한 싸움에서 승자가 되어라
11,978번째 편지 중에서 (2004년 7월 3일 12시 05분)

알지 못하는 자, 깨닫지 못하는 자들과 싸워서 이겨 성령으로 거듭나게 하는 것이 전사인 너희가 하는 일이요, 하늘의 선생이 하는 일이니라. 이는 하늘의 싸움이요, 천사들이 하는 싸움이요, 그리고 나의 아들로부터 명받은 제자들이요, 선택된 너희가 하는 싸움이니, 이는 바로 선한 싸움이라는 것을 알아야 할 것이니라. 그와 같은 싸움이 육의 싸움이요, 육의 감정에 의한 것은 잘못된 것이니,

성령의 싸움은 육이요 인간의 생각이요 감정을 접어두고 아름답고 선한 싸움으로 가야 함을 알라.

너희는 육의 싸움에서는 져도 관계없으나, 성령의 싸움에서, 그 선한 싸움에서 지면 아니 되며, 반드시 승자가 되도록 노력해야 한다는 것을 잊지 말라. 너희가 지면 모두가 무너지기 때문이며, 악을 인정하는 것이요, 사탄의 세상을 인정하는 것이 되기 때문이니라.

승자답게 무너지지 않고 관리하는 길
11,982번째 편지 중에서 (2004년 7월 3일 12시 19분)

너희가 인간 세상에 살면서 하나의 목적과 목표를 위하여 고생과 노력과 고난의 길이요, 눈물의 세월 속에 너희가 원하는 것을 이루고 역사했다 하자. 그러다 너희가 그걸 잘 관리하지 못하고 보호하지 못하며 지키지 못한다면 그 모두는 하루아침에 물거품이 되며 무너져 흔적이 없는 것이 아니더냐?

나의 새로운 성경을 읽고 하늘에 오르는 길이요 구원의 길에서도 너희가 중단하고 멈춰서는 아니 됨이니라. 선한 싸움에서 이긴 승자답게 너희가 이를 잘 지키고 관리하는 데 최선을 다하며, 무너져서는 아니 될 것이니라. 네 주변의 사람들이 천사와 같이 아름다운 백성으로 너희와 같이할 때 무너지지 아니하며 더 전진하며 더 변화의 역사를 볼 것이니라. 그러나 주변의 너희 형제들이 악한 자요 사탄과 같은 자가 있으면 너희가 가기 힘들며 견디기 힘들어 결국은 무너짐이니, 네 주변에 선한 백성이요, 아름다운 마음을 가지고 사는 백성을 너희가 만들어 나가라 함이 여기에 있음이니라.

157권 하나님 말씀

(2004/7/3 18:38~2004/7/8 16:43)

한 사람을 통해서 역사한다
11,998번째 편지 중에서 (2004년 7월 4일 11시 37분)

 내가 이 세상에 하늘의 뜻을 전함에 한 사람을 통하여 모두를 역사함이니라. 내가 모세를 통하여 그 모든 구약의 시대를 통제했으며, 예수를 통하여 신약의 시대를 역사했음이니라.

 한 사람을 통하여 내가 모두를 역사했어도 몇천 년이 흘러온 지금 헤아릴 수 없이 많은 종파가 세상에 생겼음이니, 내가 하늘에서 콩을 내리듯이 깨우친 자를 그와 같이 수없이 세상에 내려보냈다면 과연 어떻게 되었겠는가? 이는 상상할 수도 없이 이 세상이 종파로써 다 찢어지고 갈라지는 그와 같은 형국이 되었을 것이니라.

 한 사람을 통하여 하늘의 진리를 전해도 수천수억 가지로 갈라져 오늘의 이 혼란이 옴이니, 이와 같은 깨달음을 너희들은 알아야 될 것이니라.

 나는 오로지 지금의 나의 아들을 통하여 160권의 새로운 성경을 내려보내며, 이게 하늘의 뜻이요, 너희가 구원을 받는 마지막 길이라는 것을 너희들은 알라.

 수천 년 동안 흘러오는 그 역사 속에 몇 사람을 통해서 내가 세상에 만백성을 구하고자 했더냐? 내가 처음에 종을 보냈으며, 그것이 안 되어 나의 아들을 보냈으며, 지금은 나의 아들을 통하여 내가 직접 내려와 새로운 성경을 전함이니, 나의 새로운 성경을 접할 때, 그를 너희들이 열고 읽을 때 내가 같이한다 하지 아니하였더냐? 이

것이 나 여호와의 뜻이요, 내가 역사함임을 너희들은 알아야 될 것이니라.

운명을 탓하지 말라
12,073번째 편지 중에서 (2004년 7월 8일 16시 43분)

너희는 운명에 매달리지 말며 운명론에 젖어들지 말라 내가 명함이니라. 너희가 삶을 슬프게 살면 너희 운명은 슬프게 갈 것이요, 기쁘고 행복한 마음으로 살아가면 너희 운명은 행복과 기쁨을 맛보며 살아가는 것이 아니더냐? 그러니 모두는 너희 자신에게 달렸다 하는 뜻임을 알라. 그 열쇠 또한 너희가 쥐고 있다는 뜻이니라. 그러니 너희 운명의 주인은 너희 자신이라는 것을 잊지 말라.

내가 너희에게 말함이니, 팔자요, 운명이요, 그와 같은 것을 탓하지 말며 그를 의식하지 말라. 점술가요 이러한 사람이 네 이름이 어떻고 네 팔자가 어떻고 네 생김새가 어떻고 하는 그와 같은 것에 현혹되지 말며 그에 관심을 갖지 말라. 모두를 다 초월하여 너희 스스로 네 손에 있는 그 열쇠를 어찌 쓰느냐에 따라서 너희는 모두 다 역사할 것이요, 자신의 운명은 자신이 만든다는 것을 잊지 말라.

하루에 한 시간씩을 계속적인 자기관리를 하며 건강을 지키는 백성에게는 병마요 질병이 침투하지 못하도록 되어 있으며, 너희 운명 또한 그러니라. 그러니 너희가 얼마나 밝고 곱게 살아가느냐에 달렸음이니, 너희가 어떠한 마음을 가지고 사느냐, 어떠한 생각을 가지고 사느냐, 어떠한 행동을 하면서 살아가느냐, 이 모두를 너희 스스로 하나하나 점검하는 계기가 되지 아니하면 아니 될 것이니라.

158 권 하나님 말씀

(2004/7/8 16:51~2004/7/13 13:03)

토굴 속에서 저 혼자 이치를 깨닫는 자
12,109번째 편지 중에서 (2004년 7월 10일 02시 55분)

성서에, 주인이 종에게 재물을 나누어 주니 그 재물을 가지고 장사하여 늘린 자와 그것을 묻어 두었다가 그대로 가져온 자가 있으니, 그저 묻어 둔 자를 주인이 책망하고 모두를 다 회수했다 하지 않더냐? 그것이 바로 토굴 속에서 저 혼자 이치를 깨달으며 세상 이치를 알았다 하여 세상에 나오지 아니하고, 만백성을 깨우치고 지도하지 아니하는 자요, 그와 같은 어리석은 백성을 내가 사랑하지 아니하며, 그들을 내가 버린다는 뜻임을 알아야 할 것이니라.

깨닫고 변화된 백성, 너희는 그 변하는 것만큼 네 이웃이요 네 형제에게 참진리요 나의 뜻을 전하는 데 최선을 다하라. 100개를 깨우치고 50개를 전하는 자와 10개를 깨우쳐서 10개를 다 전하고자 갖은 노력을 다하는 자 중에 나는 10개를 깨우쳐 10개를 다 전하는 그 백성을 사랑하며 그를 거둬들임이니라. 비록 열 개밖에 모르지만 열 개를 다 가르치고자 하는 그가 바로 내 뜻에 의하여 역사하는 자이며, 장사하여 재물을 늘린 종과 같은 자이니라.

너희가 배우고 들어 깨달은 것으로 네 이웃부터 하나하나 깨우쳐 가는 데 최선을 다하라. 너희가 무상으로 배운 하늘의 뜻이요, 진리를 만백성에게 무상으로 전해 주도록 하라. 네 가슴에 묻고 너 혼자 깨달으며 너 혼자 지키는 어리석은 자가 된다면 나는 너희를 모른다 할 것이며 버릴 것이니라. 저 혼자 진리를 깨닫고 그것을 간직하고 사는 자, 그게 다 욕심인 것이요, 그리고 나로부터 받은 것을 활용하지 아니함이니 그 또한 욕심이 그득한 자라는 걸 잊지 말라.

지상과 하늘의 선
12,124번째 편지 중에서 (2004년 7월 11일 21시 32분)

지상과 하늘의 세상은 하나의 선이 그어져 있으니, 그 선을 아무도 넘을 수가 없음이니라. 그러니 그 선을 넘는 것은 인간 세상에서 차원 높은 삶을 살지 아니하면 아니 됨이니라.

그러나 인간의 삶의 한계를 넘는 천사처럼 아름다운 삶을 산다면, 결국 살아서 그 선을 넘을 수 있을 것이요, 육이 존재하는 속에서 너희들이 그 선을 넘을 것이니라.

기도할 수 있는 기회는 딱 한 번뿐
12,151번째 편지 중에서 (2004년 7월 13일 08시 39분)

너희는 마지막까지 바라고 소원하는 기도를 하지 말고 마음속에도 무엇을 이룰까 생각하지 말며, 너희의 노력으로 모두를 다 이루라. 마지막 너희가 나에게 와 심판을 받을 때 너희 죄가 많음이니 너희가 나를 볼 수 없고 나에게 올 수 없을 때 '아버님! 저를 기억하여 주옵소서.' 하는 그 마지막 기도 한 마디로 내가 너희를 구원해 줄 것이니, 그전에 너희가 무엇을 이루어 달라, 무엇을 해 달라, 너희 인간 세상의 욕심인 악마의 기도를 단 한 번이라도 했다면 그것으로써 너희는 이미 모두를 다 받고 얻은 것이니, 나에게 받을 상이 없으며 나에게 드릴 기도의 한 번의 기회를 잃은 것이니라.

159권 하나님 말씀

(2004/7/13 15:24~2004/7/17 06:23)

흔들리면서 가는 길
12,190번째 편지 중에서 (2004년 7월 14일 15시 08분)

사랑하는 나의 아들아!

너는 정녕 너의 제자들에게 전하고 싶은 말이 무엇이 있는가?

"네, 아버님! 아버님의 성전을 찾는 백성, 아버님의 새로운 성경을 읽고 깨우쳤다는 제자분이요, 그 모든 백성이 흔들흔들 흔들리면서 가는 것이라 저는 그리 생각하옵나이다. 처음부터 바로 갈 수 있을 것 같으나, 처음부터 바로 가는 것은 제 것으로 완전히 만들 수 없기 때문에, 흔들흔들 '갈지(之)'자로 걸어가다가 이 갈지자는 아니 되며, 이는 남들이 보기에 흉하며, 이는 잘못된 것이며 돌아가는 길이라는 걸 스스로 깨달았을 때, 그는 정신을 차려 바른길로 걷게 됨이니, 그때는 아무리 어떠한 유혹이 있어도 갈지자로 걷지 아니하며 흔들리지 아니하고 가기 때문에, 흔들흔들 갈지자로 걸어가다가 바로 걸어가는 것, 그와 같은 깨달음의 길을 가는 것이 진정한 저희의 가는 길이라 그리 생각되옵나이다."

사랑하는 나의 아들아, 그러하니라. 그와 같은 것이 다 너희 것이 됨이니라. 그리하여 너희 것이 되었을 때 그것이 소중하며 어떠한 상황에서도 절대 무너지지 아니함이니라.

흔들거리면서 바로 서고자 하는 백성을 탓하고 그를 밀어붙이며, 갈지자를 걷는 백성이라 하여 그가 희망이 없는 것처럼, 버려진 자식인 것처럼 등을 돌리고 비방하지 말라. 흔들흔들 갈지자를 걸으면서 서서히 가다가 바로잡았을 때, 그것이야말로 무서운 힘을 발휘하며 어떠한 상태에서도 무너지지 않는 것이니, 그것이 너희 것이요, 너희 재산이 되기 때문에 그리 가도 된다 함이니라.

160권을 다 정독한 백성
12,225번째 편지 중에서 (2004년 7월 16일 06시 04분)

나의 새로운 성경을 접하지 아니하고는 너희가 구원을 받을 수 없으며 하늘에 오를 수 없다 하니, 너희는 나의 아들이 헛소리를 하며 말도 안 되는 소리를 한다 그리 말할 것이니라. 그러나 사랑하는 나의 아들아, 과연 너는 어떠한 생각을 가지고 있느냐?

"아버님! 하늘에 오르는 길의 정도가 160권에 기록된 그 내용이지, 그를 읽고 깨우치고 안 깨우치기 전에 그 내용대로 정도로 살아가는 백성이라면 160권을 읽지 아니하였으나 그는 접한 자요, 정독한 백성이라 아버님께서는 그리 판단하신다 생각되옵나이다."

그러니라. 너희가 구약 시대에 모세를 통해 내린 내 뜻을 거역하고 십계명을 버렸으며, 예수의 시대에 얼마나 포악한 짓을 하여 그를 죽게 했느냐? 그러니 나 여호와가 너희에게 따지고 싶은 말이 얼마나 많으며, 너희를 꾸중하고 혼내고 싶은 내용이 얼마나 많으며, 할 말이 얼마나 많으며, 너희를 내가 재앙으로써, 벌로써 다스리고 싶은 마음이 어떠하겠느냐?

그러나 나는 너희를 사랑함이요, 나의 집에 올 수 있는 것은 너희들이기 때문에 나 여호와가 모두를 인내하며 기다리느니라. 그리하여 내가 다시 이와 같이 새로운 성경을 내려보내는 마음을 알라.

160 권 하나님 말씀

(2004/7/17 06:28~2004/7/23 05:35)

하늘의 법
12,278번째 편지 중에서 (2004년 7월 20일 09시 59분)

너희들이 선을 행하기 위하여 불법적인 행위를 한다면, 과연 그를 받아들이며 그들을 인정할 수 있겠는가? 너희들이 악을 행하여 그걸로 선을 베푼다면 또한 그것이 인정되며 그것을 용서할 수 있는가?

아무리 너희들이 선한 일이요, 착한 일을 하기 위해서 도적질을 한다면, 어려운 자요, 가난한 자를 돕기 위해서 남의 물건을 훔치는 짓을 한다면, 과연 너희들은 그것이 법의 제재를 받지 아니하며 칭송받는 일이라 생각하는가? 그는 통하지 아니하며 그 대가를 치르는 것이 인간 세상에 살아가는 삶의 법도가 아니더냐?

더욱이 믿음의 길이요, 구원의 길을 간다 해도 너희들이 나의 뜻에 의한 길을 가지 아니한다면 아니 되며, 그것을 어기는 자는 바로 법을 준수하지 않는 자들이요, 하늘의 법을 준수하지 아니하며 하늘의 법을 무시하고 가는 자들임을 너희들은 알라.

구약과 신약에서 너희들에게 명하는 계명과 너희가 행하고 실천해야 할 일을 뒤로 하고, 나를 찾고 예수를 찾음으로 만사형통이 되는 것처럼 생각하지 말라. 그 모두가 다 불법을 행하는 자요, 불법을 앞세워 우리 부자의 이름을 팔아 인간 세상 삶의 부귀와 영화를 위한 수단으로 쓰고 있는 것이 오늘의 종교 집단의 지도자 너희들이니, 이는 불법을 행하는 자요, 불법의 믿음이니라.

새로운 성경
12,284번째 편지 중에서 (2004년 7월 20일 16시 39분)

구약도 신약도 새로운 성경도 모두 너희들을 직접 구원해 주는 그 역할을 하지 아니한다 하지 아니하였더냐? 구원이 이루어지는 그 길을 안내하는 것, 그 길을 보도록 너희들을 깨우쳐 주는 것이 주 역할이라 내가 그리하지 아니하였더냐?

너희 자신이 알고 있는 것, 너희 자신이 버리지 못하는 악습이요, 잘못된 것, 욕심의 마음을 비우고 또 비우는 데 너희들이 모두를 다 바쳐 눈물겨운 삶을 살아가는 백성들만이 나에게 오를 수 있는 백성이니라.

나 여호와는 그와 같은 백성들이 세상에 나오기를 6천 년이라는 기나긴 세월을 기다렸다는 것을 너희들은 알고 있지 않느냐?

내가 그와 같은 세월을 기다리면서 천사와 같은 백성이 세상에 나오기를 왜 바랐는가? 하늘의 나라에는 천사들이 존재함이니, 천사와 같지 아니한 백성은 들어올 수 없느니라.

지금 너희들의 믿음이요, 가고 있는 신앙의 길이 구원을 받을 수 있으며 하늘에 오르는 길이라 확신하거든 그 길을 가라. 그러나 너희들이 불안하며 초조하며 공포의 마음이 있거든, 너희들은 그 마음의 모두를 구원해 줄 수 있는 새로운 성경 160권을 읽고 깨우쳐 하늘에 오르는 길이요, 구원의 길을 보도록 그리하라, 나의 아끼고 사랑하는 아들딸들아!

【부록】한눈에 보는 하나님의 말씀

1. 사랑의 하나님

- 세상을 창조하신 하나님은 모두를 사랑하십니다. 인간만 특별히 더 사랑하지 않고, 우주 만물을 다 똑같이 사랑하십니다. 그러니 하나님이 창조하신 천지 만물과 화친하고, 미물까지도 소중히 대해야 합니다.

- 하나님은 특정 종파나 민족만을 더 사랑하지 않으십니다. 자기 자신만 구원받겠다는 욕심을 버리고, 자기 종파만 구원받는다는 편협한 교리에서 벗어나야 합니다. 종파를 초월해서, 모두를 사랑해야 합니다.

- 원수까지 사랑하라 했으니, 이 세상에 사랑하지 못할 자가 누가 있겠습니까? 종파가 다르다고 해서 부모 형제와 원수처럼 지내는 자는 인간의 근본을 모르는 자입니다. 가장 가까운 가족부터 사랑할 때 남도 진심으로 사랑할 수 있습니다.

- 한 사람을 원수같이 생각하던 마음에서 사랑하는 마음으로 돌리면, 자기 자신의 마음이 가장 기쁘고 행복합니다. 하나님께서는 인간의 마음속에 무거움이 없이 기쁘고 행복한 삶을 살기를 바라십니다.

- 이웃을 "내 몸처럼" 사랑하라 했으니, 마지막 한 장 남은 천국의 티켓도 이웃에게 양보할 수 있어야 합니다. 자기 중심적인 신앙에서 벗어나서 남을 위해 살아야 합니다.

- 독초도, 약초도, 이단도 사탄도 천사도 다 필요하기에 존재합니다. 독초일지라도 극소량을 사용해서 생명을 살릴 수 있고, 약초라 하더라도 남용하면 생명을 잃을 수 있습니다.

- 세상 모든 것을 명약으로 활용하는 것은 인간의 지혜에 달렸습니다. 어떤 것이든 어떤 사람이든 적재적소에 꼭 필요한 명약으로 승화시키는 삶을 살아야 합니다.
- 사탄도 이단도 천사도 모두 하나님의 주관하에 존재합니다. 진정한 하나님의 백성은 사탄과 마귀까지도 감화시켜서 천사로 거듭나게 합니다.

2. 기도

- 하나님은 인간의 생각까지 모두를 다 알고 계십니다. 우리의 소원도 이미 알고 계시기에, 소원의 기도를 할 필요가 없습니다. 우리가 받을 자격이 되면 내려 주십니다.
- 죄를 짓고 아무리 회개를 해도 용서받지 못합니다. 도둑질한 자는 용서해 달라고 기도하고, 도둑맞은 자는 도둑을 잡게 해 달라고 기도하면, 공의의 하나님은 누구의 편을 들어야 할까요?
- 자기가 잘못한 것은 그 사람에게 직접 갚고 용서를 구해야 합니다. 그가 용서하면 하나님도 용서하십니다. 성서에, 땅에서 매면 하늘에서도 매이고, 땅에서 풀리면 하늘에서도 풀린다고 하신 것처럼, 이 세상에서 용서받으면 하늘에서도 용서받게 됩니다.
- 성경에 "회당에서 기도하지 말고 골방에서 기도하라"고 했습니다. 골방이란 눈에 보이는 골방이 아니라, 골방과 같이 고요한 마음을 말합니다. 잡념을 버리고 하나님을 향해 마음을 집중하며, 사랑하고 용서하는 아름다운 생각만 나오도록 하는 것이 골방의 기도입니다.
- "두드리면 열릴 것이다." 하는 것은, 육의 소원을 위해 두드리는 것이 아니라, 진리의 깨달음을 얻기 위해 두드리는 것입니다.

- 범사에 감사하라 했으니, 생활 속에서 수시로 "하나님! 감사합니다." 하며 현재 가진 것에 감사하는 삶을 살아야 합니다.
  - 자기 노력 이상의 것을 더 갖고자 기도하는 것은 도둑놈 심보입니다. 공의의 하나님은 각자 노력한 만큼 주십니다.
  - "저의 죄를 용서하여 주옵소서." 하는 회개의 기도를 하세요.
  - "하나님 뜻대로 살아가겠나이다." 하며 마음의 각오를 다져야 합니다.
- 기도는 하나님의 말씀을 받아서 "행하는 것"입니다. 하나님이 계심을 굳건히 믿고, 하늘을 향하여 한 점 부끄럼 없이 사는 삶 자체가 가장 위대한 기도이며, 삶이 곧 예배입니다.

3. 지도자

- 똑같이 사랑한다는 말을 해도, 순수하게 하는 말은 천사의 말이지만, 사기 쳐서 재산을 가로채려고 하는 말은 사탄의 말입니다.
  - 종교 지도자가 아무리 훌륭한 설교를 해도, 신도의 재물을 거둬서 더 큰 교회를 짓고 자기의 부귀영화를 바라며 설교하면 사탄의 가르침이 됩니다.
- "저희 교회는 만원사례요, 믿음은 다 같으니 이웃의 개척 교회에 가서 예배를 드리시오." 하며, 이웃 교회의 부흥을 먼저 생각하여 제 신도를 보내는 종교 지도자가 있다면 그가 하나님의 사랑을 실천하는 자입니다.
- "부자가 천국에 들어가는 것은 낙타가 바늘구멍을 통과하는 것보다 더 힘들다" 하였거늘, 지금의 교회에서는 부자가 되기만을 기도하고 소원하니, 이는 곧 천국을 포기하고 지옥 행 열차의 티켓을 사는 것과 같습니다.
- 예수는 빈손이었습니다. 종교 지도자가 예수보다 더 호화롭고 편

안하게 살아간다면 잘못된 것입니다. 부귀영화와 명예를 바라는
자는 절대로 갈 수 없는 좁고 협착한 길이 종교 지도자의 길입니다.

- 종교 지도자는 유리로 비춰 봐 한 점의 부끄러움이 없이 살아야 합
니다. 의식주도 직접 일해서 해결하고, 예수의 가르침과 행함을 그
대로 따라야 합니다.

- 종말은 없습니다. 지금의 잘못 가는 종교 집단에게만 종말이 있습
니다. 보이지 않는 하나님은 보이는 육의 종말은 관여하지 않으십
니다. 환경 파괴로 인간이 스스로 멸망을 자초하는 것입니다. 종파
끼리 싸우기 전에, 무너진 인성을 바로잡고 지구의 몸살을 해결하
는 데 뜻을 모으는 게 급선무입니다.

4. 성전이란

- 이 세상 자체가 하나님께서 만드신 성전입니다. 자연보다 더 아름
다운 성전은 없습니다.

- 성전은 마음에 있다고 했습니다. 보이는 건물이 성전이 아니라, 성
스러운 마음가짐이 성전입니다.

- 반석 위에 교회를 지으라 했습니다. 지상의 단단한 돌은 인간이 쪼
갤 수 있으나, 마음속의 굳은 결의는 세상 무엇으로도 쪼갤 수 없
습니다. 바르고 굳건한 믿음으로 성경의 가르침을 실천하는 것이
마음의 반석 위에 교회를 짓는 것입니다.

- 손으로 지은 건물의 교회에 모여서 복음을 전하는 것이 아니라, 교
회를 개인과 가정에 심어 주어야 합니다. 무너지고 부서지는 건물
을 짓지 말고, 마음속에 영원히 불변하는 참진리의 교회를 지어야
합니다.

5. 십계명

- 십계명은 인간이 죽어서 반드시 통과해야만 하는 열 개의 관문입니다.
- 부모를 공경하지 아니한 자는 "네 부모를 공경하라." 하는 제5계명의 관문이 열리지 않으니 구원받을 수 없습니다.
- 살인, 간음, 거짓, 우상 등의 나머지 계명도 마찬가지입니다.
- 십계명은 하나님의 친필입니다. 모깃소리만 한 하나님의 음성이라도 들어 보겠다고 여기저기 찾아 헤매지 말고, 십계명부터 암송하고 지켜 보세요.
- 십계명은 영혼을 구원하는 양식이며, 십계명을 지키는 것이 구원을 받는 길입니다. 인간이기에 지키고자 노력하고 또 노력한다면 지킬 수 있습니다.
- 십계명을 지키고 천사처럼 아름답게 살아가는 그 마음 하나면 세상에 이루어지지 않는 것이 없습니다.

6. 보물

- 하나님은 재물이 아니라 우리의 마음을 받으십니다. 사랑을 실천하며 천사처럼 변하는 마음이 하나님께 바치는 보물입니다.
- 보이지 않는 하나님께 재물을 바치려 하지 말고, 자기를 길러 준 부모에게 용돈 드리고, 찾아뵙고, 효성을 다하는 그것이 하나님께 효도하는 것입니다.
- 하늘에는 선과 악의 창고가 있습니다. 자기 창고에 선이 많으면 천국으로 구원을 받고, 악이 많으면 심판받아 지옥으로 갑니다. 그것이 바로 "선한 일을 행한 자는 생명의 부활로, 악한 일을 행한 자는 심판의 부활로" 나오는 것입니다.

- "선악과를 따먹지 말라"는 것은 양심을 지키라는 것입니다. 선과 악을 구분할 수 있는 양심을 최초에 인간에게 주셨습니다. 선한 열매는 취하고, 악한 열매는 버리며, 양심에 비추어 부끄럼 없는 삶을 살아가야 합니다.

- 가장 작은 거짓말을 하지 않고, 가장 작은 죄를 짓지 않으며, 가장 작은 선행을 하고, 가장 작은 악행을 멀리하는 것이 율법의 일점일획도 빠뜨리지 않고 다 지키는 삶을 사는 것입니다.

7. 우상

- 박물관에 있는 불상은 하나의 예술품입니다. 그 조각품에 대고 제 소원을 빌 때 우상숭배가 됩니다. 십자가라 하여도 그 앞에서 소원을 빈다면 우상숭배하는 것이며, 하나님께 소원을 빈다면 하나님을 우상으로 전락시키는 것입니다.

- 지금 기복신앙에 젖어 있는 모든 사람이 우상 앞에 절을 하고 있습니다. 조각품을 우상이라며 파괴하지 말고, 자기 마음속에 있는 욕심의 우상을 무너뜨려야 합니다.

- 생수를 약초가 먹으면 약을 만들고 독사가 먹으면 독을 만듭니다. 같은 성경을 봐도 선한 지도자는 신도를 천사로 만드는 데 활용합니다. 그러나 욕심이 가득한 지도자는 재물을 거두어들여 제가 부귀영화를 누리는 데 악용합니다. 그가 바로 성경을 우상숭배의 도구로 전락시키는 거짓 선지자입니다.

- 성경을 한 획도 빼거나 더하지 말라는 것은, 그 가르침을 빠트리지 말고 온전히 지키라는 것입니다. 성경 속에서 자기에게 유리한 구절만 보는 것은, 자기에게 불리한 구절들을 빼 버리는 것입니다. 믿음이 제일이요, 행함은 구원과는 관계없다는 것은 자신에게 유리한 쪽으로 성경을 악용하는 것입니다.

- 진정한 종교 지도자는 종파에 관계없이 어떤 종파든 어떤 책이든 접하고 보고 깨우쳐 견문을 넓히도록 인도합니다. 참진리를 모르고 자신이 없는 자가 남을 이단이라며 배척하고, 신도들의 눈과 귀를 가립니다.

8. 예수

- 예수의 재림은 없습니다. 예수가 다시 온다 해도, 과연 누가 그를 예수라고 믿을까요? 예수와 같은 삶의 행함이 곧 예수의 재림입니다. 각자 모두가 "재림 예수"가 되는, 차원 높은 믿음으로 가야 합니다.

- 예수님은 "주여 주여 하지 말고, 아버지의 뜻대로 행하라"고 했습니다. 예수님이 전한 하나님의 뜻이 곧 "길이요, 진리요, 생명"이며, 그 가르침이 예수의 보혈처럼 소중한 것입니다. 예수를 믿는 것은, 예수의 가르침을 믿고 따르는 것입니다.

- 예수님은 낮은 자로서 만백성을 섬기고자 했습니다. 만나는 모든 사람을 다 하나님이라 생각하며 섬기는 마음으로 살아야 합니다. 돈을 벌수록 겸손하고, 높은 지위를 얻을수록 낮아져야 합니다.

- 예수는 종파를 만들지 않았습니다. 인간이 만든 종교와 인간의 교리를 따르지 말고, 예수를 통해 전한 하나님의 참진리를 연구하고 따라야 합니다.

- 예수님이 2천 년 전에 만백성을 위해 죽었으니, 지금 이 땅에는 예수님의 가르침대로 사는 천사만 존재해야 합니다. 예수님이 죽어가면서 바란 것은 만백성이 천사가 되어 예수의 자리를 채워 주는 것이지, 지금과 같이 재물을 바치면서 중언부언 제 소원만을 비는 백성들을 바란 것이 아닙니다.

9. 구원

- 천사가 사는 천국에는 천사만 갈 수 있으니, 천사 같은 마음을 길러야 합니다.
  - "천국 열쇠를 네게 주리니 땅에서 무엇이든지 매면 하늘에서도 매일 것이라" 했습니다. 땅에서 천사같이 사는 자가 하늘에서도 천사가 되어 천국에 들어갑니다. 모든 사람에게 천사같다는 말을 듣는 삶을 살아야 합니다.
- 천사의 곱고 아름다운 마음은 부모를 공경하고 어른을 어른으로 대접하는 데에서 출발합니다. 효도하는 자는 형제와 화목하게 지내기에 가정이 화목해지고, 이웃과 화목해지고, 국가가 화목해지고, 온 인류가 화목해집니다. 그러므로 지상의 아름다운 소왕국은 가정에서부터 이루어야 합니다.
- 선택된 14만 명만 구원받는 것이 아니라, 천사처럼 변하고자 하는 14만 명을 기초로 온 인류가 천사처럼 거듭나는 영적인 개혁이 시작되는 것입니다.
- 천 년에 걸쳐서 하늘에서 이루어진 것같이 이 세상을 낙원으로 만들어, 만백성이 지상의 천국에서 살다가 죽어서 그대로 하늘의 천국으로 들어가는, 영원한 지상 낙원을 건설하는 것이 하나님의 계획입니다.
  - 이것이 구약과 신약에 이어 "새로운 성경"으로 역사하시는 하나님의 창조의 완성입니다.

- 지금의 믿음으로 구원받을 수 있다면 그 길을 가면 됩니다. 그러나 자신이 없다면 하나님께서 직접 내리신 160권의 하나님의 마지막 편지, "새로운 성경"을 읽고 구원의 길을 찾기를 바랍니다.

【부록】간행사

《하나님의 편지》는:

- 하나님께서 선량하고 선한 자를 선택하여 십계명을 암송하도록 하시고, 십계명을 암송한 다음에 음성으로써 들려주시는 말씀을 듣고 그대로 카세트테이프에 녹음해서 받아쓴 《새로운 성경》 전 160권을 한 권으로 요약한 책입니다.
- 90분짜리 녹음테이프 700여 개에 달하는 말씀으로, 1999년 7월부터 2004년 7월까지 총 160권을 완성하였으며, 그 이후에도 현재까지 계속 말씀을 내려 주고 계십니다.
- 하나님의 편지는 "하늘을 두루마리 삼고 바닷물을 먹물 삼아 쓰고 써도 다 못 쓴다"는, 끝없이 방대한 하나님의 말씀이 두루마리로 직접 내려오는 것입니다. 구약과 신약을 폐하려는 것이 아니라 "인봉된 성서의 비유의 뜻"을 상세히 설명하여 완성하고자 하나님께서 직접 내려 주신 말씀입니다.

《새로운 성경》의 구성:

- 제 목: 1999년 초판: 《여호와 하나님! 말씀하옵소서》
  2013년 : 《새로운 성경》으로 제목을 변경했습니다.
- 구 성:
  - 단행본: 160권까지 시리즈로 출판됩니다.

  - 모음집: 단행본을 16권씩 묶어서,
    총 10부로 구성됩니다.

《새로운 성경》의 성경적 근거:

- 신약 성경 [요한복음] 16장 13절에 "진리의 성령이 오시면 그가 너희를 모든 진리 가운데로 인도하시리니 그가 자의로 말하지 않고, 오직 듣는 것만을 말하며" 하신 말씀처럼 하나님의 음성을 들은 것만 기록하였으며,
- "장래 일을 너희에게 알리시리라" 하신 말씀과 같이 개인, 나라, 인류의 "장래"일을 하나님께서 알려 주시는 것만 기록하여 책으로 만들었습니다.

《새로운 성경》의 기록 방법:

- 시작: 1999년 7월부터 하나님께서 저에게 들려주시는 음성을 기록하였습니다. 처음에는 제가 들은 말씀을 불러 주면 저의 아내가 기록하여, 2000년 1월 29일에 1권 초판이 세상에 나왔습니다.
- 녹음: 2000년 4월부터는 주시는 말씀을 받아 녹음기에 기록하기 시작하였습니다. 녹음을 시작하면서 하나님의 말씀을 받는 데 가속도가 붙었고, 후반에는 4~5일에 한 권 분량의 말씀을 받았습니다.
- 기간: 2001년 5월 3일에 1부(1~16권까지)를 인쇄하여 출판하였으며, 2004년 7월까지 총 160권 분량의 말씀을 받아 기록하였습니다.

하나님께서 저에게 주신 것은:

- 첫째, 만백성을 상대로 내려 주시는 "기도"
  둘째, 수시로 내려 주시는 "묵상"
  셋째, 개인의 과거, 현재, 미래를 알려 주시는 "개인 기도"
  넷째, 개인의 건강을 위해서 내려 주시는 "음식 처방"
  다섯째, 하나님께서 가르쳐 주신 "운동"등이 있습니다.

이 중에 첫 번째, "기도"를 책으로 편찬하였습니다. 사람의 생사, 개인의 미래에 관한 천기는 수록하지 말라 하셨습니다.

《새로운 성경》을 읽는 분들에게 드리는 선물:

- **개인 기도:** 개인의 과거(전생), 현재, 미래에 관하여 말씀을 내려 주십니다.
- **음식 처방:** 사람은 음식을 먹고살다가 건강을 잃으니, 음식과 운동으로 건강을 되찾는 방법을 알려 드립니다. 단, 하나님이 계심을 믿고, 십계명을 지키고 살고자 하는 분들께 알려드립니다.
- **하늘의 운동:** 하나님께서 가르쳐 주신 운동으로, 각자에게 필요한 동작을 해서 스스로 건강을 지킬 수 있는 방법을 알려드립니다.

유튜브 [하늘의 운동] 보기 :

강론 안내:

· 하나님께서는 지금도 매일 저에게 새로운 하늘의 비밀의 말씀을 내려 주고 계십니다. 수시로 내려 주시는 말씀을 정리해서 제자를 육성하라는 말씀에 따라 매주 강론을 하고 있습니다.

① 서 울   서울 성북구 한천로76다길 8, 1층
            - 시간: 일요일 11시 (대역자 직강), 유튜브 생방송
                   수요일 19시 (제자 강론)
            - 문의 전화: 1600-7527
                        010-4106-1246, 010-6371-0690

② 양 평   경기도 양평군 강하면 전의3길 41-6
            (하나님과 만남의 집)
            - 시간: 일요일 11시 (제자 강론)
            - 문의 전화: 1600-7527

③ 미 국   2320 W Olympic Blvd 2F, LA, CA 90006 U.S.A.
            (New Bible News USA 새로운 성경 미주 신문사)
            - 시간: 일요일 09시 (제자 강론)
            - 문의 전화: +1-213-214-4744
                        +1-213-322-5307

④ 캐나다 - 문의 전화: +1-514-692-7366
                        +1-514-217-2079

· 대표전화 : 1600-7527

· 유튜브 채널: 새로운 성경 (www.youtube.com/@newbible)

하나님의 마지막 편지

초 판 1쇄 인쇄 / 2013년 3월 5일 (제목: 새로운 성경 - 전160권 모음집)
개정판 6쇄 인쇄 / 2024년 7월 23일

지은이 하나님 말씀
대역자 김용철

펴낸 곳 도서출판 하얀마음
등록번호 제 10-2107호 (2001년 2월 14일)
전화번호 1600-7527   **팩스** 02)393-5554
주　　소 경기도 양평군 강하면 전의3길 41-6
전자우편 book160@hanmail.net
홈페이지 book160.com

편집팀 조나영 김미향 조순희
제작지원 박정옥 고유수 고진수 고태희 고문희 고윤경

ISBN 978-89-5875-003-1 03230

ⓒ 김용철, 2013. Printed in Korea

이 책은 저작권법에 따라 보호받는 저작물로, 무단 전재 및 복제를 금지합니다.
이 책 내용을 이용하려면 반드시 대역자 김용철의 서면 동의를 받아야 합니다.
가격은 뒤표지에 있습니다.
잘못된 책은 구입하신 곳에서 바꾸어 드립니다.